THE NEW PHYSICS AND COSMOLOGY
DIALOGUES
WITH THE DALAI LAMA

新物理學 和 宇宙學

科學家與達賴喇嘛
關於現代物理學的人文意義的對話

Arthur Zajonc

阿瑟‧查恩茨 ——— 編著　　丁一夫 ——— 譯　　蔣揚仁欽、李江琳 ——— 審訂

對話參與者[1]

丹增嘉措，十四世達賴喇嘛尊者

藏傳佛教領袖，西藏流亡政府首腦，[2]在全世界受到尊敬的精神領袖。
1935 年 7 月 6 日出生於藏地東北部一個小村莊塔澤的農民家庭。根據西
藏傳統，他在兩歲時被認定為他的前任十三世達賴喇嘛轉世。達賴喇嘛被
認為是慈悲之佛，選擇轉世旨在為人類服務。1989 年他獲得諾貝爾和平
獎，被普遍尊為慈悲與和平解決人類衝突的代言人。他遊歷廣泛，演講關
於普世責任、愛、同情心和仁慈等主題。鮮為人知的是他對科學和技術應
用的強烈個人興趣；他說過，如果他不是僧侶，他會想成為一個工程師。
年輕時在拉薩，他呼籲修復布達拉宮損壞的機械，無論是時鐘還是汽車。
他對瞭解科學最新發展有濃厚興趣，非常注重科學發現的人文意義和科研
方法的高度複雜性。

戴維・芬克爾斯坦（David Ritz Finkelstein）

在美國喬治亞理工學院講授和研究物理學，編輯《國際理論物理學》
（*International Journal of Theoretical Physics*）。他在大學裡學習到量子物理學改變
了物理系統的邏輯，便開始研究如何將量子邏輯延伸至物理學的更深層

---

1 譯注：對話參與者的介紹內容寫於本書出版的 2004 年。
2 譯注：2011 年 5 月達賴喇嘛尊者宣布政治退休，不再擔任西藏流亡政府首腦，
　終結了西藏政教結合的傳統體制。

面。作為這一主要興趣的副產品,他為重力場拓樸學的早期工作、黑洞概念、弱電作用的規範場論以及量子理論做出了貢獻。他致力於用相對論哲學來解釋哥本哈根認識論,稱之為 *practic*,即根據過程而非根據狀態來解釋。目前他在探索一種過程原子假設的結果,即所有物理過程都是由有限多不可分割的基本粒子所組成。參見他的著作:*Quantum Relativity* (New York: Springer, 1996).

喬治・格林斯坦(George Greenstein)

阿默斯特學院(Amherst College)的西德尼狄龍(Sidney Dillon)天文學教授。他在史丹福大學獲得物理學科學學士,在耶魯大學獲物理學博士學位。一開始他的興趣集中在理論天體物理的研究,後來轉向科學寫作。他是多本著作的作者,擅長向非科學專業的讀者解釋科學。他的第一本書 *Frozen Star* (1983) 獲得兩項科學寫作獎。他也寫了 *The Symbiotic Universe: Life and Mind in the Cosmos* (1988) 和 *Portraits of Discovery: Profiles in Scientific Genius* (1998)。他和阿瑟・查恩茨合作撰寫了教科書 *The Quantum Challenge: Modern Research on the Foundations of Quantum Mechanics* (1997),討論如何解釋量子力學提出的問題。

皮埃特・哈特(Piet Hut)

從 1985 年開始,擔任普林斯頓高等研究院天體物理學和跨學科研究教授。他在荷蘭阿姆斯特丹大學獲得博士學位。多年來,他參與以東京為基地的一項研究,旨在開發用於恆星動力學模擬、以每秒一千萬億次浮點數速度運行的專用電腦。他因發明用於高效計算粒子間距離的 Barnes-Hut 算法和多天體問題的動力學而聞名。除了在理論天體物理學方面的工作之外,他的大部分研究具有廣泛的跨學科性質:他曾與電腦科學家、粒子物理學家、地質學家、古生物學家、心理學家和哲學家合作。在過去幾年裡,

他組織了一系列研討會來調查科學知識的內在局限性。他關注三個主要問題：在多大程度上可以看出人類知識結構的極限？在多大程度上極限是自然本身的結構所決定？將現實描述為一種模式的極限又是什麼？從 1996 年開始，哈特擔任 Kira Institute 主席，致力於研究從非還原論觀點來探索科學、倫理和審美的關係。

土登晉巴（Thupten Jinpa）

1958 年出生於西藏。他在南印度的寺院裡接受了佛教僧侶的訓練，從甘丹寺的夏澤學院獲得格西拉然巴（相當於博士學位），並在該寺院教授佛教哲學五年。他還擁有劍橋大學的西方哲學學士學位和宗教研究博士學位。1985 年起，他開始擔任達賴喇嘛尊者的主要英語譯員，翻譯並編輯達賴喇嘛的多本著作，包括 *The Good Heart: A Buddhist Perspective on the Teachings of Jesus* (1996) and *Ethics for the New Millennium* (1999)。他最近的著作有 *Songs of Spiritual Experience* (2000), *Encyclopedia of Asian Philosophy* (2001) 中的西藏哲學詞條，以及 *Self, Reality and Reason in Tibetan Philosophy: Tsongkhapa's Quest for the Middle Way* (2002)。1996 到 1999 年，他擔任劍橋大學 Girton 學院東方宗教研究的 the Margaret Smith Research Fellow。他現在是西藏典籍研究所主席，致力於把西藏典籍翻譯成當代語言。他和妻子及兩個孩子住在加拿大蒙特利爾。

阿蘭・瓦萊斯（B. Alan Wallace）

在印度和瑞士的佛教寺院裡受過多年訓練，從 1976 年開始，在歐洲和美國講授佛教理論和修行。他為很多西藏學者和修行者擔任譯員，包括達賴喇嘛尊者。他在在 Amherst 學院學習物理學和科學哲學，以優異成績畢業後在史丹福大學獲得宗教研究的博士學位。他是加州大學聖塔芭芭拉分校的訪問教授。他參與編輯、翻譯、寫作了三十多本關於藏傳佛

教、西藏醫學、語言、文化以及科學與宗教關係的著作。他出版的著作包括：*Tibetan Buddhism from the Ground Up* (1993), *Choosing Reality: A Buddhist View of Physics and the Mind* (1996), *The Bridge of Quiescence: Experiencing Buddhist Meditation* (1998), and *The Taboo of Subjectivity: Toward a New Science of Consciousness* (2000)。他的人類學著作為：*Buddhism and Science: Breaking New Ground* (2003)。

杜維明

哈佛燕京學社社長，1940 年 2 月出生於中國昆明，獲得臺灣東海大學的中國研究學士學位，1963 年獲得哈佛大學宗教研究碩士學位，1968 年獲哈佛大學東亞歷史和語言博士學位。他在普林斯頓大學和加州大學柏克萊分校授課，從 1981 年起便持有哈佛大學中國歷史與哲學的教職。他活躍於公共領域，是中研院中國文學與哲學顧問委員會主席，也是瑞士達沃斯世界經濟論壇的成員。他是聯合國秘書長召集的文明之間對話的名人群成員、美國藝術與科學院成員、新加坡中國遺產中心的理事會成員。1999 年他被授予中國歷史和儒家哲學的哈佛燕京教授稱號，2000 年被授予 Lehigh 大學名譽博士，2001 年獲得南韓首爾退溪學研究院第九屆國際李滉研究獎。他是十九本英語著作、十三本中文著作的作者和編者，發表了一百多篇文章和書籍章節。

阿瑟・查恩茨（Arthur Zajonc）

阿默斯特學院的物理學教授，從 1978 年開始便在那裡講課。他從密西根大學取得物理學學士和博士學位。他是巴黎高等師範學院、致力量子光學研究的普朗克研究所、羅切斯特大學以及漢諾威大學的訪問教授和研究科學家。他還是奧地利因斯布魯克大學的福布萊特教授。作為美國實驗天體物理聯合研究所（Joint Institute for Laboratory Astrophysics）的博士後研究員，研

究電子─原子碰撞物理學和濃密氣體中的放射性轉移。他的研究包括原子中的宇稱不守恆、量子物理學的實驗基礎以及科學和人文的關係。他對歌德的科學思想有廣泛的研究和寫作。著有：*Catching the Light: The Entwined History of Light and Mind* (1995)，合著有：*The Quantum Challenge: Modern Research on the Foundations of Quantum Mechanics* (1997)，合編：*Goethe's Way of Science: A Phenomenology of Nature* (1998)。他是奇拉研究所（Kira Institute）的創建成員，該機構探索科學、價值和靈性的關係。他也是費策爾研究所（Fetzer Institute）顧問，是美國人智學會（Anthroposophical Society）主席，以及林迪斯法恩協會（Lindisfarne）主席。

安東・翟林格（Anton Zeilinger）

在維也納大學完成所有教育。1990 到 1999 年，擔任奧地利因斯布魯克大學實驗物理學研究所主任暨物理學教授。現為維也納大學實驗物理學教授。他是巴黎的法蘭西學院訪問教授，也是劍橋大學默頓學院的訪問教授。從 1996 年到 1998 年，擔任奧地利物理學會主席，為奧地利科學院院士。他以他在物理學方面的成就獲得了多個獎項，包括 1996 年歐洲光學獎、2000 年的資深洪堡研究人員獎（Senior Humboldt Fellow Prize）、2000 年維也納市科學獎。他的研究興趣是量子物理學的基礎。他和他的研究團隊致力於透過實驗顯示奇妙的反直覺量子現象。這一工作和量子力學結構的理論研究以及從量子物理學觀點來闡釋世界的認識論研究並駕齊驅。他在量子遠程傳輸（quantum teleportation，又稱量子遙傳）方面的成就贏得了全世界的關注。[3]

3　譯注：安東・翟林格以其光子糾纏方面的研究，與 Alain Aspect 和 John Clauser 一起獲得 2022 年諾貝爾物理學獎。

目次

序言

　　印度達蘭薩拉是很多流亡藏人的家。抵達那裡的第二天早上，我沿著起伏的山道，步行來到西藏兒童村。兒童村既是孤兒院也是學校，坐落在喜馬拉雅山腳下，形成一個由二千五百名難民兒童、教師和照顧難童者組成的小世界。他們要為保存自己古老文化的同時也成為現代文明的一部分而努力。第十四世達賴喇嘛尊者的居所和寺院就在附近。在接下來的一個星期當中，從 1997 年 10 月 27 日至 31 日，我和另外五個科學家將和達賴喇嘛一起，就我們共同感興趣的話題展開對話，那就是佛教哲學和現代物理學。

　　雖然擋不住 10 月寒冷的雨霧，兒童村敞開的大帳篷裡正在演出一場古典藏戲。歌者和舞者穿著華麗戲裝，用一種結合古老童話和經典亞洲舞臺戲劇的奇異風格表演。表演中穿插著打鬧，引起觀眾陣陣歡笑。突然，臺上宣布表演暫停，人群中響起了輕微的議論。很多人從附近的屋子裡出來，加入觀戲群眾。達賴喇嘛從高處順著長長的臺階走了下來，幾個僧人徒勞地試圖為他遮擋細雨。達賴喇嘛向四周人們微微躬身，雙手握住朝他伸來的手，臉上因他那聞名世界極具感染力的笑容而神情煥發。在接下來的這個星期裡，他要和我們討論量子物理學和宇宙學，這天早晨他卻來到兒童村，鼓勵和祝福所有的人。

　　五天後，我們和達賴喇嘛的對話會結束了，全部的參與者包括
科學家、哲學家、僧侶和友人，全都來到一座小寺院的平臺上，而
這個小寺院就在達賴喇嘛居所的大院裡面。天色依然晦暗，細雨濛
濛。大家正聊著，天空突然明朗起來，一道壯觀的彩虹出現在我們
和群山之間。這兩件事，一場藏戲和一道彩虹，是一系列神奇對話
的開端和結尾，我和我的同事有幸和達賴喇嘛就新物理學和宇宙學
的問題展開這場對話。本書是這場對話的紀錄。

＊　＊　＊

　　20 世紀的新物理學和宇宙學改變了我們對身處其中的宇宙的
理解，這些改變同我們從 19 世紀繼承而來的幾乎所有經典科學觀
念相衝突。伽利略和牛頓、哥白尼和克卜勒、法拉第和馬克士威，
這些科學巨人創造了經典科學觀念，他們的研究方法和對宇宙的理
解，完全不同於中世紀和古代的自然哲學家。新的科學由實驗、系
統觀察以及新穎理論模型構建而成，他們的科學方法以其預測現象
的能力和技術上的應用，取得驚人的成功。牛頓的動力學理論被運
用在天體運動的複雜現象上，以著統治地球上物體運動的同樣定律
成功解釋了行星和恆星的運行，這在古代希臘哲學家看來是不可能
的。光學結合了電磁學這門新學科，產生了有關電和磁作用力的場
論，以及有關重力的場論。物理學是如此成就斐然，以致到了 19
世紀末，一些科學家如開爾文爵士[1]，宣布整個宇宙都已被人類探
測得一清二楚，只剩下若干無關緊要的細微處尚待探討。但他有足

夠敏銳的見識，看出地平線上還有兩朵「烏雲」不符合他的樂觀場
景：一是邁克生─莫雷實驗[2]沒能找到「以太」，二是預測物質在
高溫下產生光譜的理論未能得到證實。後來，從第一朵烏雲中產生
了相對論，從第二朵烏雲中產生了量子力學。開爾文爵士的確有先
見之明，雖然他高興得太早了一點。

在建立經典物理學和宇宙學的三百年裡，物理學理論的機械
論和唯物主義觀念開始統治西方思想，甚至延伸到這些領域之外。
經過笛卡爾、康德和洛克等思想家之手，科學對哲學的影響越來越
大。生命科學諸學科為了獲得能與物理學相比的精確性，也著手尋
找類似於物理學的發展道路。遺傳學、演化論和細胞生物學取代了
自然歷史和整體性的有機生物學。而心智本身，傳統上被理解為精
神的表現，現在也漸漸成為機械論宇宙的一部分。到 20 世紀初，
17 世紀物理學已經成功佔領了與其毗鄰的學科領域，並開始侵入
心智的領域。一種機械論範式和與其相連的唯物主義形而上學開始
統治西方思想。

進入 20 世紀後，量子力學和相對論對我們的宇宙概念提出前
所未有的要求，而我們至今還在為試圖掌握它們的含義而苦苦掙

1　譯注：開爾文爵士（Lord Kelvin，1864-1907），英國數學物理學家、工程師，
　　熱力學溫標（絕對溫標）的發明人，被稱為熱力學之父。
2　譯注：邁克生（Albert Abraham Michelson，1852-1931）是出生於波蘭的美國
　　物理學家，1907 年諾貝爾物理學獎得主，是美國第一位諾貝爾物理學獎得獎
　　者。莫雷（Edward Williams Morley，1838-1932）是美國物理學家。邁克生─
　　莫雷實驗是為了證明以太的存在而進行的實驗。

扎。它們挑戰我們從過去幾百年繼承得來的物質和宇宙的單純機械論敘述，代之以完全不同於機械論圖景的另一種敘述。而且，無論是量子論還是相對論，都給予觀察者一種新的地位。這些新發展的意義，無論怎麼說也不會過高。20世紀物理學和宇宙學的發現產生了巨大影響，改變了我們的時空觀，改變了我們對物質最終本質的理解，也改變了我們對宇宙演化的認識。現在它們也開始深刻影響我們的哲學思考和討論。

如今在西方，新物理學的哲學意義還在探討的過程當中，此時我們和佛教的主要代表人物討論什麼話題比較好呢？達賴喇嘛作為西藏人民的精神領袖，受過精深的西藏佛教哲學、認識論和形而上學方面的嚴格訓練。我們都很想向他展示現代物理學所引發的概念上的革命，同他一起分析其哲學意義。雖然佛教沒有同現代物理學的專門理論打過交道，但是佛教數千年來一直在探索物質的本質和心智的本質，佛教對我們思維中的經驗、推理、因果關係、概念和理論的作用等等有著深深的思索。物理宇宙的漫長歷史也曾是佛教思索的主題，從中所得出的精彩觀點非常接近今日宇宙學家們的理論。

從我們和達賴喇嘛的對話中，讀者有難得的機會來學習新物理學和宇宙學，也能學到亞洲最深刻的哲學思想家在這方面的思想。我們在對話開始時馬上就發現，雖然達賴喇嘛沒受過正規的物理學教育，他卻是個出色的學生，經常能預見我們的下一個問題，提出直指核心的疑問。每天上午，在達賴喇嘛的不斷提問下，我們三個物理學家和兩個天體物理學家中的一位會為達賴喇嘛介紹量子力學、相對論和現代宇宙學領域當中的科學發現。每天下午，對話變

得更隨性，我們會就上午話題的哲學含義展開討論。在這樣的交流中，哈佛哲學家暨亞洲歷史學家杜維明給了大家極大的幫助，他兼通東西方哲學，拓寬了大家的視野。

在五天的會議中，對話時不時變得很緊張，因為我們都想更全面地理解當代新物理學和宇宙學那種自相矛盾的反常特性。達賴喇嘛全程參與了我們的對話。到最後，對話結束時，奧地利物理學家安東・翟林格感動地讚揚達賴喇嘛是一位天才的科學合作者，誠邀達賴喇嘛訪問他在因斯布魯克的實驗室。1998 年 6 月，安東和我接待達賴喇嘛訪問因斯布魯克三天，其間安東有機會給達賴喇嘛演示了支持量子理論的具體實驗，繼續展開有關量子力學的對話。在因斯布魯克實驗室的對話將是另一本書的內容。

達賴喇嘛不僅是流亡西藏的世俗領袖，也是藏傳佛教的領袖。也許人們有理由問，科學家憑什麼要與宗教領袖展開對話？歸根結底，宗教以信仰一種特定教義為其特徵，而科學是要透過精心的觀測、實驗和推理來發現自然法則。不過，達賴喇嘛在給我們的開幕詞中闡明了，透過精心探究而獲得可以成立的結論，並服從由此得到的真理，那也是佛教哲學的核心。他說：

在佛教中，尤其是在大乘佛教中，對待知識的基本態度是「剛開始，你應當持懷疑的心態」。佛陀自己也說「最好是保持懷疑的態度」。這種懷疑的態度會自然地引出問題。而問題要求清晰的答案，於是就要去探究。所以，大乘佛教的思想仰賴探究更甚於仰賴信念。我認為佛教的這種態度對於與科學家交流

來說非常有利。

佛教倫理經常談及錯誤觀念造成心智的負面狀態。有兩種錯誤觀念：一種是誇大存在的事實，從而虛構出事實上並不存在的性質或狀態。另一種是否認存在的事實。前者把事物絕對化，後者則不承認事物的存在，這兩種觀念都是錯誤的。佛教倫理認為，必須正確地認識現實。所以，科學發現對於佛教思想是有幫助的。

我在過往的經歷中發現，有些佛教觀念也提供科學家以新的思路。有些科學家有興趣也有熱情來瞭解佛教對他們特定領域的解釋。正因如此，我覺得我和科學家的會面是非常有用、非常有益的。科學是一種學術，佛教是一種思維系統，兩者的共同之處是開放性和允許懷疑，所以我們對話的所有參加者都理解，在我們討論的時候，我們是完全開放的，可以自由地交換思想，沒有任何約束，這是很重要的。

以這樣的原則指導我們的對話，我們可以真誠地交流，沒有什麼題目是不可以談論的，雙方都可以提出困難的問題。儘管西方科學和佛教哲學很不一樣，但達賴喇嘛一再表明，他推崇謹慎的分析推理以及經驗至關重要的作用。我們的目標是相同的：那就是發現真理。佛教認為，無知是痛苦的根本原因，因為對世界和對自身的錯誤認知，會導致執著和有害的情緒。真理對於佛教實現減輕痛苦這一目標非常重要。科學也要尋找真理，真理不僅是科學本身的目的，也是為了透過對技術的正當利用來減輕疾病和痛苦。我們要把

西方科學的最偉大成就，和來自西藏的最深刻思想與哲學見解擺在一起，希望能夠為現代物理學中我們至今百思不得其解的一些疑難問題提供一線光明。我們不奢望得出最終解答，而是希望尋找針對老問題的新思路。在我們剛開始討論的時候，杜維明就直接說出了我們的希望：

> 由於物理學的新發展，現代西方科學的許多偉大成就變得很有問題。我們現在處於這樣的境地，新知識只能從更廣泛的協同努力中產生。這種協同努力可能需要很多來自不同學科或不同傳統的人，但以一種由科學奠定的精確性來實現。

正如杜維明所說的，在達蘭薩拉的會議桌邊坐著不同學科和不同傳統的對話者。

安東・翟林格來自因斯布魯克大學，他在那裡領導探索量子力學基礎的一個著名的實驗小組。我作為富布萊特教授在因斯布魯克的時候，特別得益於那裡把尖端實驗和深思熟慮的哲學討論結合起來的特點。安東以他的物理研究獲得多個國際獎項，他的工作涉及量子物理學的三個基礎領域：中子的干涉、原子（包括分子 $C60$）的干涉以及對光子的研究。他的研究小組是第一個建立光子的量子態遠距傳輸，發展量子非定域性理論和新實驗的研究團隊。他的實驗小組在新出現的量子資訊處理方面非常活躍，而量子資訊處理有望發展出量子電腦和量子密碼。安東現在是維也納大學的實驗物理學教授，繼續他的研究工作。在我們對話的第一天，他介紹了量子實

驗提出的一些本質問題。

戴維‧芬克爾斯坦來自喬治亞理工學院，他熟知相對論、量子理論和量子邏輯。他擔任《國際理論物理》的編輯長達二十五年，是很多重要學術論文和《量子相對論——愛因斯坦和海森堡思想的合成》一書作者，戴維為對話會帶來一種廣受重視的理論。他的幽默感和他的精確闡述深受大家好評，特別是他在第二天的講述內容是我們這週的對話中最困難的領域。

作為這次會議的科學籌辦者，我有雙重職責，一是科學演講，二是引導對話。我自己的專業是實驗原子物理學和光學物理學，一開始是在實驗室天體物理學研究所做博士後研究，後來在阿默斯特學院。從 1980 年起，我越來越感興趣於實驗在釐清量子力學概念拼圖方面的作用。1980 年代，這個領域裡只有屈指可數的幾個實驗物理學家，但自此以後這個領域發展極快，全世界有很多研究小組投入其中。我在法國高等師範學院透過所謂的量子橡皮擦實驗來研究測量的精微性質。我也參加慕尼黑的馬克斯普朗克量子光學研究所的實驗，這個研究所實現了約翰‧阿奇巴爾德‧維勒（John Archibald Wheeler）[3] 的延遲選擇實驗。在物理實驗研究的同時，我一直在做第二條線的研究，即物理學的歷史和哲學探討，包括科學和我們的倫理與精神追求的關係。這方面的研究產生了我的一本專著《捕光——光和心智交織的歷史》（Catching the Light: The Entwined History of Light and Mind）。我雖然不是佛教徒，但我讚賞佛教哲學體

---

3 譯注：約翰‧阿奇巴爾德‧維勒（1911-2008），美國理論物理學家。

系的精深，以及建立在「內觀科學」基礎上的冥想修行，所以我期待在佛教哲學的廣闊背景下討論物理學的這個機會。

在對話會的最後兩天，阿默斯特學院的喬治·格林斯坦和普林斯頓高級研究院的皮埃特·哈特，把我們帶入宇宙學的最新思想和正在進行的爭論當中。喬治和我是阿默斯特學院多年的同事，在那裡他是一個非常受人敬重的教師、作家和研究者。從耶魯大學和史丹福大學畢業後，喬治的研究集中在中子星、脈衝星和大霹靂上，但是他真正喜愛的是講座風格的教學，他是天體物理學界在這方面的領軍人物。他的著作《凍星》（*Frozen Star*）涉及黑洞、中子星和其他新奇的天體，贏得科學寫作方面的重大獎項。向非科學專業人員講述宇宙是喬治的專業，我們想給達賴喇嘛講述廣義相對論中彎曲時空的概念和宇宙早期膨脹的現象，這非常需要喬治的專業能力。

皮埃特·哈特是安默斯特最為聲名卓著的普林斯頓高級研究所天體物理學教授和跨學科研究教授，這是皮埃特非常特殊的身分。皮埃特早年以他對宇宙中微子的劃時代研究而聞名，他還對組成球狀星群的幾百萬顆星體建立了動力學模型。他和他的同事設計並使用全世界最快的專門電腦來模擬星系的碰撞。最近幾年，皮埃特越來越多在他的研究和寫作中包含了哲學思考，特別是受胡塞爾現象學研究方法的影響。在我們對話會的最後一天，皮埃特把他兩方面的研究帶到了會議桌上，一是宇宙學，二是哲學。在討論星體的演化之後，他試圖把經驗的價值判斷帶入我們對現實的科學敘述中。這樣做的時候，我們將直面宗教與科學的關係問題。

　　杜維明生於中國昆明，在臺灣接受教育。他是哈佛大學中國歷史與哲學教授，同時也是燕京學社的主任。達賴喇嘛長久以來希望我們的對話有華人學者參加，他總是在尋找種種方式試圖跨越因西藏問題而產生的障礙。杜維明在對話中發揮了至關緊要的作用，他幫助我們在亞洲和西方之間的知識與精神文化鴻溝上架起橋梁。

　　最後，我必須介紹一下對話參與者當中的兩位翻譯，土登晉巴和阿蘭・瓦萊斯。達賴喇嘛的英語相當不錯，但是談論到專門的科學和哲學術語時，他經常要求翻譯成藏文，或是從藏文翻譯成英文。土登晉巴和阿蘭都受過完整的藏傳佛教教育（兩位都曾是多年的僧人），又受過良好的西方哲學方面的學校教育。阿蘭曾和我一起在安默斯特學院研究物理學，然後在史丹福大學完成宗教研究的博士論文。土登晉巴獲得他的格西學位（相當於我們的神學博士學位），然後進入劍橋大學，在那裡獲得了文學學士和宗教研究博士學位。在擔任翻譯的同時，土登晉巴和阿蘭還經常在達賴喇嘛回應科學議題的時候擔任顧問角色。我們必須把這兩位學者視為我們對話的參與者，這樣我們的對話圈就是由九人組成。

　　我們整個對話有一個顯著特點，那就是真心尊重每一個人的觀點，這就使我們有一種協同探究的美好氣氛。來自 20 世紀物理科學所有領域的代表和藏傳佛教的代表，與達賴喇嘛一起圍桌而坐。一場精彩對話的一切條件都已具備，對話就要開始了。沒有什麼書能夠完全傳達這次對話會上人情生動的情景，但是透過本書的字裡行間，讀者能夠感受到貫穿在我們對話中的熱情和困惑、幽默和好客。那就像我剛到達蘭薩拉時看到的藏戲演出一樣，我們的會議場

景既是古代的又是現代的：僧侶身穿傳統袈裟，桌上是當代的實驗室設備。快樂的笑聲和認真激烈的爭辯交錯出現。旁聽我們對話的觀眾不是兒童和村民，而是五十來個特邀前來的客人，他們都受過哲學或科學的教育。我不能保證我們對話結束時天空會出現彩虹，但是我想，本書讀者也許可以用我們對話中產生的思想的多彩絲線編織出這樣的一道彩虹。

I
量子物理學的實驗和悖論

　　會議第一天，我們請奧地利實驗物理學家安東‧翟林格給達賴喇嘛介紹量子力學。安東是量子力學實驗基礎領域當中全世界最前衛的領軍人物。他最為同行所知的大概就是量子遠距傳輸方面的突破性實驗。所謂的量子遠距傳輸，即任意量子態在遠處出現一個完全相同的量子態。為了這次演講，安東把一套複雜而微縮了的實驗儀器帶到印度的會場上，用它來演示量子力學最核心的神祕。

　　在短短的時間裡，安東向達賴喇嘛介紹了單個光子的波粒二象性、量子力學中的客觀隨機性概念，以及非常神祕的雙粒子系統非定域性現象。在每個實例中，安東都盡可能就量子實驗的現象而展開解釋，盡量少用假設的結論。他這樣做，是出自於他的哲學觀點。所以，我們對話中一個最重要的話題就是「觀察者在實驗中的作用」，以及使用理論模型來展示量子系統可能存在的風險。

　　在我們這次對話的時候，安東還在因斯布魯克大學工作，這個大學和達蘭薩拉一樣，是坐落在壯觀的高山地區。我們圍坐在咖啡桌旁，安東開始他的演講，他在大屏幕上打出一張阿爾卑斯山的照片，以此感謝達賴喇嘛對新知識抱持的開放態度。

　　安東・翟林格：尊者，您提到過的懷疑精神正是驅使我們從事科研的精神。只有當你對別人告訴你的事情產生懷疑，不管那人是多麼有名，多麼重要，只有當你持有懷疑的態度時，你才能學到新東西。這是通向新知識的唯一途徑。

　　我用這張阿爾卑斯山的照片來顯示我們日常生活的圖像，包括經典物理學的圖像。在日常生活中，即使我們不看著這些山，我們也不會懷疑它們是否存在。人們可以從哲學角度來提出質疑，但是在經典物理學和日常生活中，我們即使不看著它們，我們也知道它們就在那兒，是存在的。在量子力學裡，我們這種態度就行不通了。在下面這個小時裡，我將向您解釋為什麼我要這麼說。為此，我要討論光的本質，因為光在產生這種思想的過程中起了驅動力的作用。

　　在 1802 年，英國醫生湯瑪斯・楊（Thomas Young）做了一項非常重要的觀測，即非常有名的雙縫實驗。我帶來了一個當代先進的雙縫實驗儀器（見圖 1.1）。這兒有一個小雷射儀會發出一束紅光。中間有個阻擋板，上面開設了兩條並列的狹縫。光通過兩條狹縫後，會在後面的屏幕上形成一種花紋。在這裡，重要的是光落到屏幕上是怎樣分布的。你看到屏幕上有一條一條亮條紋，亮條紋之間是一條一條的暗條紋。如果我關閉雙縫中的一條縫，你就會看到屏幕上的暗條紋消失了，取而代之的是一片均勻的光亮。關閉一條縫，光在屏幕上就是均勻分布的。把兩個狹縫都打開，屏幕上突然就出現了暗條紋。

　　這是物理學史上一次非常重要的觀察。為什麼它那麼重要？我

圖 1.1　雙縫實驗。光從左側穿過第一個狹縫，然後遇到一幅有兩個狹縫開口的屏幕，其中一個可以用一個小百葉窗關閉。最後，光落在觀察屏幕上。當兩個狹縫都打開時，我們看到屏幕上出現交替的亮條紋和暗條紋。任何時候其中一條狹縫閉合，明暗條紋就消失了，我們看到的是屏幕上均勻的中等亮度螢幕。明暗條紋是由於光波穿過兩個狹縫後疊加干涉而成。當人們認識到光是由一個個稱為光子的粒子組成的時候，就出現了文中討論的概念性問題。

們怎麼來理解這種現象？在物理學史上對此有過長期的討論，爭論光到底是一種波，還是一種顆粒狀的東西。這個實驗似乎表明了光是一種波。

　　當兩個波相遇的時候，它們的振動會以某種方式互相作用。於是我們可以觀察到兩種極端狀態（見圖 1.2）。一種極端狀態是，兩個波的振動相位相反；當這樣的兩個波相遇時，它們會互相抵消。兩個水波相遇時，你就可以看到這種情況。另一種極端情況是，兩個波的振動相位剛好相同，於是兩個波互相疊加。雙縫使光走了兩條可能的途徑，而通過兩個不同狹縫的光波在抵達屏幕上的某個點時，所經過的距離會有微小的差別，這個微小的距離和旅行時間差意味著通過兩條不同狹縫的光，其振動在屏幕上的某些點一樣時就

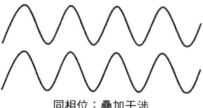

同相位：疊加干涉

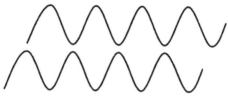

反相位：抵消干涉

圖1.2 同相位的波相遇時形成了疊加干涉；反相位的波相遇時形成了抵消干涉。

會出現亮條紋；而在另一些點上，這兩個光波互相抵消，於是在這些點上就會出現暗條紋。

達賴喇嘛：要是雷射光是別的顏色，也同樣出現這樣的現象嗎？比如藍光或黃光？

安東・翟林格：是的。我們知道凡是波就有這種現象，不管那是光、水波、無線電波，甚至原子波。原子也有波的性質。有人做過同樣的實驗，令原子穿過雙縫實驗裝置，得到了同樣的現象。這是一種普遍的現象。

達賴喇嘛：我現在設想光波像水波一樣是不停地運動著。如果

你能像顯微鏡那樣精密地觀察，你能不能在屏幕上看它的運動？是不是能看出屏幕上的亮條紋和暗條紋在波動或是震顫？或者它們是完全靜止不動的？

　　安東・翟林格： 與它振動的頻率相比，您的眼睛太慢了。這些光波每秒鐘的振動次數是一億乘以一百萬次的頻率。這麼快的振動是看不出來的。

　　達賴喇嘛： （大笑）我對你半信半疑。我現在採取一種懷疑態度！

波粒二象性

　　安東・翟林格： 從湯瑪斯・楊的實驗中，物理學得出我們可以把光理解為一種波的結論。這種理解是完整的，直到 20 世紀初的一個新實驗打破了這種看法的完整性。人們發現，當他們把一束光打在金屬片的表面時，在某種情況下，電子——一種微小的基本粒子——會從金屬中發射出來。

　　從實驗觀察中發現這種現象已有一段時間，但是人們並不瞭解為什麼，直到愛因斯坦在 1905 年做出了一個解釋（正是這一解釋使愛因斯坦獲得諾貝爾獎。他的相對論在那時被認為太過驚世駭俗而不能獲得諾貝爾獎，而這個解釋似乎沒那麼驚人）。愛因斯坦說，我們可以用一種非常簡單的思路來理解這個現象：讓我們假設光是由粒子組成的就能理解了，這種粒子後來被稱為光子。當光子到達金屬表面時，有時候光子會打出一個電子來，就像一顆球彈出另一顆球。這種圖像

不僅很簡單，而且可以得出一些定量預測的解釋，比如打出的電子將獲得怎樣的運動速度。

　　我現在用一個設備來為你演示這個實驗。這是一個小盒子，裡面裝有一個光子探測儀。這個探測儀裡有一塊金屬片。光打到這個金屬片上時，我們可以測量到金屬片釋放出的電流。每當探測儀測到一個光子，這裡的小喇叭就會發出一個聲響。我希望現在它可以正常運作。

說到這，安東打開探測儀表面的一個窗口。才打開，就聽到小喇叭發出了聲響。當窗口關閉，就沒聲音了。達賴喇嘛提議安東把小盒子拿到從窗戶射進來的陽光下。安東照辦了，小喇叭發出了連串急促的聲音。這串聲音支持了愛因斯坦 1905 年的假設，當你探測到光子時，光子就像粒子，能從金屬表面上踢出電子來。

　　安東・翟林格：這樣一來，物理學出現了一個有趣的局面。我們有了光的兩種圖像：一種是波的圖像，另一種是粒子的圖像。在很長的時間裡，問題是怎樣來理解這兩種圖像。

　　達賴喇嘛：是不是光子實際上置換了電子，就像桌球檯上的兩顆球一樣？或者，既然它們是兩種不同的粒子，這種置換並不需要兩個粒子發生物理上的接觸？

　　安東・翟林格：這個問題不容易回答。原因是，在量子物理學中，我們已經發現了這樣的情景。我們可以在一定範圍內描述現象，聽上去好像是這個粒子踢出了另一個粒子。但我們現在已經明

白,我們其實只能談論我們觀察到的現象。

達賴喇嘛:這裡有個問題。你說我們有光的兩種圖像,粒子和波,可當我問你這個問題的時候,你說我們根本就沒有它的圖像。

安東·翟林格:我們有兩個互相衝突的圖像。我們現在知道(在愛因斯坦時代,我們還不知道)這兩種圖像都只是用來幫助我們看到一點點事實上正在發生的事情。可是兩種圖像實際上都有所不足,所以我們不能說我們已經有圖像了。

達賴喇嘛:你能不能解釋一下為什麼光的單個現象不能讓光既是粒子又是波?什麼是粒子和波互相勢不兩立的性質?

安東·翟林格:我將用一個演示來解釋,這個演示將說明我們在這裡的問題。我們必須用實驗方式來回答問題。我們的大部分時間都是在處理這樣的問題。

安東調整了一下光子探測儀,然後把它放在雙縫擋板的後面。喇叭發出的聲音證明它捕捉到了穿過雙縫的光。

安東·翟林格:這聲音說明穿過雙縫的光也是由粒子組成的。但我們要怎麼解釋實際上發生的事呢?具體而言,如果我們在雙縫擋板後方捕捉到了光子,我們會問自己,這光子是穿過了哪條狹縫?作為粒子,是一個物體,要麼穿過了這條縫,要麼穿過了另一條縫。我們不能說這粒子同時穿過了兩條狹縫。那就好比我不能說我同時從這兩扇門裡走進來。我在某一特定時刻只可能穿過一扇門。

達賴喇嘛：但是，即使是這一束光，也是由相當數量的粒子組成的。波可以是很多粒子組成的，就像水波一樣。為什麼你會覺得這兩者如此完全不相容呢？

安東·翟林格：原因是，我們可以用單個光子來做這個實驗。這一點非常重要。我在這裡無法做單一光子的實驗，因為這需要動用非常複雜的設備，但在我們的實驗室裡，我們一直在這樣做。我可以每次送出一個光子，探測到它落在屏幕的什麼地方。一分鐘後我再送出下一個光子，記下它落在屏幕的什麼地方，然後再下一個，一個一個地重複進行。如果你做了一千個光子，每次只送出一個，你會發現這些光子在屏幕上的分布和你以前看到說明光是波的條紋圖案完全相同。問題是，這時你不能得出光是由很多粒子組成的波，因為你一次只送出一個粒子。

在如此提出問題後，我們轉向量子物理學的一個關鍵悖論。當光穿過空間時，它似乎是一種波在運動；但當我們探測到光的時候，它似乎像是粒子。這兩種和經典物理學有關的圖像，即波和粒子的圖像，在一定的情況下都是有用的。但現代實驗技術使得我們能夠用單一光子來做實驗。於是我們遇到了悖論，所有的解釋圖像都失效了。當這些現象令人困惑的性質變得十分明顯時，達賴喇嘛俯身趨前，臉上顯出愕然的表情。他轉向他的翻譯，開始和他討論。隨後阿蘭報告了達賴喇嘛的問題：

阿蘭·瓦萊斯：尊者問，單個光子是否以波動的方式運動，在

空間中像漣漪一樣，我說不是的，光是筆直運動的。他問大量光子在一起是不是像漣漪一樣，我說也不是的。所以，請解釋一下這種奇怪的事情：如果所有光子都是完全筆直地運動，那麼這波是什麼地方來的呢？

安東・翟林格：在現代物理學裡，我們只能說光子穿過了雙縫中的一個，但是不談光子往什麼地方去。如果是問光子去了什麼地方，就會回答也許是沿直線走了。當我們不談光子時，我們才可以談波。

達賴喇嘛：那就像在占卦的時候擲骰子。

安東・翟林格：有一點這個意思。我們今天看待這個問題的方式是，你可以有一個波的圖像，或有一個粒子圖像，這取決於你做的是什麼實驗。如果你做的實驗是探測粒子運動的路徑，你就用粒子圖像，那麼你就不要把光想成波。如果你做的是一個類似雙縫實驗的實驗，那你就不要問粒子去了哪兒，你就可以把光理解為波。但你不能同時兩者都要。這是一種非常深刻的思想，最初是由著名丹麥物理學家尼爾斯・玻耳（Niels Bohr）[1] 提出的。他稱之為互補性。你可以有兩個不同的概念，比如粒子和波，這兩個概念對我們來說是互相排斥的。我們不知道怎麼能把這兩者調和在一起。為什麼玻耳說這兩個互相排斥的思想是互補的？因為你在實驗中把光視為波的設備和你用來探測粒子路徑的設備是不同的。這裡有一個現代物

1　譯注：尼爾斯・玻耳（1885-1962），丹麥物理學家，1922 年因對原子結構以及從原子發射出輻射的研究而獲得諾貝爾物理學獎。

理學的全新觀點，即觀察者，實驗者，透過選擇實驗設備，決定了光到底是粒子還是波，這是一種現實。於是，觀察者對大自然產生了非常強的影響力，這個結論超出了經典物理學的想像。

量子力學中觀察者的角色

達賴喇嘛：根據現在我們對光的理解，若脫離任何測量系統，就不能談論光的本質，我這樣說對不對？

安東‧翟林格：對，是這樣。

達賴喇嘛：為什麼觀察者會捲入其中，這一點還不是很清楚。我們現在知道的是觀察設備會參與其中。現在很清楚，為什麼一種設備不同於另一種設備，會非常直接影響到我們對光的本質的理解。但是觀察者是從哪兒參與進來的呢？

安東‧翟林格：物理學中爭論過這個問題。我的觀點是，觀察者只透過決定做什麼實驗參與了進來。他選擇了設備。在這個實驗中我可以決定我要觀察光子所走的路徑，於是我用光子探測儀，談論光如談論粒子。或者，我決定不去找光子走的路徑，我就可以把光看成波。我認為這就是全部，觀察者沒有更多的作用。有些人認為觀察者對實驗有更大的影響。

此時達賴喇嘛提出一個重要的區別，將觀察者在主觀觀察行動中的參與和觀察裝置對光的明顯影響區別開來。觀察者對實驗的直接影響是量子理論中最棘手的問題。相較之下，物理裝置對光的影響，

從而影響了實驗的結果，這雖然是一個複雜問題，但仍然可以用常規的量子理論來描述和理解。安東的觀點最為謹慎，他認為觀察者的意識只在選擇實驗裝置時進入了實驗。人類的觀察本身在實驗中並不是非有不可的。其他物理學家則認為，觀察有更重要的作用。達賴喇嘛稍後將回到這個問題，更深刻地探討意識在觀測中的作用。「觀察者的作用問題」是佛教哲學的中心議題之一，和佛教認為實在之本質是無常的觀點有著深刻的聯繫。

達賴喇嘛：你的說明都是就光而言的。這些現象也適用於光之外的其他東西嗎？波粒二象性是不是也適用於聲波？

安東・翟林格：原則上來說也適用，但問題是我們很難觀察到，因為聲波中的粒子能量非常低。但是粒子的效應事實上可以在固體水晶中觀察到。

我用光來說明，是因為這是我能在這裡演示的唯一現象。同樣的波粒二象性現象也曾對電子做過，對更重的粒子如中子甚至整個原子，乃至於小的分子都做過實驗。在一定的範圍內，對幾千個原子數量級的集合已觀察到了波粒現象。這就引導我們設想，我們現在談論的現象是普遍性的。只要你能使用正確的裝置，你就能看到任何東西的波粒效應。這種實驗的限制因素是光學上必須有多大的裝置才能見到它們。只要光學的裝置夠大，你可以想像用撞球取代光子來做這個實驗。

我這裡要說的是，我們認為這種波粒性質不只對很小的物體，而是對大的物體也成立。能不能做實驗來觀察到它，並不受對象的

尺寸限制，而是經濟問題，因為對象越大，實驗越昂貴。另一個問題是，為了看到這些效應，量子現象必須和環境有足夠的隔絕。這種現象隨著我們對它的觀察開始而開始，隨著我們對它的觀察結束而結束。物體越大，越難以將其和環境隔絕開來。這是一個非常嚴重的限制。

從上面的討論我們可以得出一個重要結論。所有的波現象，不管是聲波還是光，都伴隨著粒子效應。同樣地，所有粒子（電子、原子、分子等等）也都表現出波動效應，而且這種模稜兩可的性質是普遍的。就我們所知，沒有一個限制，超出它波粒效應就消失了。隨著對象物的尺寸變大，波的效應確實會變得微乎其微，但只要有足夠的實驗資源，這種波效應總是能被觀察到。換言之，物理學家現在相信，這個世界徹頭徹尾是量子力學的。

在接下來的講解中，我們介紹了主觀隨機性和客觀隨機性的本質區別。我們在下午的對話中將回到這個話題，來理解它對佛教哲學的意義。

量子力學中的隨機性

安東・翟林格：也許現在我可以來談談量子物理學另一個非常重要的問題。此前我提到過我們可以用單個光子來做雙縫實驗，觀察光子落到什麼地方，比如說第一個光子落在這裡，第二個光子落在那裡，第三個落在這裡，等等。現在的問題是，為什麼某個粒子

會落在某個特定的地方？我們今天知道這樣單一事件的結果是完全隨機的，沒有別的解釋。

讓我在此指出這一理解和經典物理學的區別：如果我擲骰子而得到一個數字，在經典物理學中，我至少可以想像這一切是怎麼發生的。我可以解釋為什麼這次我得到數字 3，那是因為我的手這樣轉了一下，於是骰子便那樣旋轉，然後剛好那樣落下去，如此這般。主觀上我雖然沒有掌握足夠的訊息，但是我可以構造一個推理鏈，一連串的推理在原則上能夠解釋最後的結果。在經典物理學中，我們稱這為主觀隨機性，因為我，作為主觀的人，之所以不知道為什麼得出某個特定的數字，完全是因為我沒有充足的訊息。在量子物理學中也有單個隨機事件，但它們是客觀隨機的；意思是說，不是因為我不知道粒子會落在何處，而是因為粒子本身也不知道自己會落在何處。如果上帝在場，祂也不知道。你在某個特定實驗中為什麼會得到某個特定結果，那是沒有理由的。在物理學中，這是第一次我們看一個事件，但不能為它構造一個推理鏈。我們可以為這個模式（pattern）構造一個推理：如果我們收集很多光子的試驗結果，那麼我們會看到那些明暗條紋，我們就可以構造出一幅美麗的波的圖像。但是對單個粒子，完全沒有辦法構造一個想像的模式。這一結論引起了一番大辯論，這你可以想像。有些人甚至說，我們在單個量子事件中觀察到的是一種自發的創世活動，即沒有任何原因創造出來的東西。

達賴喇嘛：我想請你澄清一點，根據定義，所謂的隨機性排斥任何模式（pattern）嗎？

安東‧翟林格：是的，在單一探測儀的層面上來說是如此。但是，經過一段時間，數據積累起來，模式就出現了。這是一個悖論。這裡有一個總體上的模式，但其中任何單個事件是隨機的。

達賴喇嘛：單個事件是真正隨機的，但是當你積累了很多單個事件時，因果性重新出現，你可以做出前後一致的解釋，是不是這樣？

安東‧翟林格：是，但不是精確的解釋。因為單一事件是隨機的，所以我們不能精確地說有多少光子將落在某處。但我們可以大致預測，而且數量越大，預測得越好。

這個簡短討論提出的問題之意義，怎麼估計也不為過。達賴喇嘛完全明白這點。在量子物理學之前的科學中，科學的目的是給我們世界中的微觀現象給出微觀的因果解釋。人們認為我們四周的秩序是建立在微觀世界的隱蔽秩序之上。但現在，由於量子事件的所謂客觀隨機性，此前的整個認識崩潰了。在最微小的尺度上，單個量子事件是隨機的。那麼從微觀隨機性中怎麼會產生微觀秩序或模式呢？當愛因斯坦面對這一問題時，他的反應是他所說過的一句名言：「上帝不擲骰子！」我們以後還要回到這個問題上。

至此，所討論的效應都只涉及單個粒子。當我們討論兩個或更多量子粒子時，遇到的現象甚至還更困惑難解。為了理解一些關鍵性實驗，我們需要引入偏振的概念。

安東‧翟林格：下面我要繼續討論兩個或更多粒子的量子物理

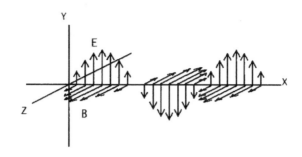

圖 1.3 如果光是垂直偏振的，那麼它的電場就是垂直振盪的。電場 E 的上下振盪平行於 Y 軸。磁場 B 則垂直於電場振動，因此其振盪方向平行於 Z 軸。而光波是沿 X 軸向右移動。偏振的方向是由電場方向給出的，所以我們說它是「垂直偏振」的。

學，其中也有很深的神祕。不過我需要先給您介紹偏振的概念。

　　在經典物理學中，波是一種振動著的東西。水波被稱為橫波，因為它的振動方向垂直於波的傳輸方向。光也是電磁場的一種橫波，也就是說光柱的光向一個方向輸送，它的電磁場振動方向和光的輸送方向是垂直的。振動可以在各個方向上發生，但都與傳輸方向垂直。每個振動方向對應著一種偏振形式。（見圖 1.3）這裡有一個非常簡單的裝置：一束雷射光束和一個偏振片，這個偏振片只讓某個特定振動方向的光穿過，其他方向的光則不能穿過這個偏振片。然後在這裡我放了第二個偏振片。

安東將雷射光束射向兩個前後排列的偏振片。未經偏振的雷射光束從左邊進入，電場的隨機振動方向與光的輸送方向相互垂直。第一個偏振片的傳輸軸是垂直的，雷射光在穿過了第一個偏振片後，其

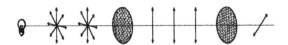

圖 1.4 光的偏振現象。從光源發出了非偏振的光，其電場在垂直於光線傳播方向的所有可能方向上振盪。在穿過第一個偏振片後，光線發生了偏振，它僅在一個方向振盪了。此時可以旋轉第二個偏振片來測試。如果兩個個偏振片互相平行，光線也會通過第二個偏振片。如果兩個偏振片定向成直角，則光線不會穿過第二個偏振片。

電場就被垂直地線性極化了。

　　安東・翟林格：您可以看到雷射光的紅點，因為兩個偏振片的軸現在互相平行。穿過第一個偏振片的光也能穿過第二個偏振片。現在，我轉動其中之一，使它們的軸變成垂直的。以一個特定方向振動的光穿過了第一個偏振片，但它隨後遇到了第二個偏振片，這第二個偏振片只讓與第一個相垂直振動的光通過，於是就沒有光能通過第二個偏振片了。（見圖 1.4）

非定域性和量子糾纏

　　安東・翟林格：現在我要介紹一個實驗，這個實驗太過複雜，以致我無法拿到這裡來做，但是尊者您若到因斯布魯克的話，我會非常願意在實驗室裡做給您看。我們可以在這裡做一個思想實驗，就在您腦子裡做這個實驗，但仍完全遵從物理學規則。這是最省錢的實驗。思想實驗在 20 世紀物理學的發展中非常重要，因為相對

論和量子力學的結論是如此怪異，人們一開始沒法做真實的實驗。我說的這個實驗，事實上在實驗室裡做了很多遍，一次比一次更精密，但在剛開始的時候只是一個思想實驗。這個實驗的第一個想法是愛因斯坦在 1935 年的一篇著名論文中提出的，即所謂愛因斯坦─波多爾斯基─羅森悖論（EPR 悖論）。使用偏振裝置的這個實驗版本是玻姆（David Bohm）[2] 在 1952 年發明的。

　　這裡有個簡單的光源，在同一瞬間朝不同方向送出兩個光子（見圖 1.5）。我們不必知道光源內怎麼運作。然後我們測定這兩個光子各自的偏振狀態。我們在每個光子的路徑上放一個偏振片，然後在偏振片後方各放置一個光子探測儀。現在我們來看看巧合的程度。我們一次一次地實驗，有時候只有一個探測儀發出聲音表示捕

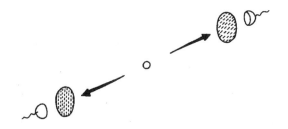

圖 1.5 兩個光子相關性的實驗（愛因斯坦─波多爾斯基─羅森實驗）。光源發射一對光子，每一個都遇到一個偏振器。每兩側都有一個探測儀來測定光子是否通過了偏振片。然後研究兩個光子通過各自偏振器的頻率，這頻率取決於兩個偏振片的相對方向。

2　譯注：戴維‧玻姆（1917-1992），英籍美國物理學家，對量子力學有突出的貢獻。他和達賴喇嘛有多年交往。

捉到光子，有時則是兩個探測儀同時發出聲音。如果兩個偏振片後方都捕捉到了光子，我們就說一個巧合發生。這個實驗觀察的結論非常簡單。第一個結論是，當兩個偏振片互相平行時，巧合就會發生；在一邊發現了光子，另一邊也一定會出現光子。

達賴喇嘛：肯定會這樣發生嗎？

安東・翟林格：需考慮光子探測儀是否百分之百有效，但如果你已經有考慮過這個因素，那麼可以說，是的，如果偏振片是平行的，那麼兩邊要麼同時捕捉到光子，要麼都沒有捕捉到光子。

現在，我們試圖構築一個圖像來理解這是怎麼發生的。最自然的想法是，這兩個光子開始運動時都帶著相同的偏振或振動方向，假設如此，那麼當其中之一穿過偏振片，另一個也會穿過同一極化方向的偏振片。更廣泛來說，這代表每個光子都有其性質──即一套規則或一套遇見偏振片就會怎麼行動的指令。偏振片以某種特定方式安置時，光子會穿過偏振片；但若以另一種方式安置，光子就無法穿過。兩個光子的行為相同，你可以解釋說它們帶有相同的一組性質，這性質可能是偏振方向或某種更複雜的東西。

如果採用這個模型，你可以針對兩個偏振片不是平行時會有多少巧合將發生，做出一定的預測。如果兩個偏振片既不平行也不垂直，而是處於兩者之間，你就會有時候得到巧合，但不總能如此。有趣的是──這是約翰・貝爾（John Bell）的偉大發現──在有些方向上，這個模型預測的巧合數量低於我們觀察到的數量。也就是說，實驗觀察和任何採納同樣思路的模型之間存在著某種衝突。不管我們有多聰明，沒有一個模型能夠解釋對粒子性質分別取得的觀

察。這是令人震驚的結論。

從這個結論我們得出了什麼呢？結論是，光子能否穿過偏振片不是由其帶有的性質決定的。每個光子有50％的機會穿過，也就是說，能否穿過完全是隨機的。神祕的是，兩個光子各自分開並隨機行動，但是當兩個偏振片平行安置的時候，它們的行為就總是相同。這就好比你有兩個骰子，你把其中一個交給你的朋友，然後他跑到遠遠的地方。接著，你和你朋友同時擲出手中的骰子，結果雖然這兩個骰子都是隨機的，可是兩者的結果總是相同。這非常神祕。兩個隨機過程怎麼會給出相同的結果呢？

物理學家把這叫做*非定域性*。這個說法意味著，在一側對光子的測定不僅依賴於這一側的偏振片方向，而且還依賴於另一側的偏振片方向。反之，*定域性*就是說，我們在此時此地的觀察不依賴於同一時間別人在遠處的觀察。非定域性的說法是為了理解這一現象，雖然這裡還談不上「理解」。非定域性只能說是一個描述這種情況的方式，但不是在解釋這種情況。愛因斯坦引入了這個概念，但是他自己並不喜歡它。

達賴喇嘛：你在這裡說的「依賴於」——在某一側發生的事依賴於另一側發生的事——你的意思不是指因果依賴性，是這樣嗎？

安東·翟林格：這是一個非常深刻的問題，爭議很大。人們試圖建立因果模型來解釋這一現象。我個人認為不是因果關係，但這只是我個人的偏好。

達賴喇嘛：是不是在現代物理學裡，人們普遍不接受同時因果性？

安東・翟林格：是的。愛因斯坦對此說得最清楚。任何原因最多只能以光速來傳遞而起作用。

我們給上述的兩個粒子的非定域性關聯取了一個名字：*糾纏*。這個名字的想法是，在某種情況下，兩個粒子即使分隔很遠的距離，它們仍是在一個系統裡的。它們在更深的意義上並沒有真的分隔。如果我們討論三個粒子的關係，這種情況會顯得更怪、更複雜。我們可以繼續討論四個、五個、六個粒子，無窮無盡繼續下去。但是現在時間不允許我討論下去，我們就以兩個粒子為例。

達賴喇嘛：你是不是想說，整個宇宙是內在糾纏的？

安東・翟林格：您這個想法非常精彩，但我不想在您這個問題上取一個同意或反對的立場，因為作為一個實驗物理學家，我不知道怎樣來證明這個想法。這個領域裡的知識和哲學英雄人物玻耳曾說過這樣一句話：「在成為一個觀察到的現象之前，任何現象都不是現象。」換言之，我們不能談論一個現象，除非我們在真實的實驗中觀察到了這種現象（大笑）。

達賴喇嘛：有人可能必須活得很長才能證明它，才能看到整體。

安東・翟林格：確實是這樣，他還需要有很多錢。

達賴喇嘛：也許我們可以問五角大樓要一些。

安東・翟林格：那我們需要一個敵人才能去要，可是這裡沒有敵人。

讓我們來總結一下這個波羅梅奧環（Borromean Rings）的圖像，我想用三個粒子的糾纏來描述。在義大利北部波羅梅奧家族城堡的入口，您可以在他們的盾徽上看到這些環。您仔細看，可以看出這

圖1.6 三個環可以透過兩種不同的方式互連。在Hopf環（左）的互連狀態下，取出其中一個環，剩餘的兩個環仍然會相互連接。在波羅梅奧環（右）的情況下，取下其中任何一個環，其他兩個就不再連接。這兩種情況都可以透過同一個三粒子糾纏態的實驗來驗證。粒子的行為是 Hopf 環或還是波羅梅奧環，取決於對三個粒子進行的測量類型。

三個環是這樣套在一起的，只要您拿走其中任何一個，另外兩個也就不會套在一起。多個粒子的糾纏也是這種情況。它們都互相關聯，但拿走一個，其他粒子也就不再關聯了。這很有意思。（見圖1.6）

薛丁格曾指出，上面安東所說的量子糾纏概念，是量子力學的關鍵特點。糾纏的概念從根本上挑戰了我們習慣上認為物體是一種具固定清晰屬性的實體的觀念。量子的屬性可以是模糊、非定域的。這就提出了深刻的哲學問題，即怎樣從量子力學的角度來認識物體的本質。

量子力學中的因果性

　　這時我問達賴喇嘛有沒有其他問題。他轉向譯員，這些譯員都是藏傳佛教的學者，達賴喇嘛要他們提出自己的問題。他們再次提出了因果性和隨機性的問題。他們特別指出，有時候原因可能隱藏在背後，我們乍看之下不知道什麼是原因，但這並不一定意味著它們不存在。事實上，愛因斯坦也持類似的觀點，叫做隱變量理論。

　　阿蘭·瓦萊斯：對這些量子事件，你沒有發現決定光子穿過哪個縫的原因。但是你並沒有證明這是沒有原因的。我不清楚為什麼你不是簡單地說「我們不知道原因」，而是要求我們拋棄我們幾千年來對於因果的信念。你可以說，有關定域隱變量的所有理論都不成立，然後就此打住。你並沒有向我們證明你看出來這裡沒有任何原因。

　　土登晉巴：這一點很重要，因為佛教的分析要將「發現它不存在」和「沒發現它存在」區別開來。這兩者之間有重大的邏輯區別。

　　安東·翟林格：我想，我們之間的分歧來自於我們對什麼是原因的觀念不一樣。但是，首先我想做一點修正說明。我完全不是到這裡來要求任何人放棄數千年的傳統的，恰恰相反：我想向這種傳統學習。在把我們的觀點統一起來的時候，很可能我們兩邊都要放棄掉一些東西。

　　對於你提出的問題，我們確實沒能證明這裡沒有原因。在我們提到原因的時候，我們說的是特定實驗中的特定原因。在雙縫實

驗中，如果我在每個縫後方都安置一個探測儀，那麼實驗結果只有兩個可能。有時是這個探測儀發出聲響，有時是那個探測儀發出聲響，到底是哪個，好像完全隨機。好吧，我們就說我們沒能發現任何原因。但我們還做了糾纏態的實驗，在那個實驗中我們演示了，只要它們是定域性的，就不可能有原因存在。這是非常重要的結論。我們從相對論裡得知，任何作用只能以光速運動，不可能更快。我們從實驗中得出結論，如果原因存在，它們不可能是定域性的，而它們沒能說明為什麼是這個探測儀探得光子而不是那個。我們就知道這些。也有其他可能，例如，存在一個可能性是非定域原因。

在這個時候，我們面臨一個個人選擇，在這種情況下你相信什麼。到目前為止我們看到，量子物理學已有七十年歷史，很多人試圖在舊觀念的基礎上理解量子現象，但沒有一個人解決了疑問。我則願意採取一種最激進的觀點：下一步將出現的，是比我們現在有的更奇怪、更難以理解的東西。作為一個實驗假設，我設定這些東西是完全隨機的，沒有任何解釋。我覺得很可能真的是這樣，雖然此刻還只是一種判斷。但是我想知道，這一判斷對於這個世界，包括我自己，到底告訴了我們什麼。

我能不能再增加一個小小的說明？我們知道並不是兩個粒子分別帶有訊息。當我們談論非定域性的時候，我們的意思是說，當你測定這個粒子時，有一些訊息瞬間運動到了那邊，告訴了那邊的粒子。皮埃特曾提醒我，有一個非常重要的爭議是關於非定域性和時間相對性的關聯。如果在相對某一個地域的同一時間測定兩個光子，我能想像有一個人坐火車經過兩地，看到一個測定早於另一個

測定。他可以說，一個是原因，另一個是受此原因影響的效應。而另一人剛好從相反方向經過，那麼他看到的就會是相反的原因和效應。我們現在還不能確定非定域的原因。此外，我們將來的問題是沒法知道什麼是原因、什麼是效應。

阿瑟·查恩茨：我想提出一個觀點，它可能更符合佛教，同時仍符合現代物理學。玻姆對於非定域因果性的理解，是支持隱性原因和隱變量的。例如在雙縫實驗中，他會說，每個特定光子都有一個可預測的軌跡。他可以計算這個軌跡並預先告知光子將落到哪裡。然而，他的理論有個問題是，每次計算都必須有一個初始態。如果你告訴我光子的精確初始位置，我就可以告訴你以後將發生的一切。可是從量子力學的一般觀點來看，你實際上無法確定這個初始位置。所以，即使在玻姆對量子力學的解釋中，我們仍得出實驗所看到的隨機性。原則上來說，你可以把上一次演變的最終結果當作這一次的初始態，那樣開始點就往後退了一點，每一步都需要把開始點往後退一點。如果你接受這樣的觀念——不存在原初的起始點——那麼這整個說法就是可以自洽（自相一致）的。當你必須有一個開始點的時候，問題就產生了。玻姆的理論是安東所描述的非定域量子力學的實例。玻姆會說，在明顯的隨機性下面其實是有原因的，這種隨機性和以往的隨機性並沒什麼不同，那就是由於缺乏訊息。在上述情況下，是缺乏光子初始態的訊息。其他物理學家則批評玻姆的理論，因為他需要初始條件，而初始條件沒法提供。也許從佛教的觀點來看，並不存在初始條件，你可以往後無窮地追溯原因。

糾纏被打破

接下來的問題是，粒子互相糾纏到什麼時候會終止。

安東・翟林格：糾纏什麼時候被打破？當兩個粒子中的一個和外部系統，比如一個探測儀發生互相作用的時候，這兩個粒子的糾纏就被打破了。換言之，一旦人們對它們做了探測，往後的觀察裡就沒有糾纏了。第一個觀察就打破了糾纏。

阿瑟・查恩茨：也許這裡要做一個補充。有些人說，探測儀本身是一個量子系統。所以由此發生的不是糾纏被解除，而是一個量子系統和另一個更複雜的量子系統（即探測儀）的更深的糾纏。問題依然存在。這就引出了一個觀點，就是尊者問過的，整個世界是糾纏在一起的。一個更謙和的想法是，超過了一定的界線，探測就是不可逆的了；它已太過複雜，無法用量子力學來描述了。探測過程本身和大量原子的系統產生糾纏，得出了經典的無糾纏結果。但有很多物理學家，特別是約翰・貝爾（John Stewart Bell）[3]，會說這不是真的。就現實的目的而言，這是真的。但在原則上，不論是哲學的原則還是科學的原則，糾纏並沒有真的被打破。探測過程擴大了糾纏的範圍，而不是打破了糾纏。

3　譯注：約翰・貝爾（1928-1990），北愛爾蘭物理學家，著名的貝爾定理創建人，這是量子物理學中有關隱性變量問題的重要理論。2022 年，翟林格等獲得諾貝爾物理學獎的工作，就是用實驗來檢驗貝爾定理中的貝爾不等性和實驗可證性。

　　安東・翟林格：這是一個非常重要的觀點，它說明了為什麼哥本哈根詮釋（Copenhagen Interpretation）如此強而有力。我說觀察打破了糾纏，但我並沒有說什麼東西構成了觀察。觀察在哥本哈根詮釋中是未經說明的第一性概念。觀察，就是當我們注意到經典實驗裝置的狀態，然後我們就發現觀察後糾纏不再存在。如果我們要用量子物理學作為一個裝置，我們就會遇到一系列問題——裝置的重疊，以及大名鼎鼎的薛丁格貓悖論。還有韋格納的友人悖論（Wigner's friend paradox）[4]。尤金・韋格納（Eugene Wigner）是著名的物理學家，他說過「探測裝置被糾纏了，正在觀察這個裝置的我朋友也被糾纏了。只有我一人沒給糾纏上，因為我的頭腦沒意識到糾纏的存在。」這裡的悖論是：什麼時候這個糾纏鏈會被打破？如果我們把觀察作為首要概念，這裡就沒問題了。這裡就不再有需要說明的東西，如此而已。

顯然，我們日常經驗的世界不是理論告訴我們的量子力學狀態的奇怪世界。如果我們不在某個點上打破糾纏，那麼薛丁格的貓恐怕是我們將遇到的最荒唐的事情。薛丁格向我們展示，如果取其極端，糾纏將

4　譯注：這個悖論是物理學家韋格納（1902-1995）在 1961 年提出的。這個悖論和著名的「薛丁格的貓悖論」有關。它是說：一位觀察者 W 觀察另一位在作量子力學實驗的觀察者 F，他們兩人在實驗結束後要根據量子理論來陳述觀察結果，但在量子力學的解釋中，這兩位觀察者的陳述會互相衝突。尤金・韋格納是匈牙利—美國理論物理學家和數學家，奠定了量子力學對稱性的理論基礎，韋格納定理是量子力學數學表述的重要基石。

使一隻貓在同一時間既是死的又是活的。這就是安東所說的薛丁格悖論。翟林格對於量子物理學的種種神祕所持的觀點，接近丹麥物理學家玻耳和他的同事的觀點，這觀點就叫哥本海根詮釋。我無法用幾行字總結這一微妙的哲學觀點，但是在翟林格的評論中非常重要的是指出，在哥本哈根詮釋中，觀察不是用詳細的物理模型的意義來說明的。正如安東所說，觀察是「一個未經說明的第一性概念」。

這之所以重要，是因為一旦有人給出一個物理模型，這個模型就可以用量子力學來分析，所有與測定有關的問題就又會出現在他們的頭腦裡。有個辦法是把觀察提出來（但不說明它是什麼），觀察將打破糾纏，使我們可以對科學儀器進行經典解讀。另一種辦法是由著名物理學家韋格納提出的，透過人類的意識來打破糾纏的無窮網絡。根據這個辦法，當人類觀察者的非物理心智參與其中時，人類的認知以某種方式打破了糾纏鏈，產生了經典的日常現實。然後就會有人固執地問，如果韋格納的朋友觀察那隻貓，他會看到什麼？既然根據韋格納的觀點，他的朋友無異於那隻貓，也無異於其他的裝置，那麼悖論會被解除，抑或繼續存在？誰的意識會起決定作用：是貓的，朋友的，還是只有韋格納的？

在我們第一個上午的討論中，量子物理學的很多重大問題被提出：波粒二象性、量子事件的客觀隨機性、多粒子糾纏、非定域性、向宏觀效應的轉型以及測定的問題。量子力學的這些問題都有實驗支持，都要求我們重新認識我們的世界以及我們作為觀察者的作用。我們還只是剛開始對話，深刻的哲學問題已出現在我們面前。這些問題將和其他問題一起，在今後幾天裡佔據我們的頭腦。

2
對量子實在的哲學思考

　　量子物理學在過去一百年裡讓物理學家和哲學家倍感困惑。即使是那些發明描述量子現象的理論預言的人如薛丁格，也看不出該怎樣理解量子物理學的數學理論。玻耳曾提出，理論可能不再能給實在提供圖像，所以我們必須滿足於沒有圖像解釋的實在。另外一些人，如薛丁格和愛因斯坦，仍相信最終我們將得出令人滿意的描述，而不是只有量子力學的數學理論所給出的純粹形式上的描述。薛丁格是這樣說的：

> 有個廣為人接受的思想流派（指玻耳）認為，任何傳統意義上的實在之客觀圖像根本就不可能存在。只有我們當中的樂觀主義者（我認為我是其中之一）將這種觀點視為一種哲學上的放棄，這種放棄是因面對嚴重危機的絕望造成的。我們希望概念和意見的波動只是表明我們處於一種大轉變過程中，最終將走向比今天圍繞在我們的議題四周一團亂七八糟的公式更好的東西。

是否存在著客觀真實的實在之圖像？玻耳放棄了這種對實在圖像的希望，他是對的嗎？或者，我們確實應該更深入地思考，放棄那種

固定的圖像，允許更靈活和合適的理解方式，在薛丁格的現實主義和玻耳的實證主義之間採取一個中間立場？

　　就像薛丁格、愛因斯坦和玻耳一樣，我們在達蘭薩拉也面對著現代物理學提出的根本性哲學問題，但我們現在是在一個擴大了的思想框架中，這個框架包括了佛教哲學，也包括我們更為熟悉的西方思想資源。薛丁格曾仔細閱讀過薄伽梵歌、學過梵文。我們和他一樣，想把我們的思維範圍擴展到非西方思想資源中，希望增加智力工具來幫助我們看清我們自己的西方科學與哲學的問題。畢竟，佛教哲學已為本體論和認識論問題奮鬥了上千年，千年來一直在直接探討我們理解實在的圖像問題。科學在傳統上採取一種直截了當的現實主義，而佛教對待實在之終極本質問題則採取一種遠為謹慎的態度。這種態度認為，我們對這個世界的經驗，包括透過實驗得到的經驗和透過科學理論得到的經驗，都涉及一種「虛相」（conventional reality）。佛教認為，對實在的深刻哲學分析揭示了它在終極意義上的空。佛教對實在採取一種更靈活而唯象主義的觀點。實在被看成是一系列瞬間的現象事件。而且，這些現象事件並不純粹孤立地在外部世界裡發生，而是在包括心智在內的錯綜複雜的因果網絡中發生。這就是佛教中極其重要的「緣起」思想。在科學家和達賴喇嘛的對話中，非常重要的是，必須記著雙方傳統所持的實在觀念是不同的，從而注意量子力學怎樣把這兩方帶到一起而變得更為接近。

　　在某種方面，杜維明代表了我們需要的東西方的混合。他出生於中國，在臺灣和北美完成教育，比我們任何人都更能理解亞洲和

西方智力與精神傳統的對比。他在會議上每天做的評論開啟了東西
方思想結合與合作的可能性。他的出席也告訴我們，不管西藏和中
國之間曾有過多麼悲劇性的歷史和政治，作為人類的一員，我們都
可以在尋找知識和減少痛苦的共同願望下，超越這類政治爭端。正
由於此，尊者對杜維明參加對話感到特別高興。

　　針對上午翟林格的介紹，杜維明和我在下午開始與達賴喇嘛之
間的談話。杜維明精彩闡釋了新科學對我們的世界觀提出的挑戰，
以及不同學科和東西方傳統之間合作的潛在益處。科學家和觀察者
的心智，是不是有著比翟林格所提出的更廣的參與作用？杜維明表
示對此非常感興趣。達賴喇嘛在回應中提出了佛教中的「四種分析
模式」[1]，空性，以及緣起的思想，或許有助於理解量子力學提出
的問題。

客觀隨機性和新哲學觀

　　阿瑟·查恩茨：對於量子實驗和其解釋怎樣挑戰了我們對生活
其中的世界的傳統理解方式，今天上午尊者您一定有了一點印象。
在世紀初，大約從 1900 年到 1920 年，當這些實驗及理論第一次提
出來的時候，西方科學界受到極大的震動。人們根本無法理解這些
實驗的結果以及對它們的解釋會是真的。漸漸地，在幾十年的時間

1　譯注：即佛教四理路：（一）證成之理、（二）法性之理、（三）作用之理，
　　以及（四）觀待之理。

裡，人們開始理解這些思想的影響和全部後果。但是很重要的是，科學家們，包括翟林格和我本人，仍然對這些實驗感到驚詫不已。它們並沒有讓我們覺得習以為常。它們仍嚴重衝擊著我們看待世界的方式。

我們今天下午想要討論的一個問題是客觀隨機性。我們說主觀隨機性是由於我們的無知：如果我們不瞭解某事件的原因，它就顯得好像是隨機而混亂的。一旦我們瞭解了原因，我們就會辨識出事件的模式。在量子力學中我們遇到一類現象，其特點是隨機性，可是根據我們對其瞭解，它們似乎是客觀隨機性的；也就是說，這些事件即使是在最精密的層面上，也沒有隱藏的原因。這些事件的更多訊息並沒有揭示真正的原因，似乎自然本身帶有隨機的性質。這種隨機性發生於非常深的層面；在日常事件的一般層面上，事情仍然以可預測的因果方式進行，但在量子實在的深刻層面上，大自然好像是客觀隨機的。我們想聯繫佛教來進一步討論這種神祕性。在佛教中存在客觀隨機性嗎？什麼是原因與結果之間關係的本質？無知與隨機性之間關係的本質又是什麼？首先，我想邀請杜維明做一個開場評論。

杜維明：能和尊者以及幾位傑出科學家一起對話，我深感榮幸。我代表咱們這個小組中最底層的普通人，帶來的是「初學者的頭腦」，雖然我不是很肯定，但顯然我對所論議題所知不多。

我對令人驚奇的客觀隨機性概念的直覺反應是希望那不是真的。我希望那只是我們知識發展的一個階段，希望最終我們能更好地理解世界的終極實在。我希望這些事情並非完全隨機發生，尤其

不是在客觀意義上隨機發生，而是出於某種主觀條件，包括我們的概念體系和我們的精神氣質，我指望隨著我們擁有更精密的知識，我們就能有不同的觀念。當然，這是我一廂情願的妄念。這種願望被今天上午演示的令人難以置信的實驗結果給打破了。實驗儀器向我們證明，首先，有一種和我自己平常的理解完全相反的概念：兩種天差地別而且完全不可相容的解釋模式，竟然是互補的。

這種互補性讓我想起一個經典的道家思想，有關用語言作為工具去捕捉意義。這個比喻可能會被人誤解，它是意思是：用語言來理解意義，就像用網來捕魚。沒經過訓練的人往往會迷惑，會把網看成了魚，把語言當成了意義本身。你用來捕魚的工具決定了捕到的是怎樣的魚，然後它就在錯誤方向上被工具化了。可是，如果不用網就無法捕到魚。網是我們唯一的工具，所以工具就成了魚的一個組成部分。語言變成了我們想捕捉意義的一個組成部分。不管我們能夠多有效地使用語言，我們的意義就是會受到語言制約，被表達的特定過程所塑造。

在這比喻中有三個維度：一是觀察者或人，二是用於理解的工具，三是我們要理解、要概念化的客觀現象。我的感覺是在當下這個發展階段，在我們對發現的東西進行解釋方面存在著衝突。解釋的衝突來自兩個非常不同的觀念。

一個觀念是決定論模式：不管看上去有多麼隨機，如果我們足夠努力地擴展我們的知識，我們終將達到一個更高的理解水平。我們現在的探索範圍只是更大實在的一部分，如果我們擴大這個範圍，最終我們將得到一個可以把握的圖像，而這個圖像不是隨

機的。

另一種觀念更為激進，我發現有越來越多的科學家接受這種觀念。這種觀念認為，不是因為我們難以找出因果性，而是我們認識到這裡原本就沒有因果性。如果你相信這裡必有某種因果性，也就是不接受隨機性，這種想法根本上是有問題的。越要找因果性，越不會成功。

這兩種立場都有其後果。前一種立場假設我們仍然可以保留對穩定性的很多舊信念，相信世界具有可預測的連續性。後一種立場則認為，我們必須找到一種更徹底的新理論，不只是一種新工具，而是完全不同的世界觀。如果我們不能發現這種世界觀，仍然抓住舊的習慣和視野，那麼不管我們怎麼努力，我們永遠不可能真正理解這個世界。

如果我們採取第二種較為激進的立場，我們就會發現我們處在非常微妙的階段。我們不僅要對有關自然世界最終現實的所有知識持懷疑態度，而且要對各種可能性和做事方法持完全開放的態度。我們必須對成為科學一部分、而且最終可能為更多人接受的新知識持歡迎的態度。以這種思路，我想向您的佛教傳統中的智慧，特別是涉及緣起和空性的智慧提出一個問題。您會怎樣評論量子現象？

我的希望是有關宇宙的完全不同的概念將會出現，不僅是現在一些科學家所想像的全新觀點，還包括可能在令人驚奇的比較文化研究方面的新觀點。我們不應該只依賴現代西方來擔任解釋世界正在發生什麼的唯一範式。西方提供的範式作為啟蒙運動的一部分出現於 18 世紀，在 19 世紀和 20 世紀達到頂峰。它極度強調理性的

重要性，運用分析方法將物體解析為可能的最小部分，進行精密的定量，希圖用數學模式來解釋事物，並持有公正觀察者的理想，觀察者不是整個過程的一部分。但是當代西方科學的很多偉大成果因為物理學的新發展而變成了問題。我們現在所處的階段是，新知識將從更廣闊的協同努力中產生。這種協同努力可能涉及許多不同學科和不同文化傳統的人，但是同時具備科學所要求的精確性。今天上午的討論仍依賴於經驗方法的重要性。量子物理學不是一種浪漫的論斷；它是非常精確的，但又為想像力打開了新的可能。我們現在進行的東西方文明之間的對話，很可能會重新引入曾被18、19世紀科學界拒絕的思想方法，這些思想方法曾因其不科學而被拒絕，因為它們和宗教或玄學有關。也許現在是時候了，應該把很多其他的思維方式，藝術的、宗教的、靈性的思想方法，用來思考我們面對的重要問題。

　　我想以涉及科學家或觀察者，以及當科學家或觀察者面對重大挑戰時看到了什麼的想法作為總結。今天上午的討論已經十分清楚，在這三者之中，即我們要理解的目標物，我們用於理解的工具，以及觀察者主體，這三者當中工具是關鍵。科學家透過選擇工具 A 或工具 B 來影響結果。這非常重要，但這並不是參與。科學家是否培養出更高層次的精神來理解，這基本上和正在進行的事情是無關的。但是也許我們到了這樣的時刻，在我們尋找新的解釋模式的時候，科學家的品質和更寬廣的討論是有關係的。

佛教的分析

達賴喇嘛：在佛教裡，我們定義了四種分析法。第一種是安東‧翟林格舉的例子：設想一種情況，調查這種情況，提出一個又一個的問題，收集證據，然後得出一個相互一致的解釋。第二種分析方法在藏文中叫 *chenye*。這種方法你只需要說「事情就是這樣」。這是現象的本質，沒有進一步的解釋。例如，如果你問為什麼某個頻率的光看上去是藍色的而不是黃色的，在解釋的某個點上你或許會說，就是這樣。當某種頻率的光射在視網膜上，激起了處理視覺訊息的大腦皮層的某種電化學變化，最終的結果是你看到了藍光，可能不再有進一步的解釋。第三種分析方法是用事件或現象的功能來解釋，第四種方法則涉及特定現象的容量或潛力。也許，和這裡的討論最相關的是第二種方式。

阿瑟‧查恩茨：您的意思是，客觀隨機性可能是這樣的一種情況，分析遭遇到了某種極限，這些事件就變成機率性的，不再有任何其他可以解釋的原因？

達賴喇嘛：在某些情況下，也許是由於當下我們的知識有限。但在另外一些情況下，可能就是實在的客觀本質，這種本質沒有任何解釋。

考慮到佛教的緣起哲學，它和理解客觀隨機性是不是可能相關，我個人現在的感覺是很可能沒有關係。緣起原則的依據，是不同事件和事實之間有確定的因果關係。依賴性也可以理解為整體和其組成的部分之間的關係；也可能關係到我們是怎麼知道這些事件

和事實的。雖然緣起的概念依據的是可分辨的事件與事實之間的關係，但佛教徒指出，依賴性並不是說這些互相作用的事件或事實自身必然有某種內在的客觀實在，相反地，這種客觀實在的缺失，即空性，恰是它們的存在本性。它們的存在和實在只有在互相關聯、互相作用中才有意義。至今為止，量子物理學的某些實驗引導人們極力去理解物質體的非實體性，在這個問題上，也許量子力學和佛教的空性概念之間存在一種有意思的平行。

在有關空性的問題上，讓我繼續杜維明提出的議題——一個名稱和它所指事物之間的關係，就像漁網和魚。名稱和它所指涉的東西都是存在的，但是當你尋找這個東西的本質，尋找實體本身，在深入分析之下，結果你會發現，你找不到它固有的本質。那麼，是不是說它並不存在呢？不是。認為它不存在是個錯誤的結論，它是存在的。那麼，你怎麼能把這兩個敘述放在一起——它是存在的，但是當你尋找它的時候，你卻找不到它？它是存在的，但它是以其名義上的或語言的表象存在的。這也不是說，你說到了某種東西，於是把這種東西帶進了現實。不是這麼簡單，因為如果這種東西是你說到了它才製造出來，那它只是一種想像中的東西。可是，確實沒有任何東西具有獨立於其名稱的自身內在本質，它是由於其名稱的力量而存在的，然而，它又不是想像出來的。

杜維明：我想，對實驗所做的最低限度解釋是，客觀隨機性和非定域性是從即刻的實驗，從經驗性的證據中得出的觀念。安東只願意說到這裡。這裡沒有任何本體論的主張。別人可能有一種本體論的更大理論，他們可能得出更廣的解釋。任何東西沒有緣起的

過程就不存在，沒有什麼東西是自身固有的，這種說法是非常強烈的本體論主張。我認為，至今為止的實驗並沒有結論性地排斥這種想法。

　　達賴喇嘛：在這些年我和科學家的討論中，我開始察覺到，科學方法在分析實在的本質，特別是在粒子物理學層面分析實在的本質時，似乎著重於佛教徒所說的否定的過程，即指出它不是什麼。就像我們探索物質現象的組成部分時，我們開始意識到物質現象中並沒有實體的存在。但是，我們似乎較少著重於探討存在的是什麼：在什麼意義上，物質現象確實是存在的？正是在這個意義上，佛教的緣起理論提了出來。我們想要理解存在的是什麼，透過否定的過程來確定，在毀滅後出現了什麼。當然，在佛教裡對緣起是什麼意思也有著不同的理解。

在上面的談話中，我們迅速進入了佛教哲學的深處。達賴喇嘛對空性和緣起的簡要闡述，通常是複述西元2世紀傑出的印度佛教哲學家龍樹[2]菩薩的思想。龍樹菩薩最重要的著作叫做「中間道路」，在佛教中以中觀論著稱。用當代佛教學者保羅・威廉斯（Paul Williams）的話來說，中觀論是「系統性地試圖建立、呈現和依靠對

2　譯注：龍樹（Nāgārjuna），西元2世紀印度大乘佛教論師。龍樹廣泛影響了大乘佛教的各個宗派，中觀派以他為創始者，瑜伽行唯識學派與如何藏學派也多以他的著作來證明本身宗亦的正確。他對漢傳佛教的影響非常深遠，尤其是三論宗和天台宗。他在日本佛教中享有「八宗共組」稱號。在藏傳佛教中，與其大弟子提婆論師童被尊為佛教二勝六莊嚴之一。

事物本質的理解」。龍樹菩薩批評阿毗達摩學者的唯實論立場之缺失，也批評唯識論學派的唯心主義之缺點。中觀論是作為這兩個極端立場之間的中間道路而提出的。這是一種微妙而複雜的立場，藏傳佛教廣泛認為，中觀論是處理實在之本質的最高級哲學思想。

中觀論的核心思想是它怎麼處理日常觀察到的世界之存在和世界之終極存在，以及用緣起的觀念來解釋現象經驗。佛教哲學家認為現象經驗來自於兩個因素。一是來自「心智方面」的因素，另一個來自物體「自身方面」的因素。緣起思想認為日常觀察到的存在來自這兩個方面，不存在獨立的絕對實在。相反，阿毗達摩唯實論者認為我們的主觀印象不是根本性的，他們要超越外觀去發現真正而持久的佛法，即形成虛相的本質部分。這些佛法不受其自身之外的任何東西制約。它們是絕對的，所以說它們是「只能從自身這方」給出的。

另一個相關議題是參與的問題，就像杜維明在開始時講的那樣，達賴喇嘛要求我和安東解釋，科學家扮演的角色不只是被動的感知者，而且也是參與的知識者，這個觀點是什麼意思。當科學試圖描述量子實在時，它理解概念和語言的不同作用嗎？

參與性觀察和緣起

皮埃特·哈特：安東在他的講話中談到我們對實在的理解是無實體而自發的，對我來說非常有意思的是，他這麼說的時候用了一個術語：*客觀隨機性*。我理解您欣賞無實體性這個概念，就如龍樹

菩薩和緣起理論所闡釋的那樣，但是您不喜歡自發發生這個概念。
我非常好奇，為什麼您不喜歡自發性的概念。

　　達賴喇嘛：這並不是喜歡或不喜歡什麼的問題，我只是發現在
龍樹菩薩的思想和量子力學認為光子缺乏實體性的觀點之間，存在
著某種平行。至於客觀隨機性，並不是我不喜歡它，而是我感覺隨
著研究的繼續，或許會找出它的一些原因。有可能是在某些領域，
人們或許會發現純粹的隨機性是實在的客觀性質，這種性質沒有什
麼可解釋的理由。但我沒有對此評論，因為它和中觀論的空性思想
之間沒有什麼平行的地方。

　　阿瑟·查恩茨：也許我能添加一條評論，和杜維明提出的問
題有關。在物理學中，就像佛教哲學中一樣，有不同的學派。大家
都承認這個實驗的事實，並且都是從同樣的實驗數據開始的。大家
都接受量子力學的基本數學理論，但對理論的解釋卻各有不同。
安東向尊者演示的觀點帶有最低限度解釋的特點，它只利用最少的
假設和先入之見來解釋現象。安東承認現象，辨認出模式，接受數
學理論，但是他把其他的東西都留待將來，希望有一些新的想法會
出現。

　　這種研究方法是有偉大傳統的，可追溯到玻耳，雖然在量子物
理學界屬少數派。但這是一個非常著名的少數派，但仍是少數。換
言之，物理學界還有其他很多學派。有些物理學家極力要給出一個
非常詳盡的因果敘述，光子怎樣穿過特定的路徑，落在探測儀上，
發生特定的事件。他們描述這個光子歷史上的每一個瞬間。玻姆就
是這樣一個人。他覺得玻耳是透過他個人的人格力量來迫使當時的

物理學家同意他的觀點。這是兩個極端立場,即最低限度假設的觀點和非常詳細的因果敘述觀點,還有很多處於兩者之間的中間派和各種變形觀點,我們在此不詳細討論。

可是,就我所知,所有這些模式,不知為何都包含安東強調的隨機性的根本特點。隨機性必須是模式的一部分。其他的必要組成部分是他稱為糾纏或非定域性的東西,即兩個從同一源產生的粒子具有很不平常的非定域性質。玻姆將這些性質都吸收在他的理論裡,但是他仍然覺得很困惑。他把隨機性歸結為光子的準備階段。在光子隨機地準備好以後,它就以一條非常清晰的路徑運動,但是它為什麼在這個地方出發,或者在別的地方出發,那是完全隨機的。玻姆的理論中也包含了非定域性概念,但他是透過某種他稱為量子潛力的特別的力來解釋的。兩個糾纏的目標埋置在同一個量子力中,於是當你移動其中之一的時候,另一個也被移動了。這是一種量子因果關係,而不是由於一個訊號從宇宙這邊傳到那邊而引起的。所以,玻姆給出了兩個粒子為何相連的因果解釋,但那是非定域的因果性,和通常意義上的因果性不一樣。這裡重要的是,你總需要將同樣的隨機性和非定域性考慮在內,不管你是什麼學派。

我還想強調的一點是,從兩個探測儀的巧合中怎樣產生了秩序。如果你只觀察其中一個探測儀而不去注意另一個,你看到的只是隨機性在起作用。了不起的是,如果你往後退一步,同時觀察兩個探測儀,你就會發現某種秩序出現了。

達賴喇嘛:也許這是從觀察者的角度來看出現了秩序。是觀察者看到兩個事件在一起發生。

阿瑟·查恩茨：觀察者是怎樣注意探測儀的，這會影響秩序是否作為一種現象而出現。如果注意力只限於一個探測儀，那麼事件似乎就是隨機的。

安東·翟林格：我們可以把觀察者排除出去。你可以這樣做實驗，每個探測儀都離開光源非常非常遙遠。這邊的技術員只是記下特定時間發生的事：五點鐘光子通過。遙遠另一邊的技術員記下她得到的數據。他們都得到了一系列數據，分開來看不說明任何問題。但是當他們會合以後比較他們的數據，他們發現兩組數據之間非常有意思的聯繫。

達賴喇嘛：但假設還有一個觀察者。他看到了這兩組現象，這種秩序由於這個觀察者的存在而顯現了出來。那麼，這種秩序就和觀察者是一個還是兩個無關，是不是這樣？事實是，有一個觀察者參與其中並看到了兩組事情。

安東·翟林格：但是這個觀察是後來發生的，對嗎？你把你的紀錄放在保險箱裡，一年後把它們拿出來，看著它們。

達賴喇嘛（大笑著回答）：觀察者並不一定是一個感知者，而是一個（下）指令者或一個知道者。如果沒有一個指令者在那裡尋找秩序，注意到那些現象並指出「啊！這就是秩序！」那麼秩序的概念就不存在。如果沒有一個指令者或知道者，你就回到了無序狀態。

安東·翟林格：只要知道者只注意到了其中一部分，就會漏掉秩序。

達賴喇嘛：他們是錯過了秩序，還是秩序本來就不存在？

阿瑟·查恩茨：這是哲學回答的問題。我會說秩序是存在的。安東可能會說秩序不存在，但我不能代替他說。

達賴喇嘛：秩序的概念本身是不是一種依賴於觀察者的東西？或者，它是一種絕對的、純粹客觀的東西？秩序是不是一種和特定主體沒有關係的東西？

阿瑟·查恩茨：這裡您提出了所謂實現與潛在的問題。有時候還可以有更多種類。你可以說有些東西存在著，你也可以說有些東西不存在。但是根據亞里斯多德的說法，你還可以說有些東西是潛在存在著。我會說秩序就是潛在存在著。它只透過一個有意識的心智才會成為被人知道的。在這個意義上，我個人會說，是的，我們有一個有秩序的宇宙。

安東·翟林格（*落腮鬍的臉上洋溢著笑容插話*）：我能不能先對你說，我不同意你說我的意見？然後我能不能再回問一個問題：假設有兩隻猴子在玩那兩塊偏振片，有一個自動記錄儀在記錄什麼時刻偏振片處在什麼狀態，是否探測到了光子。然後，在過了相當長的時間後，這些紀錄被放到了一起，你從中看出了秩序。現在我要問，是誰把秩序帶了進來？是那兩隻玩弄偏振裝置的猴子，還是後來把紀錄放到一起的人？秩序是從什麼地方來的？從某種意義上來說，秩序早已存在於數據之中。最後的數據將顯示奇怪的量子相關性。

喬治·格林斯坦：我能不能說一個想法？我們現在討論秩序，但這不是這裡的關鍵點。請讓我描述一個稍有不同的實驗。你有一個光源和兩個探測儀，你再加上一個鈴，只有當兩個探測儀同時測得光子時，這個鈴才會響；如果它們不是同時測得光子，這個鈴就

不會響。現在的問題是：鈴響了嗎？這個問題和秩序不秩序沒關係，僅僅是這個鈴會不會響的問題。這個神祕的鈴響了沒有，這是我們要關注的問題。秩序不秩序是我們所做的判斷，鈴響了沒有是一個孤立的問題。

達賴喇嘛：但是鈴響和偏振裝置的極化相連。這是秩序從何處進入的問題。這不僅僅是鈴響了沒有的問題。偏振片的極化和鈴響之間的關係促使某個人去評估整個事件，然後得出結論：「啊！這就是秩序。」

喬治・格林斯坦：不，這裡只有鈴響不響的問題。

阿瑟・查恩茨：是的，但鈴響似乎和平行的偏振片相關。

喬治・格林斯坦：好吧，但是這實驗也可以用一台機器來做。安東用十分鐘就可以做出這樣一台試驗用的小機器，將這機器和兩個探測儀連起來，當探測儀同時探得光子的時候，機器就讓鈴響。這可以叫做同時發生計數器。

阿瑟・查恩茨：但是鈴聲作為同時發生探測儀是沒有意義的，除非放在我們更大的背景上。我也可以讓猴子來打鈴（*等笑聲平息下來，我繼續說*）。這裡有幾件事在發生。一是給予一個特定實驗結果以意義的問題。對這個問題，你可以說需要一個有意識的心智。實驗可以是自動記錄結果的，但是意義卻必須和一個人聯繫在一起，這人看到了一些現象，並給出認知上的判斷。

我想強調一下量子相關性到底是不是純粹主觀的問題。有一件事讓我們傾向於感覺它不是主觀的——例如，如果我能用大自然的這個事實去驅動某個機器的話。如果能這樣，我們就會覺得量子

糾纏是客觀發生著的。這不是一個認知和哲學，而是一個問題。它能不能——亦即量子糾纏能不能用來做什麼動作？是的，它能。人們已經提出一種新類型的量子電腦，這種電腦的特點是能夠驚人地記錄同時發生的事件。這種電腦有望成為非常強大的新技術；而它就本質而言，是依賴於非定域性和糾纏的。我以為，這將是非常了不起的技術。至今為止的機器都是經典的機器，是像鐘錶一樣的構造，就像您小時候拆開的鐘錶。而這種新型機器是在新物理學原理上工作的。有這樣一種按非定域性和糾纏的原理運行的機器，證明非定域性和糾纏不只是關於世界的主觀思想，而是世界確實是以這樣的方式建構起來的。

喬治・格林斯坦：您早前問到主觀隨機性和客觀隨機性的區別。它們絕對是不一樣的，我們應該慶幸它們的不同。主觀隨機性是因為我們無知，因為我們不知道所有的事情，所以我們看不到模式，於是我們不能精確預測將發生什麼。而在這些實驗的客觀隨機性中，這些事情為什麼如此發生是沒有理由的。沒有可能的解釋，根本就沒有理由。安東，也許你能講解一下客觀隨機性的證明。

安東・翟林格：在這兩個相關粒子的例子中，當我們試圖建立模型來解釋各個粒子為什麼是這樣時，在偏振片不是平行的狀況下，模型對這兩個粒子的相關性給出了和實驗觀察不一樣的預測。這是我們有的最強烈論據。如果是三個粒子，則論據更強烈。我應該告誡說，還有另一種不採用隨機性「理解」世界的方式，那就是假設整個宇宙是決定論的。如果這整個宇宙，包括我作為一個實驗者的行動，都是完全決定論的，那麼問題就不會出現了。因為我

選擇某些參數的行動也是預定了的，所以不會有隨機性的問題。光源和光子都預先知道將遇到怎樣的測量，預先決定了諸如此類的事情。

決定論的問題

達賴喇嘛：在西方，有沒有只接受普遍決定論的哲學流派？

安東・翟林格：我認識一個物理學家，他說他能夠決定主義地解釋所有一切。我告訴他這完全是胡說，不可能的，他聽了很生氣。他質問我為什麼侮辱他。我說我沒有侮辱他；我只是說了這個時刻決定我會說的話。

安東的話引得我們哄堂大笑，不過我還是想把 19 世紀的決定論思想和今天所說的更微妙觀點做個比較。

阿瑟・查恩茨：正經來說，雖然完全的決定論思想在過去一度很普遍，在量子力學和相對論出現以後，我應該說持有這種思想的人比較少了。如今你很少看到有人採取完全決定論的立場。

達賴喇嘛：說到決定論，能不能採取一種有限的決定論？能不能對某個特定的有限事件序列採取決定論的觀點？如果這個事件發生了，那麼那個事件一定會發生。或者，當你說決定論的時候，你推論的是整個宇宙都是同步的？

阿瑟・查恩茨：量子力學的機制是在稍有不同的意義上，或說

抽象層面上的決定論。如今，當有人說量子力學是決定論的時候，他說的是量子力學中有數學理論，它推理出來的未來是完全符合法則的、是決定論的。如果你相信這樣的數學推論就是實在的描述，那麼你就可以說實在是以決定論的方式進行演變的。事實上，有些人確實是這樣相信的。問題出在你來到現實世界之中，當你想做一個測定之時——當你做一個真實的實驗時，那時隨機性就進來了。不過薛丁格和其他很多大科學家會說，在數學的層面上，事情是完全有因果性的，是決定論的。

達賴喇嘛：是不是因為那種語言，所以數學描述也必須服膺於基本邏輯的法則？

達賴喇嘛在這裡又一次看出物理學基礎中的幾個關鍵問題。第一，在什麼意義上存在著有限的或局部的決定論？第二，如果數學是完全符合邏輯而精確的描述語言，那麼它是否一定是決定論的？在這些問題後面是佛教哲學的兩個信條：第一，沒有什麼事件的發生是無原因的；第二，沒有什麼物體，不管是桌子還是光子，具有終極的存在。讓我們一個一個討論這些信條。

19世紀初期前，完全決定論的宇宙觀廣泛流行於西方科學界。1812年，法國數學家和科學家拉普拉斯（Pierre-Simon Laplace）做出他的著名宣告：如果一個神聖計算者知道了宇宙內所有粒子在某一時刻的速度和位置，那麼他就可以計算出過去發生的一切，也可以計算出將來會發生的一切。從初始條件出發，這位神聖計算者可以確定所有粒子在任何時間點的位置和速度。當然，關於初始條件的

知識要求在現實中是不可能被滿足的，現在依然如此。而且，即使給出這個訊息，計算機的計算量也是任何智力都難以想像的，但這不能降低這一理論原則的力量。應該指出，決定論系統可以表現出相當混亂的行為。這是現代決定論混亂態研究的基礎，這種混亂態和量子力學中遇到的真正隨機性有著嚴格的區別。

　　拉普拉斯的決定論觀點一直流行到 20 世紀初，然後對這種計算即使是在原則上也是否可能產生了懷疑。這些懷疑的起因是出現了海森堡測不準原理，這個原理認為同時確定一個粒子的位置和速度是不可能的。最後，測不準原理提出了一個更深刻的問題——在測定粒子速度時，我們說這個粒子的位置就變得不確定了；但這到底是什麼意思？是說它的位置變得對我們來說不可知了，還是說它的位置在某種意義上根本不再存在了？在經典物理學裡，我們總能想像物體存在於一個位置。可是，測不準原理說，測定粒子的速度就使這個粒子位於什麼位置的概念完全失去了意義，這是什麼意思？此外，這問題不只限於位置和速度，它對任一對互補的可觀察參數都是如此。那麼，測不準原理是不是推翻了我們傳統上關於物體有固定性質並具有決定性行為的觀念？

　　愛因斯坦起初建議，用一對糾纏的光子來做實驗，以繞開測不準原理提出的問題。諷刺的是，愛因斯坦一波多爾斯基一羅森實驗的結果只是更凸顯了關於粒子實體的傳統觀念不再有效。所有這一切都呈現在達賴喇嘛所說的意見後面，他說他看出了量子力學和龍樹菩薩的中觀哲學之間的某種平行性，中觀論也同樣質疑物體的獨立、客觀和無條件的存在。

　　問題依然存在，在什麼範圍之內，決定論仍然可以有效地描述這個世界？量子力學給出了一個微妙的回答。例如，由薛丁格方程式給出的數學描述是完全決定論的。但是，出現在這個方程式裡的術語，例如「波函數」，並不直接對應大自然中任何可觀察到的東西。所以，第二步是要求數學理論和我們看到的東西結合起來。這一步不是因果性的，也就是說它打破了數學的決定論。達賴喇嘛準確地看出這一點是數學的一般特性。量子力學的這一非因果性被稱為波函數坍縮，或測定性問題。為避免坍縮，人們提出了很多辦法，但是量子力學一直在抵禦這些解決辦法。物理學家終於學會和量子理論的混血性質和平共處：部分決定論，部分非決定論。這個理論給出統計事件的一般行為，但是不能決定單個粒子的單獨的測定結果。在這樣的背景下，我們繼續了談話。

　　阿瑟·查恩茨：量子力學的基本原理可以表現在專門的數學方程式中，例如薛丁格方程式。這些方程式就像物理學中的其他數學方程式，但是薛丁格方程式支配的函數不是直接描述這個世界可觸摸的實在。它是所謂的狀態向量或波函數。

　　達賴喇嘛：如果決定論只是運用在這個抽象層面上，對你的實驗沒有任何真實的支持，那就沒有什麼意義了。

　　阿瑟·查恩茨：它對實驗有一個支持：在統計學上，它給你可以期望的一般形式，但是它不能決定單個事件。

　　達賴喇嘛：這真是非常迷人。佛教裡有同樣的問題，同樣讓人頭疼。設想有一個人處於這樣的情況：他可以在不同的道德行為中

選擇。當他選擇了一個行為，就會產生某種業力。如果他選了別的行為，就會有不同的業力。佛陀知道這些可能性，但實際上的情況是最後的結果，要由種種原因和條件來決定。佛陀看到你的選擇造成的可能性，可是你得等到後果實際上發生時才會知道結果。

土登晉巴：佛陀的一個墓誌銘上寫著：「悉知三世」[3]。如果你同時知道過去、現在和未來，那麼你不僅知道此刻發生什麼，你也知道此刻之後將發生什麼，以及所以這些在以前也發生過。

阿蘭‧瓦萊斯：全知的概念，這對基督徒和佛教徒都是一個問題。

達賴喇嘛：佛陀的全知，可能和特別的情況有關。我們不應該絕對地看這個問題。

對量子效應的個人偏好

在我們談話的最後階段，達賴喇嘛回到了我在下午開場白中說的意見。我在其中表達了，我個人感覺到，迄今為止量子現象正深刻且不斷影響著物理學家的思想。換言之，量子物理學的結論在我心裡的份量極重。這可以是一個完全不同的討論話題，涉及知識會怎樣影響我們個人。

3　譯注：也譯成「俱知三世」，以慣用的漢譯佛十名號而言，可譯成「三世正遍知」。

達賴喇嘛：阿瑟，你提到這些量子力學實驗第一次出現的時候造成的震驚，你和安東都指出，你們現在仍能感受到這種震驚。我感覺在過去一百年裡，物理學在自身裡面尋找有疑問的現象之本質，比如光的本質到底是什麼，但是一直沒有找到。這很令人震驚，因為你們以為仔細尋找就能找到，卻沒有找到。這個令人震驚的東西與光子和電子有關。但是，由於沒有發現想找到的東西而造成的震驚，它的含意怎樣影響了你們的生活和其他物理學家的生活與態度呢？

安東・翟林格：人們試圖建立模型來說明這個問題，但還沒有得出新的成果。我們這些物理學家相當自負，我們急著發現新東西。我個人認為量子力學後面隱藏著新東西：這個世界是奇怪的，我個人認為它很奇怪，我想知道它為什麼這麼奇怪。這裡面可能是有原因的。我覺得要發現它的唯一希望，就是我們要拋棄所有非絕對必需的概念，盡量只用最低限度的概念。什麼是我們真正在談論的概念？這些概念只是一些實驗裝置，以及探測儀發出的聲音；這些是我們真正可以談論的東西。我們在量子力學中建立的模型，用方程式來做出解釋，諸如此類的東西只不過是我們寫下我們所知道的裝置的現在和未來狀態，也就是說，寫下了探測儀發出的聲音。然後就是下一步，要解釋這一切在更廣的意義上到底是什麼。對我來說，它意味著這裝置的行為很怪異。它在某個時刻發出聲音，卻沒有任何道理解釋為什麼它在那時刻發出聲音。它也同樣可能早一秒鐘或晚一秒鐘發出聲音。這很奇怪。

達賴喇嘛：我認為這裡面一定有一些隱藏著的變量。我不會說

那是業力。這裡面一定有某種純粹物理的因素，它們還沒有被我們辨認出來。它們必定來自什麼地方，我會說它們可能來自外太空。

我們能不能回到我的問題？這些令人震驚的事情怎樣影響了你們？你仍在談論這些東西、這些裝置，你可以把這些東西放進箱子裡，把它們給忘了。但是，當你把你的這些工具拋開的時候，這些思想影響了你看待日常生活、看待更大的世界的方式了嗎？

安東・翟林格：啊，當然。

達賴喇嘛：怎樣影響？對實在之本質的科學分析引導我們走到這一步，甚至實在的概念似乎也消失了。我們實際上幾乎被逼得在提到物體時得說，這是所謂的桌子或這是所謂的話筒。這一類的認知是否影響到你看一朵美麗的花？在一般情況下，如果我們看到一樣絕對的東西，一個本身美麗的東西，我們會感覺到更喜歡它。另一方面，當我們看到一種不那麼實質，不是絕對的東西，我們對它就沒那麼執著：「啊，這就是所謂的美麗的花。」在佛教中，空性的觀念對一個人怎樣過好其靈性生活有著深刻的倫理影響。空性直接影響人的世界觀，影響人與世界的關係。

安東・翟林格：也許我可以為自己回答這個問題。回顧最近一百年的物理學，那是力學的世紀。意思是說，這個世界，包括我們自己，只是一台龐大的機器在遵照一定的法則運行。我發現這是一種非常單調的觀點，是一種非常令人傷心的觀點。我發現新的觀點比這種機械論觀點更豐富。世界變得更為開放，因為有一些沒有原因的事情在發生。你不能用機械論的方式來解釋這些事。我們現在怎麼看花朵、看話筒、看隨便什麼東西？我的觀點（我希望我和玻

爾是一致的）是，這些東西，這些日常的生活經驗，先於物理學而存在。它們明顯地在這裡，我們記錄它們，利用它們，談論它們。我們必須在我們的語言中用到它們，因為我們必須交流。它們比物理學來得更早。

達賴喇嘛：是這樣。即使是佛教徒談論空性的時候，我們用空性這個詞，就表明我們是在談論一些存在之物的非實體本質，空的本質。如果沒有這些存在之物，談論空性就沒有意義。

在佛教裡，涉及人類無法解釋的情形出現時，人們通常就說是緣，是業力的關係。對於電子和光子，尊者似乎認為用業力作為原因來解釋是不合適的，但他提出的真正問題是，量子物理學怎樣影響我們的生活？安東的回答有兩個部分。第一，量子物理學的實驗促使他去挑戰關於實在之本質的每一個假設。第二，他更深入、更努力地尋找，在量子現象稀奇古怪的背後到底站著什麼。他用他自己的方式來表明杜維明所說的希望，希望找到「一個完全不同的世界觀」。對達賴喇嘛來說，重要的是現代科學的證據似乎在證明，實在不是具有持久性質的根本實體。就像他所說的，如果我們承認美不是絕對的，不是單靠其自身就能給出的，而是依賴別的東西而產生的，那麼這種認識能引導我們走向脫離執著的智慧，從痛苦中解放出來。雖然安東沒有跟著達賴喇嘛走向他的最終結論，但他確實重申首要的是現實世界。經驗的世界不是用決定論力學或是它的現代繼承者能夠解釋的。在物理學之前，白雲和彩虹、孩子和歌聲的世界早已存在。美存在於物理學之前，實在存在於空性之前。

3
空間，時間和量子

　　第二天上午，戴維・芬克爾斯坦接著講述量子力學，不過現在的重點變了。他開始在第一天翟林格鋪下的基礎上，講述量子力學和愛因斯坦相對論所必需的新時空思想。達賴喇嘛和戴維以前一起交流過，我注意到，他倆都為能夠再次相遇而非常開心。即使是當戴維的解釋艱澀到了連我們這些科學家都覺得難懂的時候，達賴喇嘛還是興趣盎然地聽他講。戴維在講解中經常會製造一些小小的詼諧，他的眼睛閃著幽默的光彩。這樣的時刻他的講解顯得很有生氣，而他的見解是我們這一週對話裡最艱深的。

　　像安東一樣，戴維非常堅持智力上的正直。如果我們認真對待物理學，那麼我們必定能發現我們對待世界的思想有著廣泛的含意，而一旦我們知道了這種含意，我們就該前後一致地運用這些含意。如果量子力學表明我們傳統的思想方法是不合適的甚至是錯誤的，那麼我們就必須改變思想。戴維不只把量子力學當作一種純粹的計算工具，他還把新物理學的廣泛含意用於我們怎麼思考和怎麼評說現實世界。量子物理學不僅令人困惑，它也能給我們以正面的引導。

　　此外，量子系統有另一個問題，即它是否有預先存在和持久

存在的性質。簡單來說，就是看起來至少微觀系統是沒有這些性質的。比起把世上物體看成具有我們透過被動觀察而發現的預先存在性質，戴維建議我們採用一個更為主動的圖像，在這幅圖像裡，觀察的作用對系統性質的影響是決定性的。這個改變如此驚世駭俗。原來的重點是物體或狀態，現在變成了動作和變換。戴維說，後者才是首要的，前者則是衍生的。這種改變對我們如何看待世界會產生什麼影響？由此得出什麼新的邏輯？什麼是我們應該有的新的時空觀？

作為一流理論物理學家，戴維使用的描述語言有時十分抽象，甚至是數學語言。我將用注解和腳注來補充理解他的講解所必需的背景，讓即使是不喜歡數學的讀者也能夠跟上。

從固定的經典「狀態」到量子「動作」的展開

戴維・芬克爾斯坦：昨天安東給我們演示了與量子理論有關的一些令人困惑的實驗，讓我們感覺到物理學家企圖理解這些互相矛盾的自然觀的壓力。但是量子理論中必定也有好的地方，那時壓力就不再存在，而且開始給我們快樂了。

我想今天我要講講量子理論的正面的地方。我們這次會議是從懷疑論原則開始的。為了對某個東西產生懷疑，首先你必須留意到什麼對沒有留意到的東西採懷疑態度是很困難的。從 1600 年以來物理學發生的每次驚人變化，最困難的部分就是必須懂得放棄舊理論的假設。最令人困惑的時候往往是新理論的早期，那時你還抓住

舊的假設不放，而新理論的成果卻在吸引你往前走。我經常想起海森堡發現量子理論的 1924 年，量子理論就像一個深不可測的鴻溝，就像大峽一樣，把舊物理學和新物理學分隔開來，或者說就像沙漠分隔了兩個水草豐饒的綠洲。但是這麼比喻是把這個分隔看成對稱的，認為鴻溝的兩邊處在同樣的高度上。沙漠的兩邊也是這樣。但其實我們更應該把這個變化看成是水平的改變，看成是一個進化過程：量子理論比起舊物理學是處於更高的高原。站在低處平原上的人面對高原時會覺得難以看清、感覺神祕、感到困惑，可當你站到高原上，你就能看清低處的平原，發現那只是更廣闊風景的一部分。通常，當你聽說有關量子理論的悖論或者不一致，或者其他什麼負面評論時，那都是從舊理論的觀點發出的。量子理論確實有其問題，非常不幸地我們手裡還沒一個完美的理論，我們仍在為下一個理論而努力，但我想說說下一個高原的方向是在哪裡。

　　我想先強調經典物理學應該放棄的主要觀點是什麼。經典物理學的中心思想是有關「狀態」的思想。每個物理系統都有一個狀態。例如在力學裡，一個行星的狀態是由它的位置和速度來定義的。狀態就是關於這個行星或者關於一個系統的訊息，這些訊息概括了過去所有事情，也是確定它的未來所必需的。這些訊息能夠說出將來的一切，未來能夠由過去而決定。狀態是我們的準備動作和預測動作的接觸點。我們用來預測未來的所有法則，全都建立在狀態的思想上，都有實驗後果。

　　我們擲出一顆球，另外什麼人成功接住了它。為了闡釋這個過程，我們引入了狀態的思想，我們跟隨狀態，行經這個過程。狀態

是一個為說明實驗過程而引入的輔助概念。從狀態的思想，我們建立起系統性質的思想。我們將系統呈現為一組狀態，這些狀態都有給定的性質，以和那些沒有這種性質的狀態區別。這樣的狀態性質對應著很多經典邏輯法則。「和」的邏輯來自於兩組狀態的重疊部分，「或」的邏輯來自於兩組狀態的耦合，「蘊含」的邏輯來自於一組狀態包括了另一組狀態。

狀態的思想也用於描述對系統的作用。最基礎的作用是用初始狀態和終極狀態來定義的。更普遍的作用可以用一個表格來定義，這個表格顯示出在每個初始狀態下，一個特定終極狀態發生的頻率。這樣的一個轉變頻率表也稱作一個矩陣。它的元素在本質上是一種機率。當我們知道得最多的時候，元素就是 0 或 1。0 表示從這個初始狀態轉變到那個終極狀態的事永遠不會發生，1 表示這個轉變肯定要發生。這樣的表格對於一些實驗，比如擲硬幣實驗來說是足夠的。就擲硬幣的實驗而言，硬幣有兩個狀態：正面和反面。你擲出硬幣的方式，可能讓硬幣的狀態從正面轉變為反面。這樣的變化可以用一個矩陣表示，在這個矩陣中，正面列和反面行相交。

戴維在這裡和後面的演講中使用了數學物理學中的一些概念，有些讀者可能對此不熟悉。簡言之，在這裡一個矩陣就是一些數字，用數學方式來表示系統從一個狀態轉變到另一個狀態。戴維用硬幣來舉例，硬幣顯然只有兩個可能狀態：要麼是正面，要麼是反面。將初始狀態和最終狀態聯繫起來的矩陣有四個元素（2 x 2 = 4）。正面狀態可用一個列矩陣（也叫做列向量）來表示，其中數字 1 在上面，

數字 0 在下面。反面向量像正面向量一樣，但其中的數字不同。使
正面轉變為反面的操作或行動，由第三個正方矩陣表示。我將這三
個矩陣列在下面：

正面矩陣　　　　　　反面矩陣　　　　　　轉換矩陣
(Heads Matric)　　　(tails matrix)　　(Transformation Matrix)

$$\begin{pmatrix} 1 \\ 0 \end{pmatrix} \qquad \begin{pmatrix} 0 \\ 1 \end{pmatrix} \qquad \begin{pmatrix} 0 & 0 \\ 1 & 0 \end{pmatrix}$$

瞭解矩陣乘法的讀者可以看出，正面向量和轉換矩陣的運算，給出
了反面向量。

　系統的轉變可用矩陣以數學來表達，這一思想十分普遍。例
如，要研究的系統可以是一個黑箱而不是一個硬幣。通過矩陣的運
算，我們可以用數學以任何方式轉動這個黑箱。最後在量子力學
裡，一個矩陣同樣可以影響某一量子態到另一量子態的轉變。

　戴維・芬克爾斯坦：發明今日電腦使用的布爾邏輯和布爾代數
的偉大邏輯學家喬治・布爾（George Boole）[1] 一開始是想精確地定義
到底什麼是一個類，或一個性質。他使用一個「挑選」的動作或「選
擇」，來與類聯繫起來。一個類是用一個選擇的動作，從給定性質
更廣泛的群中挑選出來的。於是，關於狀態的經典思想，就是「狀
態是動作的結果」，而這個動作並不會改變受試系統的性質。它們

1　譯注：喬治・布爾（1815-1864），英國數學家。

就像一個過濾器，只是簡單地通過或排除——凡通過的都有相同性質。你可以將此看成一個被動原則。邏輯並沒有行動；它只是選擇。

和狀態的概念相關的是一種特殊的相對性。如果事物有精確狀態，那麼兩個觀察者的區別就是他們用什麼名字來標誌這一狀態。一個實驗者用的名詞對應另一個實驗者使用的唯一的另一個詞。我說這裡，你說那裡，可我和你說的是同一個東西。

量子理論首先揭示出如此定義狀態的概念用來描述實在是不夠的。朝著量子理論的偉大飛躍發生在 1924 年，但所有的理論都要用很長的時間才會誕生。量子理論一旦發明出來，我們可以回頭看到以前為接近這一理論而做出的所有努力。我可以把這樣的努力追溯到亞里斯多德。我們今天稱之為亞里斯多德邏輯學的東西，其實並不是亞里斯多德感興趣的東西。亞里斯多德邏輯學只適用於靜態的東西。亞里斯多德自己花了一生大部分時間致力於理解另一種特殊的邏輯，也就是能處理變化著的東西的邏輯。他認為當一樣東西從具有一種性質變成沒有這種性質，那麼在某種意義上說，必有那麼一個時刻，這樣東西在那一刻是既有那種性質又沒有那種性質的。亞里斯多德認為，在雞蛋變成小雞的過程中，必有那麼一刻既是蛋又是雞，且既不是蛋又不是雞。

波的干涉現象和偏振

戴維・芬克爾斯坦：第一個標誌出舊體系裂縫的實驗是在牛頓時代做的。牛頓試圖要用物體及其狀態來解釋整個世界的一切，他

知道光有時候表現得像粒子，有時候表現得像波。事實上，我們不清楚當他堅持說光是粒子的時候，他腦子裡的經驗是什麼。在那個時代，證據還不清楚，雖然事後我們可以看出他應該能得出這個推論，因為視覺本身是一種光電效應形式。愛因斯坦用來發現光的粒子本質的同樣效應已在那裡等著牛頓了。

可是，他其實又有光的波本質的實驗證據。當兩片玻璃靠得很近的時候，就組成了牛頓環。你能看到這些小小的光環。

他這裡說到的光電效應，是指在光的照射下物體表面會發射出電子。光落在眼睛上，在視網膜上激起反應，就是類似的過程。愛因斯坦為光電效應給出的理論分析，讓他獲得了諾貝爾獎。戴維給達賴喇嘛演示了兩片玻璃非常接近但兩者之間保持一個微小的間隔，其中有一個玻璃片稍微有一點曲面，所以玻璃片之間的間隔是逐漸變化的。光線在空氣和玻璃的交界面上部分被反射回來，到達我們的眼睛。結果是：我們在玻璃上可以看到一些顏色細膩精巧的同心光環。

達賴喇嘛：是牛頓發明了這東西嗎？

戴維・芬克爾斯坦：既然它的名字叫牛頓環，我們就可以斷定不是牛頓發明了這東西；是胡克（Robert Hooke）發現的。[2] 在這些光環的中心，兩片玻璃互相接觸。有些光被上方的玻璃反射，另有些

2　原注：羅伯特・胡克（1635-1703）使用真空幫浦做了光學、重力方面的實驗。

光被下方的玻璃反射，而這兩種光的相位不同。在某些範圍內，它們互相抵消，造成暗的區域。在第一個光環處，兩種光剛好相位一致。兩片玻璃間的空隙正好足以容下兩者之間光的整個波長。這個空隙大約是百萬分之一公尺。這個空隙如此之小，你只要按一下玻璃就能使之彎曲而使光環移動。你可以用這兩片玻璃來測量以光的波長為單位的微小距離。

　　牛頓為光的波本質做的另一個重要實驗則要追溯至維京人。在大致相同的時代，中國人知道用磁鐵導航，而維京人知道用偏振鏡導航。[3] 在大西洋的北海，經常終日不見太陽，這就使維京人出海襲擊諾曼第後很難找到回家的方向。在這樣的困難情況下，船長，或者有經驗的大鬍子老人，會舉起一個水晶片朝向天空，然後慢慢轉動，最後說出太陽的方向，雖然此時是看不見太陽的。用現代偏振片就更加容易了：如果你透過偏振片看向天空，然後慢慢轉動偏振片，你會看到在天空的某個地方特別明亮。天空的光線強度有著微小的變化。

　　達賴喇嘛：我的眼睛有什麼地方不對，我看不到。

　　戴維・芬克爾斯坦：這是非常微小的效應。您得非常緩慢地轉動它。它只出現在一個很小的空隙裡。如果您轉太快，就會錯過它。

　　達賴喇嘛：啊，我看到了，是非常小的效應。為什麼偏振片的顏色沒有區別呢？

3　原注：在 20 世紀中期之前，偏振光是用某些水晶來解析的。維京人用白天天空的偏振光來導航。後來，便宜的偏振鏡出現了。例如，現在它們被用於某些墨鏡。藍色天空的光線是部分偏振的光線。

戴維・芬克爾斯坦：昨天我們談到了色盲，也談到我們看不見的光線是怎樣的顏色。這是一種色盲。我們的眼睛對偏振光不敏感，但是透過這個裝置，我們至少可以知道它。其他一些動物如蜜蜂，對偏振光非常敏感，偏振光對人類沒那麼重要。

說到來自太陽的光的偏振，牛頓說它們是有邊緣的，或者說是有側面的。如果你把光子想像為一個物體，而不是想成一個點。甚至也不要把它想成一根針，而是想成一支箭。一支箭有箭翼或箭羽，而且它們的指向各不相同。偏振鏡就是這樣，只允許某個特定指向的光子通過，而將其他光子擋住。

達賴喇嘛：我想根據昨天翟林格的討論來理解今天關於光子和偏振的討論。昨天他描述了同一光源同時發出的兩個光子的糾纏。太陽不是單一光源嗎？是不是說從這個較大的光源射出的所有光子也是糾纏的？太陽射出的光子具有隨機的偏振性，或者它們以一種有序的方式相關聯？

戴維・芬克爾斯坦：太陽必須被看成是很多很多個光源。太陽上的每一個原子都是獨立放射光子的，所以太陽光的偏振性是非常非常混亂的。一束雷射光才是一個單一光源。而太陽，是極其不單一的光源。維京人用的偏振鏡是天然晶體，如冰島晶。我在這一面鑽一個針眼大的孔，這裡只有一個孔，但你透過光線看另一面，你會看到兩個孔。如果你仔細觀察，你會發現這兩個孔射出的光線各有不同的偏振性。如果你將這個晶體或偏振鏡慢慢轉動，先是一個孔消失，然後是另一個孔消失。牛頓忍住用波理論來解釋這現象的極大誘惑，而是堅持每個光子都有兩個狀態，而這兩個狀態，我們

可以說是垂直偏振和水平偏振的。

所謂的冰島晶是一種天然晶體，也叫方解石雙晶，它有雙折射的特性。這就是說，當你透過這種晶體觀察一個物體，你看到的形象會是雙重的。所以，晶體的另一面不是顯現一個孔，而是兩個孔。而且，兩個形象的偏振性並不一樣。戴維給達賴喇嘛演示了這種現象。然後他演示了穿過兩個偏振鏡的光強度的馬呂士[4]定律（the law of Malus）定律。如果兩個偏振鏡是平行的，那麼穿過第一個偏振鏡的所有光也會穿過第二個偏振鏡。如果兩個偏振鏡互相垂直，那麼就沒有光線能穿過這兩個偏振鏡。馬呂士發現了這個精確的經驗定律，它告訴我們多少光線能穿過兩個任意夾角的偏振鏡，但他並不知道是什麼原因造成了這種現象。

微觀因果性的失效

　　戴維・芬克爾斯坦：一百年後，工程師馬呂士思考了這個問題：穿過一個偏振鏡的光子，有多少能成功穿過另一個不同角度的偏振鏡？（我們不清楚他是做了實際的實驗還是只是思想實驗；在那個時代，這兩者並不像我們今天區分得那樣清楚）。如果兩個偏振鏡是平行的，那麼理論上穿過第一個偏振鏡的所有光子也會穿過第二個。但如果它們是垂直的，那麼你就能看到，穿過第一個偏振鏡的光子都不能穿

4　譯注：馬呂士（Étienne Louis Malus，1775-1812），法國物理學家。

過第二個偏振鏡。

達賴喇嘛：在垂直和平行之間，是不是沒有很多過渡的不同偏振性？

戴維‧芬克爾斯坦：事實上，偏振鏡的每個方向都定義了另一種偏振性。這裡似乎出現了一個矛盾，和通常的狀態概念不一致。對每個實驗來說，光子表現得好像它有兩個狀態。光子要麼穿過去，要麼沒有穿過去。它永遠不會分裂，可是在某種意義上，你可以用安置偏振鏡的方式來決定這兩種狀態是什麼。這是把兩個分開的狀態和連續的狀態混合在一起的奇怪事情，這是量子理論遇到的典型處境。

大約在西元 1800 年，馬呂士和牛頓在解釋這些光子如何穿過這兩個偏振鏡的問題上發生了分歧。牛頓堅持要考察光子所經歷的種種細節。他要知道光子是怎麼做出決定的；在穿過第一個偏振鏡後，怎麼決定要不要穿過第二個偏振鏡。為了說清楚光子的行動，牛頓想出一種假設機制，其中涉及一個導波或引領波來陪伴光子，用來解釋牛頓環現象，也解釋了光子到達偏振鏡的時候並不都有相同的行為。馬呂士否定了這些想法。他只是描述實驗。當一個偏振鏡以某個特定角度安置，另一個偏振鏡以另一角度安置，然後有如此這般的部分光子穿過了兩個偏振鏡。今天量子理論的研究都採取這種方式。從馬呂士到海森堡之間有一個世紀的時間，但我們今天實際上是回到了馬呂士定律。我們只是就整個實驗而言來描述事實。我們不問什麼是系統的狀態這問題。我們描述你怎樣開始實驗，怎樣結束實驗。若有必要，我們可以在當中插入很多很多中間

階段，但我們不去尋找機制。我們只是告訴你光子穿過系統的機率。有時候我們確知光子不會穿過；有時候我們知道它肯定會穿過。但大多數時候，幾乎總是發生的情況是，我們沒把握光子會不會穿過。幾乎總是發生的情況是，量子理論不能預測單個實驗的結果。

這裡戴維強調了量子理論描述單一量子事件之微觀因果機制的失效。量子理論能夠預測統計特性，並在這個層面上給出因果解釋，但它不能給出牛頓和拉普拉斯所認為的科學目標，即關於正在研究的光子之位置和速度（也就是狀態）的知識。物理學退而求其次，轉向一種更謙卑的立場，對實驗結果的預測類似於馬呂士對光穿過偏振鏡的研究。

　　戴維希望指出的下一點是他的論述中一個微妙的中心觀點。很自然地，我們在看待周圍物體時總是想到它們的持久性質。我面前的玻璃是由矽酸鈉所組成的，它在我右邊的桌子上，如此等等。我有沒有在看著這片玻璃，是不是在測量這片玻璃，跟那玻璃的性質是沒有關係的。這些性質屬於玻璃，完全獨立於我的觀察活動，是完全獨立於我的。但在由量子物理學定義的世界裡，不再能確定有這樣的結論了。一個系統（我的玻璃）的狀態是以決定玻璃特性的一組測量為先決條件。這些測量可以用我們早先提到的矩陣來表示。戴維想向達賴喇嘛強調一個轉變的重要性，我們不再用表象之下的狀態或性質來想像這個世界，而是要用動作或操作來思考表象之下的實在。而且，正如海森堡所發現的，量子物理的獨特操作也不同於經典物理學中的操作，所以描述這類操作的矩陣在數學上也不相

同。和這些不同的操作相連的是不同的*邏輯*，或者關於世界的不同思考方式。

操作的邏輯

戴維·芬克爾斯坦：當我們考慮表象之下的狀態時，我們是在承認某一種操作的概念。比如說，我們可以根據操作的類型來看狀態。在大自然中我們發現的操作類型有所不同。那和表象之下的狀態中產生的操作類型不一樣。於是我們不再談論狀態，我們談論不同的操作。

海森堡在 1924 年開始他的研究，談論一般操作的形式是什麼。我們看到，即使是在經典物理學中，你可以將一個操作用一個表格、一個矩陣來表示。但在經典物理學中，表格中的數字都必須是正數，因為它們代表的事機率或頻率。海森堡使它們可以是正數也可以是負數。這個問題仍然令人困惑，為什麼這樣的操作概念總是有效。這其實是量子理論的基本假設（因為矩陣在量子理論中是如此重要，一開始甚至被稱為矩陣力學）。很多人為此困惑不已。我今天不詳細展開，我只是從這一點開始解釋。[5]

一旦你有了操作的完整理論，你就可以從它出發開始演繹。每一個斷定，每一個類，都與一個過濾的操作相連。例如，第一個偏

5　原注：機率值總是在 0 和 1 之間（或說是在 0% 到 100% 的可能性之間），它們肯定不會是負數。這似乎是要求描述所有這些操作的矩陣的元素都是正數。可是在量子力學中，為了獲得某些微妙的結果，這一限定必須解除。

振鏡篩選出特定類別的光子，也就是能穿過這個偏振鏡的光子。不
同方向的偏振鏡篩選出不同類別的光子。從兩個這樣的操作，你可
以組成一個「和」的組合，還可以構成一個「或」的組合。兩個類
的「和」由另一個過濾器來表示，它代表那些能穿過你所使用的兩
個過濾器之一的光子。「A 和 B」是一個過濾器，它給出的光子既
有性質 A 又有性質 B。「A 和 B」這個過濾器能被有性質 A 的光子
穿過，也能被有性質 B 的光子穿過。類似地，你可以定義「非」操
作。然後你可以用實驗來驗證亞里斯多德定律。你會發現，亞里斯
多德的所有定律，包括不矛盾律，都是成立的。例如，要麼 A，要
麼非 A，是成立的。A 和非 A 不能同時為真。這個定律能成立。可
是基礎邏輯中有一個簡單定律卻被打破了。

在邏輯學中，你對 A 實行非操作，得到非 A。在偏振鏡的情況下，
如果 A 對應著垂直偏振，那麼非 A 就對應著水平偏振。同樣地，
非 B 的偏振方向與 B 的偏振方向垂直相交。不矛盾律，或者稱為亞
里斯多德的排中律，就是說要麼 A 必須為真，要麼非 A 必須為真。
戴維在這裡並不是說排中律本身被打破了，而是說亞里斯多德邏輯
學的某些應用在量子力學裡失效了。後面還會更詳細地說到量子力
學中排中律的問題。

　　達賴喇嘛：這個邏輯是普遍適用的原則嗎？
　　戴維・芬克爾斯坦：我並不相信普遍原則。我只知道它今天仍
是有效的。

達賴喇嘛：但是這個邏輯是只適用於特定的系統或場合，還是有一般的適用性？

戴維・芬克爾斯坦：量子理論照理說適用於任何系統。在這個意義上，它們是一般性定律。

讓我回到量子理論所打破的最簡單邏輯定律。如果你有兩個性質，A 和 B，那麼 A 或非 A 為真，B 或非 B 為真。在經典邏輯學中，我們可以說，下面的四個情況中必有一個成立：「A 和 B」或「A 和非 B」或「非 A 和 B」或「非 A 和非 B」。但我們很容易用偏振鏡來演示一種情況，在那裡這四種可能性都為假：「A 和 B」為假；「A 和非 B」為假；「非 A 和 B」為假；「非 A 和非 B」為假。

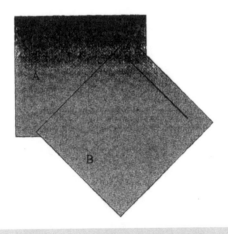

圖 3.1 偏振片 A 和 B 串聯並且彼此傾斜。光線從後面進入偏光鏡 A。從偏振片 A 射出的光則為水平極化。從偏光鏡 B 射出的光強度減半，且偏振度為兩個偏振片的傾斜角（45 度）。此時光的偏振由最終的偏振片決定。

然後戴維將兩個偏振鏡放到一起，其中之一轉動到和另一片呈 45 度角（見圖 3.1）。

我來說明一下。這個偏振鏡是 A 過濾器，另一個與 A 呈 45 度角的偏振鏡是過濾器 B。「A 和 B」又組成一個過濾器，它輸出的光子可以保證能穿過 A 和 B。但事實上沒有這樣的東西。如果它們都能穿過 A，那麼馬呂士定律會告訴你，其中有一半會被 B 阻擋掉。

達賴喇嘛：你怎麼能識別一個光子具有 A 和 B 偏振鏡的性質？我們開始討論時是識別光子的兩個不同偏振方向。如果一個是 A，另一個是 B，怎麼可能既是 A 又是 B？

互補性不能同時存在

戴維·芬克爾斯坦：我們現在考察的是 A 和 B 對應於互相傾斜的偏振鏡。如果我們讓兩個偏振鏡保持平行或保持垂直，經典邏輯還是有效的。在偏振鏡斜置的情況下，對應於玻耳所說的互補性質的情況，量子邏輯則不同於經典邏輯。這裡的「A 和 B」是光子的一種性質。這種性質是由另一個過濾器來定義的。這是一個假設的過濾器，這個過濾器的輸出是能穿過 A 過濾器也能穿過 B 過濾器的光子。可是實際上沒這樣的東西。如果某一天我們能夠製造出這樣一個過濾器，那麼我們就得改變我們的邏輯。

我請戴維給我們一個經典邏輯學中的例子，一個物體具有性質 A 和

性質 B，所以總是能穿過這兩個串聯的過濾器。

　　戴維·芬克爾斯坦：如果我們要找紅色的麥金塔蘋果，我們可以想像一條輸送蘋果的傳送帶。有些蘋果是紅的，有些是綠的。有些是麥金塔蘋果，另一些是鮑德溫蘋果。一個人先挑選出麥金塔蘋果，然後選紅色的蘋果。這些蘋果肯定能通過麥金塔檢驗，也一定能通過紅蘋果檢驗。因為這兩個變量不是互補的。如果你用這種方法來檢驗光子，卻無法得出同樣的效果。

　　達賴喇嘛：你能不能解釋一下為什麼另外三種選擇不能成立？

　　戴維·芬克爾斯坦：要點是這四種方式都是以同樣的方式斜置的。A 和 B 呈 45 度角；A 和非 B 呈 45 度角，非 A 和 B 呈 45 度角，非 A 和非 B 呈 45 度角。它們都是斜置的，而在斜置的情況下，連接（邏輯乘）結果為非。通常說一個光子是以這種方式偏振的、也是用那種方式偏振的，這種說法是沒有意義的。但也可以更準確地說，這是有意義的但是為非。實驗證據證明，說光子以這種方式偏振、也用那種方式偏振為非（不能成立）。這說明連接（邏輯乘）為非。

在上面的討論中，戴維解釋了我們不能像挑選特定性質的蘋果那樣，以特定的偏振狀態來挑選光子。經典的測定方式就是單純地根據預先定下的指標來區分對象。與此不同，量子系統的指標一般不能認為是預先可確定的，而是說測定的動作將作用於光子，引起了偏振。隨後的測定動作並不是單純地獨立選擇另一個偏振，而是最終的測定引出了根據馬呂士定律、沿著新軸發生的偏振。

　　在解釋了這些後，我們有一個短暫的喝茶時間。事實上喝茶休息時間的對話似乎更活躍了。聽眾們四處走動，有一小群人圍著達賴喇嘛討論西方邏輯和佛教邏輯的錯綜複雜，以及經驗證據的作用。在我們的日常經驗世界和建立在經驗基礎上的經典科學裡，我們不會遇到邏輯不一致的事情；亞里斯多德的邏輯學應用良好。但在量子現象中，我們遇到了經驗證據和我們的單純邏輯假設無法統一的情況。

　　在休息過後，我們回到了我們怎麼知道事情為真的問題上。

我們改變了調查的對象

　　戴維・芬克爾斯坦：我們怎麼知道某個事情為真？也許是因為這個事情是理論要求為真的，所以你知道它是真的。你可能是在說某個事情不僅是真的，而且必須是真的。或者，你完全是透過觀察得知這事情可能是真的。我們可以認為一間房間是白色的，儘管現在房間一片漆黑、什麼也看不見，只是因為我們以前曾將這房間塗成白色。或者，我們看到了這個房間，根據事實而得知它是白色的。我們可以根據一個初始動作（回憶起曾塗成白色），也可以根據一個最終動作（眼見為憑），從而知道這房間是白色的。在經典物理學中這兩者總是一致的。在量子物理學中，我們有了新的邏輯類型，那是亞里斯多德從來沒想過的。一般而言，當我們思考量子物理學中的類似情況時，初始動作和最終動作總是不一致的。

　　我認為這是非常重要的，因為我在學習物理學和數學以前就學

習了邏輯學。懷海德（Alfred Whitehead）和羅素（Bertrand Russell）說過，邏輯學是所有數學學科也是所有物理學學科的基礎。我現在不再這麼肯定了。我認為，觀察行為比起尋找一個系統的真實性質更為重要。這對我來說部分是出於對歷史的興趣，我對此花了很多年的功夫。非常重要的是，我們不再能夠以為提出問題不會改變我們所調查的對象。一個光子穿過偏振鏡的時候就產生了變化。量子力學的所有過濾器都有這種性能。所有的悖論都來自這個事實：提出問題本身就會改變系統。

達賴喇嘛：邏輯學的所有概念——比如合取（conjunction，就是「且」，記為「∧」）和析取（disjunction，就是「或」，記為「∨」）——都建立在類的概念上，其中很多概念從某種意義來說，是人類心智的產物。它們是用來理解物質世界關係和功能的工具。你所描述的邏輯在你講到的世界裡有任何真實的應用嗎？

戴維・芬克爾斯坦：這是非常重要的問題。事實上，海森堡測不準原理和馬呂士定律就是我們在使用的定律。邏輯定律已不那麼經常地使用於科學問題了。

達賴喇嘛：當你談到佛教哲學中的「合取」，那基本上是很直觀的集合論。集合論在佛教哲學中用得非常廣。比如一個集合包含另一個集合。舉例來說，光子是不是能量的一種表達？答案是「是的」。那麼，是不是能量的所有表達方式都是光子？我相信答案為「不是」。這叫做三點式關係：任何是光子的東西必是能量，任何是能量的東西不一定是光子。但你現在說的是作為一般現象出現的光子，你不是在說一種特殊的光子，拿它和其他特定的光子做比

較。你是在另一個層面上談光子。你不是在處理這個光子和那個光子，而是在抽象的一般意義上談光子。

戴維・芬克爾斯坦：確實如此。關鍵是我們不能用集合論，因為光子沒有狀態。

達賴喇嘛：雖然你不是說它們有相同的狀態，因為我們不再使用這類邏輯了，但你確實談到對它們施行同樣的操作，是嗎？

戴維・芬克爾斯坦：我們假設可以重複實施這種操作。但重要的是，光子本身不進行這樣的操作。

這時有人插話：光子有性質嗎？

戴維・芬克爾斯坦：你無法說出光子是用什麼構成的。你可以說出它的自旋是什麼，你可以說出它的能量是什麼，你可以說出它的動量是什麼，但你不能說出它的來源，你無法說出它是什麼做的。它不帶有任何操作。

這裡我們又一次在不同的層面上談論操作。我們是在觀察集合。當我們說到單個光子的時候，我們說的是它來自於的那個群體。我們其實是在比平時更多想像的層面上討論，因為我們不能如我們平時所想的那樣接近單個光子。

實在和真實

達賴喇嘛：以前在哥倫比亞大學的一次會議上，有個物理學家

提出，在量子物理學中，整個關於實在（reality）的思想都有問題，所以他建議人們用「真實」（actuality）來代替。你所提出的關於實在的新觀點的基礎是什麼？

戴維．芬克爾斯坦：對我來說，實在是指一個有狀態的對象。從量子力學的觀點來看，我們不該談論狀態，而是談論操作。實在是一連串的狀態，而真實是一連串的操作。

達賴喇嘛：是的。在佛教哲學中有很類似的思想。對於一個個體，一個自我，或是一個人來說，如果你尋找什麼是這個人的狀態或前後狀態，你是找不到的。但你可以談論這個人的作用和行為。

說到這裡，茶休時間結束了。所有人回到會議室。今天上午最後一部分的討論中，戴維將談論有關時空的新量子思維方法。

量子思維和時空

戴維．芬克爾斯坦：我想要做的是拿量子思維方式和經典思維方式做比較。我們先得有這樣的思維方式，才能討論與此相關的新事物。我的目的是將量子思維運用於時空結構問題。

讓我約略提一下，從經典思維方式到量子思維方式的**轉變**，是關於相對性概念的一種改變。相對性的概念已延伸而超出愛因斯坦的思想，這是他不願意接受的。在我以前說的第一類相對性中，所有觀察者都看到相同的性質，人們認為這是理所當然的，他們都看到了同樣的狀態，只是給予它不同的名字而已。1924 年以前的相

對性是第一類相對性，是伽利略、牛頓和青年愛因斯坦的相對性。

然而，在第二類相對性中，不再有這樣的假設。每個實驗者必須在一些性質中做出選擇，用來分析這個世界。一個實驗者可以使用兩個偏振鏡，如「A 或非 A」。另一個實驗者可以使用「B 或非B」。他們只知道這些。如果他們都想知道「A 和 B」，那麼得出的結果為假。如果他們想知道「A 和非 B」或任何這樣的情況，他們無法得到真的結果。每個實驗者必須做一個選擇。這個實驗者所做的陳述不能翻譯為另一個實驗者的語言。或者在有些情況下，它能翻譯，但翻譯的結果不是唯一的。如果我說一個光子是垂直偏振的，而你可能會說，一半的時間是向上偏振的，一半的時間是向下偏振的。

於是我們有了一種新的詞典，是一對多的翻譯，每一種可能性有一個頻率，而這更符合真實生活中的情況。在真實生活中，你從一種語言翻譯成另一種語言，有很多種翻譯的可能性。有些可能性很常用，有些則很少用，有些是古老而不再使用的。一點一點地，物理學家在回歸人性，在回到真實的生活世界而不是笛卡爾的幻想世界。

戴維強調了各個觀察者有獨特的觀點，這種觀點不能一對一地翻譯為其他觀察者的觀點。我用我的儀器做出的測量，一般來說可以表達成你用你的儀器測量的結果。在歐洲，溫度是用攝氏的度數來測的，在美國，溫度是用華氏的度數來測。雖然這兩個測溫系統的數據不一樣，但是兩者之間可以一一對應。在量子力學中，情況不再

如此。你的測定不再對應於我的測定。

如果我們將愛因斯坦相對論的發展也包括進來，我們的世界有一個更深更根本性的概念出現了。在下面的討論中，戴維談到了物理學家所用理論的美學特點，這些特點被視為他們思想深度的一個標誌。

戴維・芬克爾斯坦：現在讓我將量子思想的這個概念應用於時空結構。像以往一樣，一開始我從經典的時空觀念出發，這是我們必須痛苦地予以放棄的觀念。事實上，有時候放棄一些假設會是很愉快的事情。這是一個從哪裡來、就往哪裡去的問題。我從量子的觀點來看經典時空觀，所以我將突出它的負面特性，但我要強調它有很多很多的正面特性。這是一個有用的理論，是我們手中最好的理論。儘管如此，我們應該從那裡開始尋找下一個理論。

時間是某種像實數的東西 —— 可以精確知道，可以無限劃分 —— 這種概念和物理學的其他原理結合，導向如場論這樣的東西。我們用兩組數據來描述一個事件；首先我們說明這是什麼地方、什麼時間發生的。這就像給出了一個會議地址，但還沒有說明誰會來開會。所以，在給出時間地點後，我們會給出電場的值、磁場的值、引力場的值等等，所有我們需要描述特定時空事件的場。這樣我們就有了兩組描述：時空和場。

直到今天，場論是將定域性原理和相對論原理結合起來的唯一方法。我們透過確認場中的某些點並與時空的某些點連結起來，寫出其定律，由此滿足定域性，然後把場當成量子實體來滿足互補原

理，即量子理論。我們不再討論它們的精確狀態，而只討論我們對它們施行的操作。

可是，有很多跡象表明，場論不是最終的理論。跡象之一是簡併（degeneracy，或稱「退化」）。從幾個跡象你可以看到簡併理論，也就是說，它是一種更深刻的理論特例。例如在上個世紀，從事經典力學的人應該認識到經典力學是一種簡併理論。主要跡象就是你手裡有一個物理實體，它是可以簡化的，因為它還包含另一個物理實體，但又不能完全簡化，因為它還包含非物理的東西。我來為這個複雜概念舉個例子。在經典力學中，一個時空點是一個物理實體，其中包含時間點的概念，即一個時間的瞬間，而時間也是經典物理學的物理實體。如果你將時間的概念從時空點中拿走，剩下的就是一個空間的點。空間的一個點不是一種物理實體。換一種方式來說，如果你比較兩個觀察者和他們對時空點的描述，你看到時間進入了空間的變換性質，但是空間並沒有進入時間的變換性質。

我來舉個例子好嗎？我睡在從德里開出的火車上（我當然不會忘記這次火車旅行）。在我以火車為參照的框架裡，我從睡著到醒來所走過的空間距離是零。而你在火車外的參照框架下計算我旅行的距離，你必須問我睡了多長的時間，你還得知道火車的速度。所以說，時間進入了空間，但是空間並沒有進入時間：如果我說我睡了四個小時，你立即就知道了我睡了多久。你也會說我睡了四個小時，但空間的改變沒有轉換為時間，這個事實是簡併理論的跡象。在愛因斯坦的狹義相對論裡，時間轉換為空間，但空間也會轉換為時間。[6] 它轉換的量對一般經驗來說非常微小。如果火車用接近光

速的速度運動，這個量就會相當可觀。[6]

　　我們今天在場論中有類似的情況。假設我告訴你，我在我的參照系統中的什麼地方測定場，但不告訴你我所測的場是什麼。那麼你可以告訴我，我在你的參照系統中的什麼地方測定了場。場沒有進入空間的轉換法則。但如果我告訴你，我測定的電場在這個方向上是怎樣的強度，你不問我是在什麼地方測的電場，就沒法計算你對這個電場的描述。空間進入了場的轉換，儘管場沒有進入空間的轉換。這是一個簡併理論的跡象。

　　一個人可以輕易看出簡併來自於什麼地方，以及怎樣消除它，就像人們在經典力學裡做的那樣。如果比起談論一個點和在這個點的場，我談論的是兩個點，那麼我就有了一個對象，它是能夠充分簡化的。它含有這個點和那個點，它們有分別的轉換律。例如如果你想到速度，就像從一個點到另一個點的躍遷，你不是去定義一個點和一個速度，而是確定兩個點，你就消除了簡併。

阿蘭・瓦萊斯學過物理學，也學過佛教哲學，這時候插話，提出一個要求說明的問題。他的問題讓我們立即進入了戴維認為更微妙和

6　原注：用數學語言來陳述，兩個參考框架之間的經典轉換方程是：

$$x = x' + vt' \text{ 和 } t = t'。$$

請注意上面的時間方程中並沒有參考空間參數 x。在愛因斯坦的狹義相對論中，轉換方程式成為：

$$X = (x' + vt') / [I - (v/c)2]1/2 \text{ 和 } t = (t' + vx'/c2)/[I - (v/c)2]1/2。$$

注意這兩個方程中在右邊都出現了空間和時間參數。這就是戴維指出的。

深刻的時空觀。戴維演示了人們在試圖構造前後一致的經典時空觀
時遭遇的理論困境。一旦我們引入了時空點測定的描述，經典時空
觀就不再有效。在指出這些問題後，戴維提出了他自己的不連續的
時空。

不連續的理論和連續的理論

　　阿蘭·瓦萊斯：我猜想，場的概念是狀態邏輯的遺存，是這樣
嗎？

　　戴維·芬克爾斯坦：我沒這麼說，但你的感覺完全正確，你說
得對。我要提出一個稍微不同的觀點，你可以從其中存在有對稱影
響的實體而看出簡併理論。A 影響了 B，B 不影響 A。這意味著我
們所擁有的場論，是不連續理論的一個簡併版本，其中的不連續是
如此微小，我們可以將其簡併為一個連續體。

　　阿蘭·瓦萊斯：不連續理論和點有關？

　　戴維·芬克爾斯坦：相對於有方向的點而言，是有限分離的點。
這說明了在時空連續體之下，有著不連續時空單位所組成的東西。
為了結合時空所表現出的連續對稱性，我們應該把這些單位想像成
量子本質的，而不是經典本質的。

　　經典圖像的另一個毛病是它引出很多物理量的無窮表達。這是
普朗克提出量子理論的最初原因，他要把一個爐子的熱容量規定為
一個有限的量。但是仍然有其他一些量是無限的，完全是因為經典
理論假設在連續體的每一個點上都有獨立的自由度。在連續體理論

裡，太多事情在同時進行，物理問題沒有一個有限的結果。在連續
體理論裡，空間的任何一個區域不管是多微小，似乎都有無窮多的
變量。

達賴喇嘛：你說的連續體理論指的是什麼？

戴維‧芬克爾斯坦：就是指這樣的假設：時間是無限可分的，
是由一個實數來代表的。在時間的每一瞬間都有無窮多個顫動著的
場變量。它們每一個都儲存能量。所以在時空的每一個微小部分
中都有無窮的能量。就像簡併一樣，無限是場論並非最終理論的
跡象。

有意思的是，這些問題都可以用一種離散理論來消除。經典圖
像的第三個毛病是，沒有一個可操作的方法來做連續體理論要求的
測定。如果你想要測定某個點的場，你必須在那個點上放一個非常
小的零尺寸試驗體。為了要知道那是什麼地方，它必須是經典的。
可是沒有經典的試驗體。你可以把它做得質量很大而接近經典試驗
體。於是，你必須使用質量很大而非常微小的試驗體，來測定某個
點或接近某個點的場。

當這個理論在1930年代首次由玻耳和羅森菲爾德（Léon
Rosenfeld）提出時，他們對結果是滿意的，因為他們看不出有什麼
理由說不能有質量非常大而尺寸非常微小的試驗體。今天我們對基
本粒子瞭解得更多了。任意質量而足夠微小的試驗體是不存在的。
它們的質量達到一個質子的幾千倍大時就不能再大了。這就意味
著，我們對場進行測量的精細程度是有一個限度的。

最小的和最短的

　　達賴喇嘛：你是不是說，你會到達一個空間點，即使是概念上說你也不能再進一步分割了？

　　戴維·芬克爾斯坦：這是另一種描述方式，是的。如果你想像在越來越小的區域裡測量場，實際上有三樣不同的事情在發生。最樂觀的說法是，如果你過太仔細地檢查，你會創造出一個黑洞，從而失去你想測量的一切。這會發生在 10^{-45} 秒中。如果你更仔細檢查，你就會看到康普頓極限（Compton limit），[7] 它是十二個數量級那麼強。尋常時空早在普朗克長度[8]前就崩潰了，早在黑洞前就崩潰了。

戴維最後的這番評論，不僅讓達賴喇嘛，也讓其他多數與會者都跟不上了。如戴維所說，有相當的理由說明為什麼經典時空觀在他所描述的非常小的尺度下不再適用。當我們試圖給區域概念以經驗意義的時候，這個問題就產生了：一個事件發生在什麼地方、什麼時間？回答這個問題要求我們能以非常高的精確度來測定地點和時間。比如說，如果我們想知道百萬分之一公尺之內的區域，那麼我

7　譯注：康普頓波長被認為是測量粒子位置的基本限制。阿瑟·康普頓（Arthur Holly Compton）為美國物理學家。

8　譯注：德國物理學家普朗克提出的長度單位，在普朗克長度的距離範圍，重力預期開始會展現量子效應，進而要求一套量子重力理論來預測會發生的物理事件。

們的探測器也不能大於這個距離而且必須精確定焦。在這樣的情況下，量子力學就進來了。如果我們能收縮尺寸並聚焦在要探測的對象上，根據海森堡測不準原理，我們的探測會干擾它，會給它能量。聚焦越集中，輸入這個被觀察區域的能量就越大。此外，因為能量就是質量（*E=mc²*），根據海森堡測不準原理而要求的能量將產生額外的引力，就像有質量存在一樣。在某個點上，這個質量─能量可能大到會在時空結構中產生一個引力奇點，即一個黑洞，破壞任何可能的測量。在我們到達這個極限，即所謂普朗克長度極限之前，對測量的其他根本性限制也已出現。所謂康普頓極限就是其中之一。

當一個靜止電子散射出一個帶能量的光子，它的波長產生了微小的改變。改變的量是所謂康普頓電子波長的某個部分，即 2.4×10^{-12} 公尺。如果光子是從質子而不是電子散射出來的，相關的康普頓波長就是質子波長的一部分，即 1.3×10^{-15} 公尺。散射光子的粒子質量越大，相應的康普頓波長就越小。基本粒子的有限種類（*所謂質量譜*）限制了用於測量目的的最大質量，所以也限制了可以和一個測量粒子相關的最小康普頓波長。戴維和他的學生細緻分析了康普頓散射效應（*Compton scattering effects*）對我們測量時空的能力之限制，證明這種限制是比普朗克長度施加的限制大一萬億倍。

阿蘭・瓦萊斯：你的闡述已超出我們翻譯的能力了。現在這裡談論機率，但說到精確的離散性問題的翻譯，我們無能為力了。就實驗而言，你能給出最短的離散時間嗎？不是數學性地而是實驗性

地說明，當然，用數學的方式你可以讓一個數字要多小就有多小。

量子時空

　　戴維・芬克爾斯坦：我現在馬上就談這個問題。我不再說經典時空的壞話，我現在來說一下量子時空的好話，前提是我們要明白這個理論還處於形成階段。首先是你必須建立一個尺度。如果沒有連續體，那麼就可能有一個最小時間單位。在世紀之初，當量子理論剛發現的時候，他們思考過時間量子的可能性，他們將之命名為時間子（chronon）。我認為不需改名字。我在前面提出的論據說明，時間子是處於 10^{-24} 秒到 10^{-36} 秒之間。很遺憾上下限之間的不確定性是如此巨大，但這都是因為理論還處於原始階段。

　　達賴喇嘛：你能實驗性地確定時間子的長度嗎？你怎麼能肯定將來更好的實驗不會給出更小的時間子長度？

　　戴維・芬克爾斯坦：要從理論內部來判斷理論的局限是很困難的。我用經典時空來估計經典時空有效性的極限，很顯然，我已經將其和實驗訊息結合起來。主要訊息是基本粒子的質量譜，它限制了多短的時間我們可以解決我們在場論中的測量。這個範圍是可以用來做實驗的已知粒子的康普頓長度。

　　達賴喇嘛：時間子的長度是任何可識別變化的最短時間，這麼說對不對？

　　戴維・芬克爾斯坦：應該說是單一可識別的變化。你總是可以透過平均的方法得到更小的時間。如果你有一百萬個過程，所有過

程都經歷了零時間，只有一個持續了一個時間子，那麼平均持續長度就是一百萬分之一時間子。

達賴喇嘛：那麼，為什麼你不能稱這個時間點為一個狀態？

戴維・芬克爾斯坦：事實上，概念發展的下一步確實是把它稱為一個狀態，所以我要排除這個點。

達賴喇嘛：因為，不然的話，這裡仍然有「實在」。

戴維・芬克爾斯坦：完全正確。

達賴喇嘛：（大笑）在我們討論實在前，我們可能得注意另一個事情，午餐時間到了。

科學家在午餐時間的討論中決定盡快結束戴維的主講，然後就可以針對其他來討論了。戴維希望能和大家分享他自己的研究，這些研究試圖理解作用力和粒子作為量子力學和相對論時空隱蔽結構的表達。他引入了棋盤和晶格的圖像作為輔助，但是下午的講述中譯員仍不得不時時打斷他的話，要求他解釋那些技術性的思想。不過到最後，物理學的美麗概念終於在我們面前出現了。

戴維・芬克爾斯坦：在放棄了經典物理學不好的部分——也就是點對象的概念和經典的狀態概念——後，我們現在必須從剩下的東西，即「操作」中建立有效的時空。我試圖做的，是像我這樣才華有限的人唯一可以做的：建立模型，然後看看這些模型能說明什麼，什麼地方它們是有效的，並在它們不能被有效證明時設法加以修正。

　　在量子背景下的第一個離散時空模型可能是費曼（Richard Feynman）[9]的模型，他證明說，如果你觀察一個人在棋盤上的行動，在各個位置上補充量子的概念，再加上互補性，你就會發現大自然服膺的規則和電子服膺的規則相同，只不過棋盤是兩維的而不是四維的。

　　阿蘭・瓦萊斯：請定義你在這裡說的互補性是什麼意思。

玻耳的互補性原理

　　戴維・芬克爾斯坦：玻爾引入量子力學的一個關鍵性概念，用來解釋碰到的新問題。除了經典的邏輯關係外，量子理論有一個新的奇怪情況。兩個垂直偏振鏡之間的關係是經典的：一個是另一個的否定。兩個平行偏振鏡之間的關係也是經典的，一個等同於另一個。兩個斜置的偏振鏡之間的關係不是經典的（見圖 3.1）。這是一般規則失效的地方。實際上，在過濾器 B 之前放置過濾器 A，和在過濾器 A 前面放過濾器 B 是不同的。在經典情況下，兩者的順序沒有關係。在量子情況下，順序則至關緊要。你可以從輸出的粒子看出這個區別。只要兩個概念得到驗證的順序是要緊的，我們就說這兩個概念是互補的。這意味著每個實驗都要求做出選擇。每個實驗者都可以選擇這個框架或那個框架，但不能兩個都選。

9　譯注：費曼（1918-1988），美國理論物理學家，以對量子力學的路徑積分表述、量子電動力學，以及過冷液氦的超流性等研究聞名於世。

　　玻耳互補性概念的原始實例是光的波粒二象性。他繼續想，如果你仔細考察愛和公義在現實中的意義，你會想，或許它們也可以被看成是互補的。

　　現在有一個不用互補性來處理經典理論並修正其錯誤的全新方法。這樣的理論仍可能是全然錯的，但至少是一個思路，來確保服膺互補性。這是一個關於方向的算術，在其中加入兩個不互補的方向，最後得出滿足互補的結果。這就好比說，平行方向和垂直方向之和是斜置的方向。費曼在研究下棋的行動時就是這樣做。他允許每個下棋者走出一對行動，在兩者之間有一個假設的和。他發現這個理論非常相似於我們通常用於描述電子在愛因斯坦連續時空中運動的理論。在相對論中如此重要的光速的角色，由棋盤本身來提供。棋盤上主教運動的路線（對角線）是狹義相對論裡光子運動的路線。時空幾何學在時空網格的格子裡構建起來。

　　世界不可能是經典的棋盤。棋盤有特定方向。世界沒有特定方向。但是世界可能是量子棋盤，因為所有缺失了的方向可以是經典棋盤上方向的互補混合。這個思想，即空間呈球形的思想，完全是一種量子效應，是馮·魏茨薩克男爵（Carl Friedrich Freiherr von Weizsäcker）[10] 在 1940 年代提出的並得以傳播。如今我在我的研究中仍繼續這個方向。構建一個四維棋盤是容易的，第四維是時間。

10　譯注：馮·魏茨薩克男爵（1912-2007），德國物理學家、哲學家。達賴喇嘛尊者和馮·魏茨薩克男爵有長期的交往，稱他為「我的第一個科學老師」。

時空的各向同性和曲率

達賴喇嘛：你是不是說空間本身是圓的？或是說，空間在某種特別的意義上是圓的？

戴維・芬克爾斯坦：空間是圓的，意思是說在各個方向上都是相同的。這個圓性的意思是說，如果你將所有裝置都轉個方向，任何實驗仍將給出完全相同的結果。

達賴喇嘛：為什麼科學家不得出結論說空間是無限的而要說空間是彎曲的？無限空間和彎曲空間的效應是一樣的。

戴維・芬克爾斯坦：我正在描述的模型，它事實上就是在說時空是無限的。我並沒有說時空是彎曲的。一開始我會說時空是平的，就像一個棋盤。抱歉我不該用「圓形」這個詞；這樣說法太令人困惑。技術性的術語是各向同性，意思是各個方向上都一樣。

達賴喇嘛：是，我明白了。

戴維・芬克爾斯坦：我們不久將談到曲率。如果我們像費曼所做的那樣，通過疊加的方式，我們可以把四維棋盤變成一種對稱性，就像狹義相對論要求的那樣。在那樣的時空中，沒有規定的時間方向，沒有規定的空間方向。它服膺於狹義相對論原理。

但是，曲率現象也需用這樣的語言來表達。處理時空曲率的廣義相對論是整個現代理論之父。所謂的強作用力、弱作用力和電磁作用力的標準模型，都是建立在愛因斯坦引力理論基礎結構上的模型。基本的思想是，不僅是自然定律，甚至連自然的概念，都應該是定域的。不該有這樣的假設，可以拿時空的這個點上的方向和時

空的另一點上的方向做比較，而不從這兒到那兒經過一條確切的路徑。在歐幾里德幾何中，說兩條直線是平行的是有意義的，即使這兩條線相隔遙遠。對物理學家來說問題就出來了，你怎麼知道的？依照愛因斯坦的思維方式，你不能引入諸如此類的根本概念，比如去比較兩個遙遠的東西，因為我們不可能同時處於這兩個地方。你必須講述這個過程，你從這裡順著一個方向到達那裡，一步步地來看那兩條直線確實是平行的。這個定域性原理是現代物理的第二塊基石，互補性原理是第一塊基石。難就難在把它們放到一起，讓海森堡和愛因斯坦的學說聯姻，因為它們並不喜歡彼此。

量子時空中的粒子和作用力

戴維已經用斜置的偏振鏡講述了互補性概念。定域性概念要求我們用本地操作來定義物理概念。這兩個概念——定域性和互補性——成為量子時空前後一致觀點的奠基石。前一個概念來自量子理論，第二個概念來自相對論。把這兩個理論帶到一起（從來還沒有成功做到過）而形成時空的離散的晶體狀模型，戴維把我們的時空觀從點格狀改變為由量子小室組成，這種量子小室是構成時空的根本單位。但是時空並不完美，晶體也有缺陷。結果是發現這些缺陷可以理解成它們當中的粒子和作用力的性質。雖然戴維立即聲明這只不過是一個模型，這個模型完全可能是錯誤的。儘管如此，他發現這個模型是種美麗的方式，可以用來捕捉構成我們這世界的最深刻原理。

戴維·芬克爾斯坦：定域性和曲率通過晶體的缺陷而表現出來。例如，如果晶體從某一點開始了一個平面缺失，導致缺失了半個平面的原子。於是，在好的晶體中原來可以閉合的路徑現在就不能閉合了。你沿著一個圓環行走卻回不到原來的地方。如果晶體缺失了一整個部分，晶體合攏而填補了這個空洞，然後你帶著一個小室在晶體中沿圓環行走，結是反轉著回來了。在這樣的時空不連續模型中，我們依賴真空晶體中的缺陷來解釋諸如曲率和作用力等所有現象。在你建立這樣一個模型的第一分鐘，非常重要的是問自己，當你按照這個模型沿著一個迴路轉一圈回到原來的地方時，你帶著的東西發生了什麼。我的第一個震驚是，在研究中發現，當你沿封閉迴路轉一圈時，你帶著的立方體發生的事就是物理學中夸克發生的事。在所謂夸克的內在自由度和時空結構之間，似乎有一種緊密關係。

這個模型可能完全是錯的，但是運用這個模型，我能向你演示什麼樣的缺陷導致了光，什麼樣的缺陷導致了強膠子或任何已知的作用力，比如引力。所有的作用力都出現在這個不連續的模型裡。這並不是說這模型一定是正確的，但它鼓勵我繼續研究。

這是一些很粗略的結果。它們沒有依賴晶體的詳細結構，只利用了它類似於一個棋盤的部分。所以，在每個方格裡發生了什麼，仍是一個需要探討的問題。於是問題出現了，實際上到底發生了什麼？作用是什麼？而我能夠做的仍是建立一個簡單的模型。最早的網絡模型是上世紀義大利數學家朱塞佩·皮亞諾（Giuseppe Peano）[11] 建立的自然數模型。他從空無一物開始，將此取為零點的

模型。然後他建立一個數組，其唯一元素是無，他取其為數 1。唯一元素為 1 的模型是 2。這樣一個越來越深的過程，皮亞諾用來作為時間流逝的模型。這個展開過程也可以當作是從一個層面到元級（metalevel）層面的轉變。所謂元級層面就是包含層面的層面。例如在數學中，當我們討論語言的時候，我們用來討論語言的語言，就是元級語言。

　　皮亞諾模型的出色之處，在於他的時間點是由它們之間的關係來產生的。在這個模型中，各個點不是先驗存在的，而是用一種動態方式從前面的點產生出來的。將此模型擴展到四維並不困難。在這個四維模型中，整個世界是從系統到元系統的轉換模式，或從知道者到被知道者的轉換模式。元系統是知道系統的系統：實驗者、實驗裝置，圍繞著系統的組成系統概念的一切。物理學至今為止還是很扁平的。我們談論系統，卻完全不考慮元系統，就像此前所強調的那樣。不能這樣下去了。在量子理論中，這是第一次我們看到，我們不可能迴避元系統了。

戴維最後的評論讓我們回到此前關於量子物體性質的先驗存在性的討論。在安東的引導下，我們已遇到經典世界觀念中物體具備客觀性質的問題。現在戴維提出了時空本身的同樣問題。時空中的點並不存在，這些點和它們組成的整個世界被理解為轉換的模式，或作用的模式。這些作用使我們從系統到元系統，從知道者

11　譯注：朱塞佩・皮亞諾（1858-1932），義大利數學家、邏輯學家、語言學家。

到被知道者。戴維看到，知道者是在元系統的層面上，他滿心要把世界的這個缺失了的角色——知道者——包括進來。經典物理學把知道者完全留在敘述之外，所以從沒達到元級層面。它的敘述完全是在所謂客觀實在的層面上。量子力學和相對論對所有這一切提出質疑。我們面前的任務是構築一個前後一致的敘述，能包含遠為精細和複雜的現象，以及安東和戴維講述的新物理學原理。

相對世界的絕對

在下面的對話中，達賴喇嘛主張探討一下絕對性問題。在佛教哲學裡，人們總是對於自己心智的習慣非常警覺，這種習慣會將一個有用的結構具體化，並使其轉化為一個絕對物；事實上，這個結構更應該被視為一種有用而方便的理解方式。我們的很多偏見，比如種族主義偏見，都是因為錯誤的思想方法。我們傾向於把集體的觀念當成事實。擺脫這種錯誤的絕對物是很困難的，更困難的是檢討我們一些最基本的概念，例如關於時間和空間的概念。時間和空間似乎是絕對的，然而，它們的根本狀態到底是什麼？

達賴喇嘛： 在物理學的背景下，顯然有關於空間的種種理論。當你想像空間的時候，不管你是根據相對論、牛頓力學、量子力學或任何別的理論，你是不是定義或者想像空間是空無一物的？在佛教裡，當我們說到非複合模式空間（noncomposite space），我們將其

想像成沒有其他任何阻礙物。而你在此止步了。你不說它是沒有任何障礙物的，不對非複合模式空間的本質做出肯定性陳述。複合模式空間是佛教中的第二種空間，當你說到複合模式空間的時候，你說得更多。但是作為物理學家，你在想到空間的時候，除了空無一物的否定陳述外，你是不是應該說得更多一些？你是不是也要做一些肯定性的陳述，比如空間可以是彎曲的？

安東·翟林格：我們看待空間的態度是，空間只是由其中的東西來定義的。東西定義空間。沒有星體之類的東西，空間的觀念本身會是空洞的概念。它對於物理學家沒有什麼意義。

達賴喇嘛：請定義空間。假設你有一個空間，其中有物質體。現在你怎樣定義空間？

安東·翟林格：一旦有了物體，我就可以開始談論距離。我可以開始談論我在空間中的路徑，因為我可以用這些物體做參照。如果我把所有物體清除出空間，那就一無所有了。如果我不能參照物體，那就沒有運動了。

達賴喇嘛：也許對時間也是這樣——你不在抽象意義上看時間，而總是看成兩個事件之間。這裡有一種推託給某個非時間的參照物的意思。你有一個事件，又有了另一個事件，在這個基礎上你得出時間的概念。就好比你有兩個物理實體，在這個基礎上你得出空間的概念，不能沒有它們。

安東·翟林格：絕對如此，因為空間是說什麼東西在什麼地方。時間是說什麼事情在什麼時候發生。它們只能用它們和其他東西的關係來闡述。它們本身沒有意義。

達賴喇嘛：阿毗達摩是佛教的經典物理學，在其中一部經文中有複合模式空間的概念。它的定義是：在白天太陽照耀時，它能捕捉到光，而在夜裡它變成漆黑。它是一種媒介。你認為時間是絕對的還是相對的？我聽說西方人兩種觀點都有。

安東・翟林格：我想說，時間屬於那種我們只能做出關係性陳述的東西。所以，我會說沒有絕對的時間。它只是相對於某個其他的東西才有意義。

達賴喇嘛：那麼，從科學的觀點來看，絕對的觀念是站不住腳的？

安東・翟林格：大多數情況下是如此。

達賴喇嘛：這和龍樹菩薩的想法是一致的，他就完全放棄絕對性思想。

安東拒絕對確定性（絕對性）做出回應，引起了一陣大笑。當戴維和我加入討論時，我指出了「時間之箭」的熱動力學依據。有趣的是，戴維至少對物理學使用絕對性做了部分辯護，這和安東及龍樹菩薩都不一致。

阿瑟・查恩茨：我同意我的同事安東，這是一方面。另一方面，當你聽人說時間的流動有一個方向，這代表他們有一種時間早晚的意識，他們所說的是基於熱力學原理。他們指的是物質從一種有序狀態演變成一種無序狀態，所謂熵增加的狀態。如果宇宙中沒有物質，你是在空無一物的空間中，那麼當然就不能用熵作為時間

的方向。在一個空無一物的宇宙中，空間和時間的概念從根本上變得毫無意義。戴維，你同意我這樣說嗎？你是這個領域最有權威的專家。

戴維・芬克爾斯坦：你已經從很多角度談了這個問題。在某一個發展階段，你說的是對的，但是理論並沒有停頓，仍然持續在發展。例如在世紀初，時間、空間和時空的概念是相對的，但是愛因斯坦的貢獻是令時空本身變成一個物質系統，使它能夠獨立存在。即使沒有物體，你仍可以有重力波，重力波是在時空中傳播的時空曲率波。這和很多經典思想相衝突，但它仍是我們今天最好的理論。儘管如此，我同意安東的想法，絕對時空的思想將會有和其他很多絕對性概念一樣的下場。但是眼下，物理學中到處是這樣的絕對性，其中之一是相對於時間和空間而言的時空。

達賴喇嘛：也許你可以定義一下你說的絕對性是什麼意思？當你說沒有絕對性，或者時空不能被視為絕對但可能最後變得絕對，你說的絕對到底是什麼意思？

戴維・芬克爾斯坦：在任何物理理論中，你是從描述系統或系統的某些性質開始的。但是理論並不在那兒停下來。你從一個觀點開始描述，然後你解釋它是怎樣與其他觀點相關的，例如「相對論就是這樣和物理理論相連的」。所以每個理論都帶有一種絕對性或者物理客觀性概念。如果從某個觀察者對一個實體的描述，你可以計算出其他所有觀察者的描述，我們就稱其為客觀的。如果每個人都能把自己的描述翻譯成其他人的語言，我們就說我們有了一個客觀的實體。在物理學中，客觀性變成了主體間的性質。空間的點不

再是客觀的存在。時間不再有客觀而絕對的意義。我們今天明白，某個人說的空間中的一個區間，另一個人會說其中有時間的元素。某個人說的純粹的時間區間，另一個觀察者會說裡面有空間的成分。例如，當我乘火車從德里到帕坦科特（Patankot）[12]，整個過程中我躺在臥鋪上。於是就可以提出一個問題，我在空間中到底移動了沒有。從列車乘務員的角度看，我是一個好旅客，我一點也沒移動過。當然，從車站管理員的角度看，我是一個好旅客，因為我移動了。如果我沒有從車站移動出去，我就可以要求退票。在一種情況下有一個空間成分，而另一種情況下沒有空間成分。但是每個人都同意有一個事件發生了，那就是我在一定的空間和時間點從德里出發，另一個事件是我在另一個空間和時間點抵達了另一個地方。這些至今仍然是絕對的。從一個人的描述，可以計算出另一個人的描述。絕對性的數量在穩定地減少。相對實體的數量在變得越來越大。

　　達賴喇嘛：所以你是用客觀性來定義絕對性。

　　戴維・芬克爾斯坦：是的。

愛因斯坦相對論中的觀察者

　　在愛因斯坦狹義相對論中，時間和空間的變換本質顯得特別戲劇化。在這個理論中，現在已有實驗充分證明，長度會在運動的方

---

12 譯注：帕坦科特是從德里前往達蘭薩拉的火車終點站。

向上縮短，而時間會在運動著的鐘錶上變慢。現代物理學的這些性質讓我們難以解釋。我們向達賴喇嘛介紹這些思想，引起一些懷疑和很多問題。佛教哲學對於產生幻覺的緣由經常保持警惕，包括虛幻的運動在內。例如一艘船在河中漂，你怎麼辨別船是否在運動？愛因斯坦一開始提出了同樣的問題，後來證明若物理學定律能成立，那麼我們的時間和空間本質的思想必須改變。下面輪到我第一個來解釋愛因斯坦的論證。

　　阿瑟・查恩茨：尊者，您對現代物理學中觀察者的作用很有興趣。我們在此之前談論過量子力學中觀察者的作用。這在相對論中也非常重要。我想給您演示一下有關參考框架的問題，以及它在相對論中的重要性。設想一下這樣的情況。一列火車沿軌道運動，有兩個觀察者。一個在列車上，位於火車的車廂中。另一個觀察者安靜地坐在鐵軌邊，他相對於大地是靜止的。這兩個觀察者用路途中的符號 C' 和 C 表示（見圖 3.2）。現在，假設發生了一個奇蹟，兩個閃電從天而降擊中了火車的兩端。在安靜坐在鐵路邊的觀察者 C 的參考框架裡，他判斷這兩個閃電是同一瞬間擊中了火車的兩端。當這兩個閃電同時擊中火車兩端時，甚至有可能發生了其他重大的事件，可能有一個小孩出生，可能誰正要喝茶了。現在，閃電擊中火車的這一事件，這一干擾產生了光波，即光的訊號從火車兩端的位置 A' 和 B' 發出。光波用從火車兩端向外擴展的兩個圓圈來表示。現在請注意，尊者，在右邊的那個圓圈到達觀察者 C' 的時間，會比左邊的圓圈到達同一位置要早。

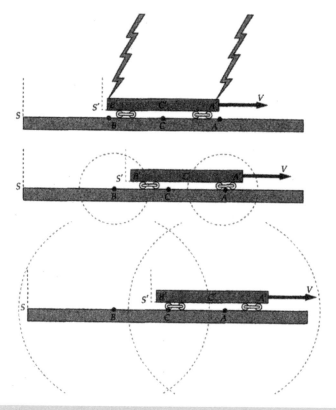

圖 3.2 閃電擊中行駛中火車車廂的兩端。從月臺上看，兩端是同時被擊中的。但由火車上的觀察者 C′ 來判斷，它們不是同時被擊中的。因為火車正在向右邊行駛，擊中 A′ 處的閃電先到達 C′（中圖），在此之後，來自火車尾端的衝擊波才到達 C′（最後一張圖片）。由於這兩種說明框架都沒享有特權，由此體現了同時性的相對性。來源：Paul A. Tipler，Physics for Scientists and Engineers. © 1999 by W. H. Freeman and Company. 獲准引用。

火車是在向右邊運動，如箭頭所示。於是你可以看到火車開著、開著，當它到達了這個點，觀察者 C' 將看到閃電。再過一段時間，當它到達那個點，觀察者 C' 會看到另一個閃電。於是，你就得到了對同一情況的兩個不同描述。對安靜坐在鐵路邊的觀察者來說，他看到兩個閃電同時發生。對位於列車中心的觀察者來說，他先看到火車前端的閃電，然後看到後面火車末端的閃電。換言之，一般情況下我們是這樣想時間的，我們可以相當客觀地說兩個事件同時發生，或者一個發生在前另一個發生在後。但現在我們可以看出，事件發生的次序取決於觀察者是否在運動。在某個參照框架內，兩個事件同時發生。同樣的兩個事件在另一個參照框架裡，卻是前面那個先發生、後面那個隨後才發生，或者後面那個先發生，然後才發生前面那個。這叫做同時性的相對性。這是愛因斯坦理論的第一個發現。而且我們看到，我們這個世界裡有些事情，我們以為是固定而絕對的，現在開始變了，變得更相對了。這是一個例子，它顯示了動搖絕對性思想的因素，強調了觀察者的作用。

達賴喇嘛：在此能不能用這樣的方式來為經典的時間和同時性概念辯護：就說坐在鐵路邊的觀察者看到的是對的，因為坐在火車上的人的視覺被火車的運動扭曲了？在佛教的方法論探討中，我們見到各種不同類型的視覺錯覺以及錯覺的來源。在某些情況下，錯覺可能是由於視覺器官的缺陷。在另一些情況下，可能和周邊環境有關。例如，如果你在一艘移動著的船上，你看到岸上的樹都在移動。錯覺的另一個例子是，當一個人非常憤怒的時候，他看到的

東西都是紅色的。在這種情況下，心智狀態事實上扭曲了視覺。同樣地，今天上午我們談到一個人的期望、目的和觀念怎樣影響了知覺。從佛教的觀點來看，這些可以視為產生幻覺的來源，源自於先前存在的意識。

阿瑟·查恩茨：很自然地，我們會想到這問題能否以什麼方式，透過深入的分析來決定哪種觀點佔優勢，而哪些是錯的。在這個例子中，答案是否定的。這裡沒有這樣的深入分析，兩個觀察者都能從自己的處境來證明他們是運動著的。

達賴喇嘛：那麼關鍵的推論就是，運動是相對的，沒有絕對的運動？

皮埃特·哈特：如果在這個故事中發生的是聲音而不是光，不是閃電擊中列車兩端，而是有人在吹哨子，那麼就可能是錯覺問題了。在這樣的情況下，你不能得出結論說事件發生的時刻依賴於觀察者，因為聲音是在空氣中傳送的。對其中一個人來說空氣靜止不動，而對另一個人來說空氣在運動。可是光很特殊。光不需要介質。對兩個觀察者來說，光是同樣的。這不是錯覺問題。這是涉及運動相對性的一個主要不同之處。

安東·翟林格：也許我可以幫忙解釋一下。在阿瑟講述的這個故事中，看來這車站是一個特殊系統。車站是靜止的，而火車在移動。你可以用太空中的兩艘太空船來講同樣的故事。但那時你不可能說其中一艘太空船是靜止的，而另一艘在移動。你得到的結論卻是完全相同的。

科學家的這些評論激起了達賴喇嘛和譯員們的討論。可以用更深入的分析來糾正的錯覺，和相對論中出現的模棱兩可的情況，兩者之間的區別非常微妙，卻是現代物理學的一個根本性議題。尊者的譯員要求科學家做進一步的澄清。

阿蘭・瓦萊斯：你說到兩艘太空船在做相對運動。你可以說這一艘相對於運動著的另一艘是靜止的。你可以將它們調換一下，說那一艘是靜止的而這一艘在運動。你也可以假設這兩艘都在移動。但是脫離一個參考框架，你就無法說明到底是運動還是靜止。

土登晉巴：你可以把其中一艘的電池關閉。

阿瑟・查恩茨：運動並不一定需要電池。它們只是在靠慣性運動。在下一次的心智與生命討論會中我們應該談兩個太空船的問題，我們應該和 NASA 談一談。

戴維・芬克爾斯坦：我們一下子解釋了愛因斯坦小心而明確闡述的兩個原理。一個原理是不存在可操作的運動概念。你只能夠談論相對運動。這一點早在 17 世紀就由義大利科學家伽利略強調過了。同樣重要的新發現是，儘管如此，所有觀察者不管他們如何運動，觀察到的光波速度都是一樣的。從經典物理學的觀點來看，這是令人震驚的悖論。你原來可以想像你快速運動而趕上了光速，那麼光看上去就是靜止的。這裡的關鍵是你不可能趕上光，不管我們是怎麼運動，光相對於我們永遠是在用光速運動。這要求我們修正我們的空間和時間觀念。這是上述故事的關鍵，要說明時間概念的修正。這並不是說你得放棄介質的思想，並想像波在虛空中傳播。

恰如我的老師魏斯科普夫（Victor Frederick Weisskopf）[13] 很快樂地指出的，你應該說真空是一種特殊類型的介質，在這種介質中，你無法探測出你在其中穿行的速率。相對於這種介質的速度是無法用操作來定義的。

安東・翟林格：我要用一個想法來總結。著名丹麥物理學家玻耳說過，有兩種類型的真理：簡單真理和深層真理。他說，所謂簡單真理就是其對立觀點不是真理的真理。深層真理就是其對立觀點也是真理的真理。

達賴喇嘛：這和我們佛教的思想不謀而合。

尋找深層真理，深入理解我們周圍世界的本質，這在所有文化中都有千年之久的歷史。在亞洲，就像在歐洲和美國，我們用我們最好的推理和最細緻的觀察，來幫助我們揭開實在的恆定結構。透過量子物理學和相對論，也透過謹慎的哲學分析，一個時代認為是實在的深刻本質觀念，後來發現只是部分正確。科學史的教訓不是說理解世界的所有努力都是徒勞無用的，而是說我們對世界的理解必須是動態的、是有條件的。在佛教中，就像物理學中一樣，有很多因素提出了類似戴維・芬克爾斯坦和安東・翟林格的觀點。雖然他們在很多事情上是一致的，但他們也在重要問題上互不認同。戴維否定了物體和它們的狀態，但是試圖尋找一種相對論和量子時空的觀點，使之可以用來作為實在的深層可操作結構。我察覺出安東更

---

13 譯注：魏斯科普夫（1908-2002），生於奧地利的美國猶太裔理論物理學家。

為謹慎，採取一種小心翼翼的哥本哈根立場，總是返回到可以測定或者可以實驗調查的東西上。戴維的理論途徑雖然迷人甚至精妙絕倫，卻總是需要落實到觀察事實上。這些事實本身比起任何東西都更有說服力地構成了我們的實在。

　　在星期三，我想和達賴喇嘛討論這些議題。我們應該採取什麼態度來對待遙遠、看不見的理論實體？我們應該怎樣來對待定性的觀察和現代物理學中常見的定量測定？

4
佛教的空間和時間觀

在每天上午的會議之後，參加會議的科學家在一起午餐，對下午的議題提出建議。我們希望能有一個更自發而且範圍更廣的談話，從佛教觀點來回答上午討論的問題。第二天下午，在戴維・芬克爾斯坦講解過後，我請達賴喇嘛告訴我們，佛教是怎樣理解空間和時間的。他為我們概括地介紹了在我們的主觀時間經驗和時間的自身本質之間，佛教哲學如何做出微妙的區別。由此還引出了關於時間的起源、宇宙的大爆炸理論、佛教的空間粒子概念、以及佛教認為宇宙中分布的多重有情世界等議題的熱烈討論。這一章的很多議題已經涉及我們稍後將討論的現代宇宙學，我們將在第四天專門討論現代宇宙學。達賴喇嘛一開始就對時間的本質做了一番評論。

達賴喇嘛：對佛教的很多學派但不是所有學派來說，有必要區別所謂實質性的實體和推斷性的實體。實質性的實體就是可以由自身來確定的東西，比如你可以說「這是一個瓶子」。你沒必要去參考別的什麼東西才能確定這個瓶子，而是只要看到就知道這是個瓶子；那是你可以用手指觸摸到的。一些心理現象也同樣如此。另一類現象叫做推斷性的或指定性的實體；你不能直接用手指觸及這種

推斷性的實體，只能用它和其他東西的關係來加以指定。時間就是一個推斷性實體的完美實例，一個典型。你不能用手指接觸到它，然後說「這是一段時間」。你是在某個變化過程的基礎上推斷時間，這個變化過程本身並不是時間。

喬治·格林斯坦：我們是透過事物的變化而知道時間的？

達賴喇嘛：不，並不完全如此。時間是一個推斷性的實體，因為它是根據其他本身不是時間的東西來辨認的。當你看著一個鐘，你說時間在流逝。你看著的東西是鐘的秒針，而秒針本身不是時間，但是根據你所看到的秒針的運動，你說時間正在流逝，說剛才過去了五秒鐘。這是一個正當的推斷，但是你並沒有用手指觸摸到時間本身。你的手指只能觸摸到你用來推斷時間的某個東西。

根據這些哲學流派的思想，時間總是附加在一系列的連續事件上，這就是說它完全得根據它和變化著的複合因素之間的關係來推出。時間不可能附加在非複合的東西上，比如非複合的空間之上。[1] 但是根據這樣的思路，你若問什麼是時間的本質，那麼回答是：它的本質是存在的。你不能說它沒有本質，時間不只是概念性的虛構物，而是確實存在的，但是你得想到，如果你試圖去確定它的本質，

---

1 原注：我們必須重溫佛教哲學對複合與非複合事物的區分。秒針在鐘盤上掃過很多不同的點。五秒的區間是有五個一秒區間「複合」而成的，以此類推。鐘盤上的空間顯示是複合的。相反地，非複合的意思是，你所考察的事物不是由各個部分組成的；空無一物的空間中沒有任何種類的障礙物，所以不可能再劃分，這就是說它是非複合的。顯然，純粹的空間也可以像一種介質，讓物體或光可以在其中運動，那麼它就必須被看作是複合的。

你會遇到什麼問題。

對於一個實質性的實體比如一個瓶子，你可以描述它是用什麼做的，比如是用塑料做的。如果我們問一個關於時間的類似問題，時間是用什麼做的？你會沒法回答，因為時間本身是依附於其他不是時間的東西上的。然後，時間是一種恆久的還是非恆久的現象？時間本身不是恆久的，它是非恆久的；可它是一種什麼樣的非恆久現象？時間本身是一種物理現象嗎？不是。那麼時間是一種精神性現象嗎？（我們知道很多精神現象是非恆久的）。不是，時間本身不是一種精神性現象。於是，在佛教關於實在的結構和分類的現象學中，時間歸類於第三種：非恆久現象，既不是物理性的（用現代術語說，它們不是質量—能量性質的），也不是精神性的、具認知性質的。技術上說，這類現象叫做非恆久的、非關聯的複合現象。非關聯的意思是說它不屬物理現象，也不屬精神現象。但是，它是非恆久的。

達賴喇嘛注意到我們看上去有些困惑不解，他大笑著說：「我自己也困惑不解。」然後，他轉而討論空間問題。

時間和佛教的現象分類

達賴喇嘛：現象也分類為肯定性的現象和否定性的現象。否定性現象只能透過否定的過程來確定。我在前面給出的非複合空間的例子，是根據缺乏阻擋性接觸物而建立起來的，這就是一個否定性現象的例子。它是存在的，但它被定義為缺失了一些東西，這種東

西的缺失是存在的。但還有另一類肯定性現象，這些現象可以不透過否定過程而建立，而是透過肯定的過程而建立。時間就是這樣的肯定性現象的實例。

非複合空間是透過否定而建立的，所以它本身是不變的，或者不是非恆久的。還有另一類空間，那是毘婆沙學派所說的空間，我們昨天簡單談過這類的空間。這種「複合」空間是一種有條件的東西，它作為各種不同原因和條件的作用結果而變化，所以它是非恆久的現象。此外，它是一種物理現象，是一種介質。事實上，它是光的介質，是黑暗的介質。它也是一種有焦點的物體，可經由視覺感知，被視為一個物體視覺感知的部分條件。另一個指稱它的詞是*中介性表象*。例如，我現在看著喬治，我可以看到我們中間的空間，這就是中介性表象。有時候我們稱它為光明，但其實指的是空間而不是光。這是一種有條件的東西。

這種類型的空間是佛教哲學普遍接受的，從最基本的毘婆沙學派到最精微的中觀論學派皆如此。[2] 時輪學派也接受這樣的空間觀。[3] 時輪是藏傳佛教本體論系統和現象學系統的最高表現。但是時輪所使用的術語是「空粒子」，意思是空間包含著粒子。這開啟了一個有趣的對話，因為它清楚地寓意空間的量子化，而不只是否定，不是無條件的東西。

2　原注：毘婆沙學派（也叫做說一切有部）是早期小乘佛教（也叫上座部）中的一個早期重要學派。

3　原注：時輪的字面意思就是「時間之輪」，被公認為是佛教所有教法中最複雜、最高深的，在達賴喇嘛自己的南捷寺中專門研讀這一教法。

然後達賴喇嘛越出傳統佛教的範圍，開始講述更一般性的新佛教觀念，把他自己對佛教的理解和當代天文物理學中的早期宇宙模型聯繫起來。特別是他表現出對宇宙生成的大爆炸理論十分感興趣。時輪哲學中的「空間粒子」為他指出思考宇宙長期歷史的一種思想方法，包括對大爆炸之前的時間所做的思索。這一點對佛教而言非常重要，因為佛教不接受從空無一物中生成一切的思想，而這一思想在西方猶太－基督文化中很普遍。達賴喇嘛說，如果你接受大爆炸理論，你就相信必定存在一個從宇宙的更早狀態發生的轉變事件，也許包括一系列這樣的物質宇宙的產生和消失。有些西方宇宙學家已經提出這種循環宇宙的模型。達賴喇嘛將這一蘊含著億萬個時間的討論，和佛教對人類透過經驗主觀確定的最小時間單位進行對比。最深奧的佛教哲學系統的現象學，是我們將不斷返回來討論的另一個話題。

達賴喇嘛：在另一個不同的概念框架——新佛教觀念——中，空間粒子是存在於大爆炸以前的一種東西。如果沒有空間粒子，就不可能發生那樣的轉變。它們是宇宙中產生的一切現象的基礎和源頭。傳統佛教宇宙演化論描述宇宙怎樣從空間的純空虛時間中生成，最後瓦解而重返空虛。這是一個循環的宇宙。這就是為什麼我們可以說「大爆炸之前」這句話，雖然這是現代的西方概念，在佛教宇宙演化論中也有類似的概念。

考慮到時間的分類，普遍認同的思路是時間有三種：過去、現在和未來。它們各自的本質是什麼，它們之間的關係是什麼？它

們有什麼不同？佛教中不同的哲學流派有不同的解釋。這很複雜
——我記不住所有的解釋，但我不能讓你們等在這裡，等我去讀那
些經文。不過在佛教的時間概念裡，極為重視時間的可分性。在宇
宙學背景下，佛教討論宇宙生成持續了多長的時間、千萬年以及億
萬年。在較小的範圍裡，有兩個關鍵性的時間分割。其中一個是完
成一個動作的最短可能時間，比如說眨一下眼睛、彈一下手指，或
者說一聲「啊！」所需的時間。這些被視為一個普通人完成一個動
作所需的最短時間，所以這樣定義時間是以人為中心的。另外還
有一種劃分最短時間的概念。佛教中有一派認為那是彈一下手指
所需時間的六十分之一，還有人認為最短時間是彈指所需時間的
三百六十五分之一。當然，和現代數學的時間劃分相比，這樣的劃
分是非常粗糙的。

　　當然，你可以繼續分析時間的本質和可分性，但最終你會到
達一個點，你失去了時間的觀念。這不僅是對時間本質的追問，對
所有現象的分析都是如此。在中觀學派中，這樣的探討似乎是因為
不滿足於純粹觀察到的現象之表象而生出的。所有這一切都是在
佛教所謂常規性探討的背景下發生的，而常規的正當性被視為一種
判斷。

中觀哲學和虛相

　　*阿蘭‧瓦萊斯有時候會走出他的譯員角色，對正在討論的話題
做出評論。他在這裡評論了日常性的存在，這是一個困難的話題。*

　　阿蘭・瓦萊斯：在這裡有一點很重要，在佛教中，當我們說*常規*的時候，我們不是說隨便馬虎。在英語中，*常規的*一詞有一種任意、隨便的意思。在佛教中，一樣東西說成是*常規性地存在*，那是很嚴肅的，相對於人們所說絕對存在的東西。

　　達賴喇嘛：如果你假設時間（比如這種最短的經驗時間單位）是絕對存在的，那麼你要對它進行分析，結果你發現那裡一無所有。所以，即使你抓住了最短的時間單位，它也是常規性地存在，而不是絕對的。對於時間是這樣，對於其他所有一切也是這樣。如果你對所有東西，空間、時間、物質，或者任何東西，甚至心智本身，做出某種仔細的審察，尋找其獨立於其他現象的真實本質，每次你尋找，它都會在分析之下瓦解。然後，如果你同意它的固有存在是空，你試圖發現這個空性的本質，空性本身卻無從發現。所以，空性本身只有常規性的存在，沒有絕對的存在。

　　阿蘭・瓦萊斯：把空性翻譯為虛空是一個糟糕的譯法，非常容易引起誤解。虛空是指一種可以被發現的東西。

五種元素

　　達賴喇嘛：佛教徒將物質世界分類為五種元素：土，指的是固體物質；水，指液體；火，指熱；氣，指活動性；還有第五種，空間（空間在這個時候是一種有條件的現象，不是指恆常的非複合空間）。然後，仍然是在物理世界內，有無數從這些元素引出的現象。這種現象的經典例子是視覺形象、聲音、氣味、味道，以及可觸摸到的物

體。戴維，用這樣的分類矩陣，光本身可以看作是一個元素，一種
基本要素，還是從元素中引出的現象，如聲音一樣？

*達賴喇嘛這時邀請仍坐在他對面的戴維・芬克爾斯坦來思考，在佛
教哲學提供的分類中，光應該算什麼。戴維謹慎地用他自己的物理
學觀念來回答，避免使用恆久實體的說法，而採用了操作性或動作
性的說法。*

　　戴維・芬克爾斯坦：這些元素是恆久的，或是一時的？
　　達賴喇嘛：它們都是一時的。它們都不是恆久的。一個關鍵特
點是它們都處於一種流動的狀態。
　　戴維・芬克爾斯坦：我們可以談談基本的動作……我現在想
從我的純思辨理論框架來回答問題，這個理論也許活不過這個星期
（戴維大笑）。無論是光子還是其他的量子都不是基本的，它們是結
構中的模式，這種結構本身也顯示出像時空結構一樣。
　　達賴喇嘛：今天下午你談到量子連續體或量子時空，如果我
們再次請你進入佛教的框架，能不能說事實上只有一種東西是基本
的，那就是量子時空？是不是說其他所有一切，所有的作用力、空
間、時間、光、質量等等，都是從量子時空中引出的？
　　戴維・芬克爾斯坦：我用「*基本*」這個詞，是相對於說有些東
西是複合的，就像水是由分子複合而成的。如果我們這樣來理解，
那麼是的，其他所有東西都是量子時空元素的結構形式。這或許可
以看成是愛因斯坦統一場論的一種替代方案。

達賴喇嘛：你把量子時空看成其他所有一切都從中引出的源，在佛教的宇宙演化學說中也有各種元素出現的明確次序。從空（這是有條件的空）中，氣作為活動性而出現；從氣中，火作為熱能或熱量而出現；從火中出現了流動性，即所有的液體，以水的元素作為代表；從水中出現土，即所有的固體。以這樣的次序，你可以說後面四種元素都是從空引出的，空是最根本的元素。這種思想被所有佛教學派所接受，並不限於某個神祕學派。（達賴喇嘛轉向杜維明）中國人有關五種元素的理論是什麼？

杜維明：這也許應該說是五個階段，而不是五種元素。它們是動態的，是轉變的過程，而不單是離散的元素。它們也是從一種叫做「道」的概念中出現的，而「道」是無法形容的，人們不能完全理解它，它卻似乎在源源不斷地提供潛在的各種可能性。

達賴喇嘛：這很接近「佛法」，即靈性的路徑，是不是這樣？

杜維明：完全正確。

達賴喇嘛：中國人的理論和他們的靈性修行及靈性宇宙觀有深刻的聯繫，而佛教的空間理論以及從中引出的元素，是純粹物理學的描述。它是佛教物理學而不是佛教神性論，也不是靈性修行。

杜維明：對它的理解來自於冥想，並且是在主體間得以證實的對最終實在的理解。這種物理觀和很多很多靈性修行方式緊密聯繫。

時間和空間的冥想經驗

達賴喇嘛：佛教在討論時間和空間的時候，有兩種不同的感知。我剛才講述的是佛教經文中的一種，是關於物理宇宙本質的純客觀理論；所謂客觀是說，沒必要在冥想狀態下去經驗它，它就在那裡。

還有一種經驗或現象是從冥想轉變了的心智力量中出現的，沒有冥想它們就不存在。如果你用各種冥想修行強化了你的心智，在你的冥想洞察力成熟的時候就出現了某種實在。舉例來說，在一些佛教經典中討論過，修行者在高度冥想的狀態中能夠感受到億萬年時間收縮為一個瞬間，也能體驗到一個瞬間被延伸為億萬年。從第三者的角度看，修行者體驗到的億萬年似乎只是一瞬間。這種現象是主觀的，只有冥想者才有這樣的體驗。從我們的個人經驗來看，我們發現，如果我們好好睡了一覺，比如說睡了五個小時，我們醒來的時候覺得我們只睡了五分鐘。

在佛教中，這樣的探討經常分成三個部分。一是實在以本身呈現。二是建立在實在本質上的靈性路徑展開模式。三是這路徑得以實現的描述。這樣的劃分似乎表明，對佛教徒來說，非常重要的是把可以在主體間得到證實或否定的實在，同冥想者自己的認識區分開。冥想者自己的認識可以是個人獨有的，而不是在主體間共有的。不要把不同類型的探索混在一起。著名西藏思想家宗喀巴[4]

4　譯注：宗喀巴（1357-1419）。宗喀巴是藏傳佛教一代祖師，格魯派創始人，被認為是文殊菩薩的化身，重要論著有《菩提道次第廣論》、《密宗道次第廣論》。

說過，除非我們非常清晰地區分這兩者，否則我們在理解實在的本質時將會非常混亂。在當代科學背景下進行的有關實在之本質的討論，都應該歸入上述第一類的探討。

　　圍繞著使用「實在」這個詞而引出的問題，在佛教的討論中你可以談論實在，也可以談論狀態。這並不是我們對狀態的概念本身有什麼問題。問題是作為一種固有實在的狀態的概念。只要我們意識到這種危險性，意識到我們是在一種相對意義上使用語言，那麼我們就沒有什麼困難去使用這些詞。我們接受狀態字面上的意義，但是不對它們作具體的刻劃。

在佛教中，涉及實在的本質有兩三種探討方式，非常重要的是不能把它們混在一起。例如一般的科學探討涉及空間、時間、能量、電子、光子等等，組成第一類的探討方式。我們根據經驗對世界做出推理，把握住如光子和電子這樣的實體。在佛教中，與此相比較的是涉及時間和五種元素的探討。但是佛教拒絕賦予這種探討的對象任何固有的現實性，不管它們是電子還是水元素。佛教把它們作為一種名義上的性質，或者用阿蘭・瓦萊斯的話來說是常規性的。這不是拒絕使用這些概念，也不是否定它們的「相對」現實性，而是認為它們沒有固有的存在。

　　達賴喇嘛將這樣的探討和另一種更緊密聯繫經驗的探討相比較。我們透過我們的感覺來體驗存在，但在亞洲的冥想傳統中，有一種很普遍的靈性修行是為了轉化心智和經驗，這第二種探討方式就是基於經驗者或冥想者的個人經驗。因為經驗依賴於修行者的成

熟和功力，它們很可能是他或她所特有的——達賴喇嘛使用「冥想者所特有的」這一說法。杜維明根據中國哲學的視野，提出冥想認識可以在主觀間得以肯定，這就使之超出了純粹的個人經驗。

在西方科學和哲學中，我經常感受到，不同種類的探討確實是混雜在一起而沒人予以留意。我們物理學家相當隨意地談論各種理論上的實體如光子等。這樣做固然非常實用，但我們一般來說並不希望我們從字面上理解對它們的表述；我們知道在我們不得不談論「實在」的時候必須非常謹慎。有些科學哲學家（例如反現實主義〔antirealist〕哲學家）走得更遠，否認物理學的理論實體的現實性。在科學家和科學哲學家中，涉及理論實體的現實性，有很多思想流派。我們在討論會的第三天還要回到這個議題上來。這第二種科學探討方式有更為經驗性的特點，與觀察更接近。持這種立場的也有很多版本，安東・翟林格是物理學家中經常接近可觀察對象的物理學家的良好範例。佛教顯然認識到這兩種探討方式——理論的和觀察的——各有其價值，對兩者都很重視，而不是試圖要把理論具體化，或者貶低主觀經驗。

空間和時間的起源

下午茶休以後，我們繼續開會，討論佛教和西方天體物理學中空間和時間的起源。安東・翟林格開啟這場談話，講到有一種宇宙學模型，在這個模型中時空是在早期宇宙的生成過程中出現的。

　　安東・翟林格：有那麼一些物理學家，包括我自己在內，相信空間和宇宙是一起出現的，相信宇宙一開始非常小，這個非常小的宇宙定義了自己的空間。當宇宙變得越來越大，空間也越來越大。如果宇宙再次坍塌，空間將再次消失。從這個觀點出發，我們不需要「空間作為先決條件而存在」這樣的概念。

　　達賴喇嘛：在佛教的框架裡，我們有一個循環的宇宙，它和多重大爆炸的思想是一致的。但是你需要有一些東西在那裡使大爆炸能夠發生，這就是空間粒子。從空間粒子產生了活動力、動力能量和氣元素。由此產生了熱能量，也許這就是大爆炸發生的時候。但如果在大爆炸之前沒有一點點空間，如果空間的形成和大爆炸是同時發生的，隨著宇宙增長而空間在增長，那麼自然而然的問題是，是什麼催生了大爆炸，什麼使大爆炸發生？

　　喬治・格林斯坦：這是一個關於科學觀點的問題，還是一個在佛教框架內的問題？

　　達賴喇嘛：這個問題在佛教框架內是這樣回答的：空間粒子是宇宙產生的根基，是由業力（karma）催生的。

這時候阿蘭・瓦萊斯插進來解釋，達賴喇嘛在別的場合說過，空間粒子是由有情眾生的業力催生的，這將它們引進了認知事件的範疇。尊者隨後轉向安東・翟林格，向他提出了問題。

　　達賴喇嘛：如果在大爆炸之前你還沒有空間，那麼是什麼催生了大爆炸，它是從什麼東西中發生的？

安東・翟林格：我的觀點是，宇宙越小，那裡面發生的事情也越少。所以發生這事情所需要的空間也很小。最終你要問的是，什麼地方開始出現奇點？在物理學中，我們所說的在此之前發生了什麼都只是猜測。我們不該對它鑽牛角尖。存在著多重大爆炸的思想也只是猜測，一點證據也沒有。我對於一個大爆炸或者多重大爆炸都沒有偏向，因為這兩種說法都沒有證據。

安東顯然很謹慎，不願意做純粹的猜測，而達賴喇嘛繼續將推理邏輯應用於圍繞著大爆炸的極端條件。阿蘭又一次插進來討論，就循環宇宙的假設提出進一步的問題。

阿蘭・瓦萊斯：如果情況變成在宇宙中有了足夠的物質，使得宇宙最終開始收縮，那麼你就有了相當的經驗依據說存在著宇宙的循環。

戴維・芬克爾斯坦：不，你會有足夠的經驗依據說宇宙收縮，當它到達崩墜的狀態時，你仍不知道後面將發生什麼。

阿蘭・瓦萊斯：但是這時假設有一個大崩墜發生是完全可行的，然後很可能是另一個……。

喬治・格林斯坦：可行性和知識不一樣。你沒有得出任何結論的根據。你沒有根據來排斥它，也沒有根據來接受它。

阿蘭・瓦萊斯：當然，我是新手，但我老是聽說如果宇宙中有足夠的物質使得崩墜發生，這將導致循環的宇宙。難道你連這個都不說嗎？

喬治‧格林斯坦：還有另一種可能性，可能宇宙已經存在了無限長的時間，開始收縮並導致崩墜，然後開始膨脹，如此無限地進行下去。而這個大崩墜就是大爆炸。

阿蘭‧瓦萊斯：尊者有一個非常直截了當的問題。

安東‧翟林格：直截了當的問題總是危險的問題。

宇宙：無限或有限

達賴喇嘛：你發展出越來越強大的望遠鏡，於是可以看到幾十億、上百億光年的遠處。你可以看到一百五十億光年之外的星系，是這樣嗎？你看得越來越遠，越來越多。但是從經驗來說，你看到的不僅是你無法看得更遠，而且還是看到更遠的地方沒有星系了？

尊者的這問題使我們面對宇宙是有限的還是無限的問題。佛教顯然偏愛由許多不斷生滅的「世界體系」所組成的無邊無際宇宙。這個問題將成為我們第四天會議的中心問題。

達賴喇嘛：如果你能夠看到在某一點之後就不再有更多星系了，這就意味著宇宙的有限性，不管它是多麼大。如果是這樣，那佛教徒就有麻煩了。佛教主張有一個名副其實無限的宇宙。當佛教談論一個循環的宇宙演化論的時候，是在談論一種可以類比大爆炸、宇宙演化、大坍縮、回歸虛空的空間，然後整個過程再次重複的東西，但這並不是指整個宇宙。佛教徒說的不是宇宙中的一切，

而是指一個世界系統。也許可以類比於一個星系或者一個星系簇，它只是宇宙的一部分。所以，即使某個世界系統瓦解了，在宇宙的另一面的某個地方，另一個世界系統同時也在產生。這樣的演變會無窮地繼續，它們之間沒有同時性。

喬治・格林斯坦：連續地生成。這是恆星的形成方式。這確實在發生。我們可以看到它在發生：恆星從形成到最終的爆炸或坍塌。新星形成和爆炸，它們互相之間沒有同時性，就像您所描述的那樣。

達賴喇嘛：我在前面講到了星系而不是一顆恆星或太陽系，因為在佛教中使用的詞是指成千上萬重的世界，或者說幾十億重的世界系統。假設一個世界系統是指有個太陽的系統，那麼整個世界的合理解釋是有幾十億個太陽系，一種可以與星系相比擬的東西。在幾十億重的世界系統中，幾十億個系統一起從中產生。一般來說，它們一起產生，一起發展，一起瓦解，雖然不是絕對的同時。另一方面，還存在著無窮多個其他的幾十億重世界系統，它們之間的演變不是同時進行的。如果它們恰好處於同一階段，那是純粹的巧合。在佛教密宗中，他們不僅談論幾十億重世界體系，還談論它們的群簇，即幾十億個幾十億重世界，然後是幾十億個這樣的群簇。所以，在佛教中，你不僅有星系，而且有星系群，還有巨星系群。

喬治・格林斯坦：它們自己都處於這樣無止盡的演變嗎？沒有一個總的開端嗎？

達賴喇嘛：確實如此，沒有一個總的開端。

安東・翟林格：一個幾十億重世界系統是從哪裡生成的呢？

達賴喇嘛：空間粒子。

喬治‧格林斯坦：就是說，不是宇宙從空間粒子中產生，而是星系從空間粒子中產生。

達賴喇嘛：空間粒子也可以看成是以前的星系留下的殘存物。當佛教徒說到「宇宙」的時候，他們不是指特定星系，而是指無窮的總體。藏語中說到宇宙的用語，意思是「經歷變化和轉變的東西」或者「會瓦解的實在」。這是宇宙這個詞的詞源學意義。

安東‧翟林格：剛才尊者您說到幾十億重世界系統，看起來好像佛教早就知道恆星就是另外的太陽。是不是這樣？他們在西方人發現這一點之前就知道了嗎？在西方這可是一大發現。

達賴喇嘛：當你談論佛教宇宙學的時候，你必須考慮兩個相當不同但是並非截然區分的學派。其中一個是阿毗達摩的宇宙學體系，其中討論了我們所在的星系。它也給出了從地球到太陽和月亮以及其他星體的距離的精確數據，還有太陽和月亮的大小。問題是，從現代科學觀點來看，這些測定數據是錯的。例如，太陽只比月亮大一點點，而且它們和地球處於相同的距離。這些數字錯得離譜。當然，這位西元 5 世紀的經文作者沒有任何望遠鏡，不過他的眼力可能也相當模糊。（*這個評論引起哄堂大笑*）

喬治‧格林斯坦：這些距離是哲學性地確定的，還是透過某種觀察？

達賴喇嘛：世親菩薩[5]很可能是根據他當時的天文學家和占星

5　譯注：世親菩薩是西元 4、5 世紀佛教瑜伽行唯識學派的僧人。

家都同意的觀點得出這些數據的。問題的要害是，佛陀本人和他以後的追隨者都沒有把建立物理宇宙圖像放在首位，他們只是在邊緣做這樣的工作，而當他們這樣做的時候，是根據當時流行的觀點來做的。他們首要想做的是理解受苦的真相本質，也就是痛苦的來源、痛苦的終止，以及終止痛苦的途徑，即四聖諦。這是他們真正關心的事情。正是出於這樣的關心，他們也關心空性的實在。通過理解空性的實在來轉變人的心智，使人原有的錯誤認知得到糾正。我們佛教認為，愚昧——即對終極無知的錯誤概念——是痛苦和過錯的緣由。為了改變這種狀況，我們必須發展出正確的空性觀。

宇宙中其他地方的有情

在這個星期會議稍後，我們簡單交換了有關世界系統和宇宙中有情生命的存在問題。我將那個討論插在這裡，以避免對話內容分散。

安東・翟林格：尊者，當我們談論成千上萬的世界系統的時候，阿蘭提到您計數的是有生命的世界系統。是這樣嗎？佛教是不是相信外面真的有活著的系統？

達賴喇嘛：噢，是的。

安東・翟林格：有很多很多活的系統嗎？

阿蘭・瓦萊斯：當他們談論幾十億重世界體系的時候，他們不把沒有有情生命形式居住的世界系統計數在內。只把那些有有情生

命的系統計算在內。

安東・翟林格：有情生命形式是怎麼定義的？

達賴喇嘛：舉例來說，有情生命包括演化過程中的各種動物和人類。當然，可以是由不同物質構成的不同種類的生命體。根據佛教的定義，有情眾生是能夠感受痛苦和快樂的生命有機體。但在上一次心智與生命討論會上，我們經歷長時間的討論，最後達成的一般性共識是，至少在地球生命中，有情眾生可以定義為能夠用自己的力量移動的生命有機體。即使是一個細菌，如果它能移動，它也屬有情生命。

喬治・格林斯坦：那麼一棵樹呢？

達賴喇嘛：一棵樹是一個生命，但不是有情生命。

阿瑟・查恩茨：有情生命是否總是實質性的物質之存在？

達賴喇嘛：根據印度教和佛教共同的東方思想，除了生活在所謂欲望領域和情感領域的物理生命外，還有整整一類有情生命是生活在精細形式的領域，它們不是粗實的物理性生命。它們出生、生活、死亡，但是沒有粗實的物理性身體。此外，還有一種無形體的領域，這是一些無形體的有情生命，它們有出生、生活和死亡，但是完全沒有物理性的形式。而且，這些領域還互相滲透。即使在地球這個行星的物理世界裡，我們有有形領域的生命也完全可以想像無形領域的有情。在東方思想中，下面這三種存在的維度是被廣泛接受的：我們能看到的情感領域、有形的領域，以及無形的領域。

當然，現在流行的外星生命迷人的標準景象，是稀奇古怪的外星人來與地球上的人類接觸。但是從佛教觀點來看，即使在我們這

個世界系統中也有各個不同領域的有情生命，我們認為或許可以對這種現象做出更多的解釋，否則就會是很神祕的事情。雖然我們還沒有完全具說服力的科學證據證明外星人來到了地球，但有很多人說他們經歷了非常奇怪的事情。這些人看上去是完全正常的，他們所說的事情似乎沒辦法用標準的科學規範來解釋，但是佛教認為這些人說的事情值得認真對待。什麼事情都是有可能的。

在這一天的討論中，讓我印象最鮮明的是達賴喇嘛不厭其煩地對空間、時間、宇宙的演化等問題進行的邏輯分析，以及他舉例說明這些問題的方式。實驗物理學家如安東·翟林格和我都有一個特點，即不願去思考揣測數據之外的東西。但是，經常有這種情況，特別是在宇宙學中，往往缺乏相關的觀察，甚至不可能進行觀察。所以，理論天體物理學的方法，就類似於佛教所使用的方法，極大地依賴謹慎而前後一致的分析，這種分析得出的結論經常超越了顯而易見的觀察。這樣的相似性最令人震驚的是有關早期宇宙的認識，現在已被天體物理學界廣泛接受了。
　　我無法不注意到達賴喇嘛的觀點和當代天體物理學家如麻省理工的阿蘭·古斯（Alan Harvey Guth）[6]和史丹福的安德烈·林德（Andrei Dmitriyevich Linde）[7]所提出的「永恆的、離散的、膨脹的宇宙」之對應。

6　譯注：阿蘭·哈維·古斯（1947~），美國理論物理學家、宇宙學家，麻省理工學院教授，宇宙學中膨脹模型的創立者。

7　譯注：安德烈·德米特里耶維奇·林德（1948~），俄裔美國理論物理學家，史丹福大學教授，膨脹宇宙理論以及永恆膨脹和膨脹多重宇宙論的主要作者。

達賴喇嘛提出一個無限的宇宙，其中有「幾十億重世界系統」在演變。也就是說，他想像有很多平行的宇宙空間，就像我們身處其中的那個一樣，各自按照自己的規則運行。現在天文物理學家提出的膨脹宇宙模型也蘊含著無窮多個子宇宙，它們從量子真空的起伏中爆炸而生成數量極大不同的小宇宙。這些是我們自己的小宇宙的表親，卻是我們無法直接觀察到的。可是，天文物理學家已經提出很多間接而依據於觀察的論據，來支持早期宇宙的膨脹過程，比如使用宇宙背景探測衛星（COBE）所提供的數據。

然而，比起佛教和西方關於早期宇宙的認識令人驚奇的相似性更重要的是，在這兩種傳統之間，提出的問題和把思想視為一種認識手段的信心是完全相同的。理論家安德烈・林德曾在一篇文章中對膨脹模型提出問題：「首先，主要的問題是大爆炸的存在問題。你會想，在此之前是什麼？如果那時時空還不存在，所有一切怎麼可能無中生有地出現？是什麼先出現？是宇宙先出現，還是決定其演變的法則先出現？」這就像達賴喇嘛向我們提出的問題一樣。天文物理學家使用巨大的望遠鏡、用粒子物理學和愛因斯坦廣義相對論，來決定他們對此的回答。而佛教宇宙學的基礎，是建立在非常精心的思考和對外部世界及內在世界的仔細觀察的出色能力之上。

5
量子邏輯遇見佛教邏輯

　　現代物理科學的嚴謹數學基礎是每個人都熟悉的。在印度佛教史上，像今天這樣熱衷於邏輯和哲學的情況很久以前就曾出現。佛教的兩位邏輯學家陳那菩薩[1]（公元 5 世紀）和法稱菩薩[2]（8 世紀）都寫了有關邏輯、三段論推理的規則，以及得出正確結論的分析方法的論文。今天人們仍在學習這些論文，就像我們學習柏拉圖和亞里斯多德一樣。幾百年來佛教僧侶在課堂上進行邏輯訓練，也透過對這些課文及注釋進行辯論來進行學習。在陳那菩薩和法稱菩薩的時代，王室的資助（因此涉及整個寺院的生存）取決於佛教僧侶和印度教婆羅門公開辯論的勝負結果。辯經直到今日仍是寺院訓練的中心部分，每個僧侶可能經歷長達幾十年的辯經練習，運用越來越高級的方法和越來越困難的論題。

1　譯注：陳那菩薩為西元 5、6 世紀印度佛教高僧，瑜伽行唯識學派世親論師的門徒，除了宣揚其師觀點，也改革了佛教因明學，並創立三支因明，即新因明。與其師世親、再傳弟子法稱共為二勝六莊嚴之一。
2　譯注：法稱菩薩為西元 7、8 世紀的印度佛教高僧，相傳為陳那的再傳弟子。宣揚唯識宗與因明學，著有佛教邏輯學的《因明七論》。法稱曾任那爛陀寺住持，為二勝六莊嚴之一。

　　在藏傳佛教的很多流派中，達賴喇嘛獲得訓練的格魯派和這樣的訓練方法最為接近。在他的自傳中，格魯派高僧熱登格西（Geshe Rabten）[3]這樣說：

　　邏輯學習訓練心智進行精密的推理，從而以後可以學習偉大的經典。透過這樣的方式發展智能和分析能力後，一個僧人能夠運用二十或三十種邏輯方法來分析經文中的每個重要論點。就像猴子能在茂密森林的大樹之間自由地蕩來蕩去，我們的心智也必須非常靈活而柔軟地去理解經典中概念的深度。

　　在會議第二天的討論中，對量子物理學和宇宙學進行謹慎推理和邏輯分析的重要性已經十分明顯。達賴喇嘛提出量子現象流行邏輯的問題：這種邏輯和亞里斯多德的邏輯或法稱菩薩的邏輯是相同、還是不同的？特別是，在量子力學中排中律仍然成立嗎？在最後一天又一次討論了這個問題。我把這兩次討論放在一起。

　　阿瑟‧查恩茨：在茶休時，我們有一個討論，談到寺院中的佛教邏輯訓練，拿它和經典物理學和量子力學中用的邏輯形式做比較。現在我們談談這個話題好嗎？

　　達賴喇嘛：在佛教邏輯學中，我們經常談到一個現象具有某種本質但有不同說法。例如，安東可以被視為某個女士的兒子，他又

3　譯注：熱登格西（1921-1986），藏傳佛教格魯派著名高僧。

是某個孩子的父親。某個孩子的父親和某個女士的兒子具有同樣的本質。但現在有兩個說法，用不同的術語來說同一個實體，取決於上下文的需要。在物理學中有類似的結構或分別嗎？同樣地，我們說兩個現象互斥，它們各自有自己的本質。如果某個東西是 A，就不可能是 B。如果是 B，就不可能是 A。沒有第三種可能。這個邏輯貫穿佛教邏輯學和認識論。在上一次心智與生命會議上，曾提出排中律是否還成立的問題，在那個時候，科學家的回答是排中律其實已經不能成立了。那時提出的理由和今日給出的理由很不一樣。今天上午到現在為止的討論還沒有清楚說明排中律不能成立，甚至還沒有挑戰它。

量子疊加和排中

阿瑟・查恩茨：我能不能先走一步談談排中律的問題。這兒是我們今天上午用過的方解石晶體，還有兩個玻璃杯。在經典思路中，我們可以說，我可以把晶體放在這個杯子裡，或是我可以把晶體放在另一個杯子裡。我不可能不把晶體打碎而同時放到這兩個杯子裡。這看起來在邏輯上是不可能的。

但是，如果我現在拿的不是一塊晶體而是一個電子──一個量子粒子──我不僅可以把電子放在像這個杯子一樣的東西裡，也可以放到第二個杯子裡，但我還有一個新的可能性。我可以把電子置於一種模稜兩可的狀態，那是非經典的、很難想像的狀態。我們將其稱之為疊加的狀態，在那個狀態中，你可以說單一物體在兩個地

方，那是用正常語言難以描述的。這是一個實驗事實，單一電子，而不是分成兩半的電子，在某種意義上是在兩個杯子裡。這不僅僅是一種說法或是一種任意的約定，因為這是有專門的實驗結果的，即一種特別而模棱兩可的，我們稱之為疊加的狀態。

達賴喇嘛：這個電子是單一瞬間同時在兩個地方嗎？

安東·翟林格：也許我應該做一點說明。準確的說法不是電子同時在兩個地方，而是它到底是在這兒還是那兒，這件事情模棱兩可。完整的量子描述包括這兩種可能性。我們是說電子是在兩個地方的疊加狀態。我們不確切知道那是什麼地方，但要緊的是，其他新現象服膺於這種模糊性。這和我說電子肯定在這裡或肯定在那裡的情況不一樣，我就是不知道在哪兒。這可以說是一種主觀性的無知。但在疊加狀態下，你不可能說出它在這裡還是那裡。我們不得不把模糊性留在那裡，讓新的現象出現。

阿瑟·查恩茨：新的現象，以及新的實驗結果，似乎是這種模糊性的後果。

安東·翟林格：其中之一就是尊者您昨天看到的干涉模式。

達賴喇嘛：當你說這個疊加狀態，不只是說它可能在其中任何一個地方，是不是這樣？

阿瑟·查恩茨：您問的是不是說它可能是在這裡，也可能是在那裡，但我們不知道？我們現在談的不是這個問題。

達賴喇嘛：那麼是什麼呢？

阿瑟·查恩茨：這是一種不可能描述的狀態。

達賴喇嘛：到現在為止我聽來聽去就是說這是無法形容的！

尊者的話又引起了哄堂大笑。但事實上，量子力學的很多創建人確實相信，量子疊加這個量子力學最核心的神祕是無法描述的。他們覺得，語言是在正常感官經驗基礎上發展出來的，可是量子現象已遠遠超過我們在宏觀感覺世界裡遇到的事情。所以他們說，永遠也不可能用日常語言來說明量子疊加的正規數學處理。

　　懷著要把量子力學的模棱兩可之處說清楚的希望，戴維回到他的偏振鏡實例上。他舉起他的兩個偏振片，比較了兩個偏振片垂直的情況和偏置的狀況，這是量子疊加的又一實例。戴維是量子邏輯領域的原創貢獻者，為了說明邏輯法則在量子物理學中必須加以修正，他做了精心的準備。事實上，如後面將演示的，量子理論要求我們放棄分配法則，但戴維也討論了純數學的某些發展。特別是庫爾特・哥德爾（Kurt Gödel）的不完備定理對形式邏輯有深遠的影響。

　　談到量子疊加的意義，戴維開始了他的討論。

　　戴維・芬克爾斯坦：排中律並沒有被推翻，對此有一些重要的研究。曾經有一度哲學家賴欣巴哈（Hans Reichenbach）[4] 認為排中律被推翻了。這是在量子理論的早期。費曼很快就糾正了這種想法，並證明這種奇怪的情況是分配律失效了。排中律的失效和分配律的失效都會導致不完備。事實上，這是本世紀邏輯學的主要變化，但是這兩者之間沒有關係。

4　譯注：漢斯・賴欣巴哈（1891-1953），德國哲學家。出生於德國漢堡，科學哲學的先驅、柏林小組的創始人、邏輯實證主義（邏輯經驗主義）的支持者。

邏輯系統的不完備性

達賴喇嘛：你是不是認為邏輯的本質就是它永遠不可能是完備的？

戴維・芬克爾斯坦：是的，有兩個理由。最戲劇性的也許是哥德爾提出的不完備性，即一個足以表達算法的邏輯系統不可能是完備的。特別是，它不可能回答有關自身一致性的問題。這似乎是從自參考的問題中產生的不完備性。在一個形式系統中，你不可能完全瞭解你自己。

達賴喇嘛：這有點類似佛教認識論裡的一個問題：對客觀世界的驗證往往是根據對認知的驗證。然後就產生了一個問題：怎麼去驗證認知、驗證知識？只要你還沒有發展出一套包括兩者互相驗證或互相依賴的認識論系統，你就需要別的驗證手段。因此，有些佛教認識論開始讓一種觸類旁通的能力介入認知事件，就是在認知的同時伴隨著一種觸類旁通的能力。

戴維・芬克爾斯坦：有一些關於數字的命題，你可以相信它們而不至於自相矛盾，你也可以否定它們而不自相矛盾。如果「真」代表可證明的，那麼它們既不是真也不是假。所以需要一個沒有排中律的邏輯系統。這樣的系統由荷蘭數學家魯伊茲・布勞威爾（L. E. J. Brouwer）建立[5]，叫做直覺邏輯學，它在計算理論中非常重要。布勞威爾非常關心一個數學陳述為真到底是什麼意思。他堅持認為，這個意思歸根結底是，你可以在你的直覺中清楚且完全地感知到它。例如，他不滿足於用證明否認某種東西存在會導致矛盾的方

法[6]來證明其存在。因為那樣做並沒有告訴你那是什麼。

達賴喇嘛：那麼，這是不是說物理理論正在更接近常規語言，而以前的物理學是相當抽象的，和尋常的說話有相當距離？我想說的是，長久以來人們假設有些東西是絕對存在著的。你先設定它存在，然後試圖去理解它的本質。只要你認為它存在，你就感到你能達到某種確切的真理──它是黑色的，或者它是白色的。它是 A；它是非 B。但現在你尋求它的本質而找不到它。透過精細而微妙的分析，你達到了某個點，整個實在的觀念都變成問題了。而且你意識到，在 A 和非 A 之間，沒有我們在經典邏輯中想像的區分。然後你就開始越來越欣賞我們語言的很多用法，當我們談論某些事情時，在某種意義上，我們使用的語言更多是出於便利，而不是直接指向該事情。

戴維・芬克爾斯坦：我不會說便利，而是會說相對。

達賴喇嘛：在佛教中叫做緣起或互相關聯性。

戴維・芬克爾斯坦：我想，人類大多數是生活在一個川流不息的世界裡。三百多年前，物理學家在這條河裡碰到了一塊石頭，他們全都爬上了這塊石頭。他們在這塊石頭上待了三百年。現在我們必須和所有人一起登上一條船了。

5　原注：魯伊茲・布勞威爾（L. E. J. Brouwer）在 1912 年前後創建了數學中的直覺主義學派。

6　原注：即反證法。

普遍性和不可區分性

戴維・芬克爾斯坦：和這個問題有關的還有普遍性概念或某種一般性是否能成立的問題，你能否談論和獨特性對立的普遍性。例如我們談論這支筆，以有別於那支筆。於此同時，我們始終認識到這兩支筆的共同點，這說明我們有某種關於普遍的筆的概念。問題是這個普遍的筆是否成立，或只是我們使用的便利分類？當然，如果我們要尋找一個普遍的筆，它能夠涵蓋這兩支筆，那我們是找不到的。同樣地，如果我們要尋找量子物理學中的一個特殊的點或者隨便什麼東西，也是找不到的。於此同時，參考「筆」這個名詞是可以成功的，不帶任何特定指涉，這也是我們感知和概念的目標。

物理學中對普遍性的理解是什麼？諸如電子和光子這樣的說法僅僅是便利的概念分類，還是有真實的參照？就像在印度和西藏一樣，科學家和西方哲學家在這個問題上的辯論，以唯名論（或相對論）對唯實論（現實主義）的名義進行了幾百年。我們完全知道「筆」這樣的實物現象存在，但是不是有「筆本身」這樣一個東西，和特指的筆之專門外觀相區別？另一方面，很多科學家（無疑地，還包括多數科學哲學家）迴避簡單的形而上學現實主義，即認為實在的某個方面比我們的世界更根本，超出了所有的主觀經驗。但多數科學家有一種樸素的物理實在感，而且認為他們不只是在用人工構築的概念玩語言遊戲。不，科學家總體來說認為自己是在發現自然的真理，而不是在發明它們。多數科學家是謹慎的現實主義者，但他們錯了

嗎？唯名論和唯實論的兩難在藏傳佛教裡是用第三種思想，即中道哲學來解決的。在西方的討論中，基本上是沒有中道思想的。

可是，我想站在這個辯論之外做一點更基本的評論。在我看來，成熟的經典物理學可以在純粹唯名論的框架內來理解。在實驗室裡，我們經常接觸到質量、速度、方向等等，當我們使用點質量的抽象概念、慣性動量的概念諸如此類的概念時，我們不給它們以超出現象之上的本體論地位。我們把它們視為方便的概念產物。可是，現代物理學中有另一類常用概念，在我看來值得更多注意，它們可能是普遍性概念。我們來看電子的概念。像電子這樣的粒子的「不可區分性」是量子物理學的基石。這就是說，不存在某種固有特性使我們可以用來將這個電子和那個電子區別開來。當然，電子可以處於不同狀態，但電子們自己是互相不可區分的。給定兩個電子，如果我將它們替換一下，沒有任何實驗觀察能夠發覺這個變化。這個事實具有非常深刻的物理意義；將分子聚合起來的共價結合就是由於這種交換簡併。同樣地，我們早先談到 EPR 效應的所有神祕性，都是建立在不可區分性的原理之上。沒有這個原理，世界就不是我們所知道的那樣存在著。

世界上每一支筆或多或少都在某個方面區別於其他的筆。但在量子理論中，每個電子都和其他所有電子完全一模一樣。所以，我們難道不應該說，這種大自然的深刻對稱性反映了物理學認識到的一種普遍特性？即使在原則上也不可能維持對特例的知曉時，難道我們不該給普遍性以立足之地嗎，尤其是其後果是如此地戲劇性？不幸的是，我們這次沒有直接討論這個話題，不過我們確實從佛教

形而上學的爭論中學到了一些東西。

　　達賴喇嘛：在佛教中，存在著兩個認識論系統之間的張力。其中一個出自於唯實論學派，判斷一個認知成立的標準是某種真實存在的實體。你決定一個認知是否成立，是根據它和某個真實存在的絕對現象的關係。另一個認識論系統是中道觀點，它的思路是排斥任何固有實體或任何類型的絕對實在的可能性。在這個系統中，判斷一個認知是否成立的標準，不是根據絕對而真實存在的現象。

　　問題在於，如果沒有任何外在的、對真實存在物的獨立參考，你怎麼區分認知是成立的還是不能成立的？既然你沒有任何絕對的參照，就不能有符合實在的理論。有兩個方法來處理這個問題：如果你有一個認知，它沒有被另一個有效的認知所否定，那麼你可以說它能成立。或者，你發現認知經過非常小心的批判分析，深入到實在的本質之中，而沒有被推翻，那麼它就是站得住腳的。

符應論[7]主張，認知能成立的條件是，認知對象符合一個真實存在的實體（一個絕對參考）。以這樣的方式，經驗和實在之間建立了某種對應。這時達賴喇嘛和藏語譯員進行了長時間的討論。

　　阿蘭·瓦萊斯：我對尊者說，這裡似乎有疑問，因為在第一

7　譯注：符應論（Correspondence Theory of Truth）是某些哲學家對命題是非的看法，符應論主要認為一道命題的是非決定於那命題是否與事實相符。

個情況下，一個認知能成立是因為沒有被另一個已成立的認知所否定，問題是你怎麼知道那是一個能成立的認知，還是不能成立的認知？很多人也會一起持有錯誤的認識，互相支持，但他們的認識仍然是錯的。這是怎麼成立的呢？

相對主義和唯實主義之間

達賴喇嘛：一旦你離開真實存在的外部世界或內部世界踏實的認識論，那麼你唯一的辦法是發展出一種主觀和客觀相互依賴的認識論系統。這就是中觀論的基本方法：在某種意義上，客體的現實性是由認知來證實的，而認知是由客體的現實性來證實的。你不能把兩者完全分隔開來。它們是如此緊密地糾合在一起，你可以說，談論認知的正確性而不參考客體的現實性是沒有意義的。同樣地，談論一個客體的現實性而沒參考已被證明正確的認知，也是沒有意義的。

阿蘭・瓦萊斯：這裡有一個自我證明的問題。

達賴喇嘛：沒有發現某物和否定某物存在，這兩者是有區別的。經過細緻的分析，你雖然沒有發現你要考察的物體，但這並沒有否定該物體本身的存在。這裡中觀論轉而尋求習慣，也就是約定俗成的支持，而這本身是成問題的。和一個受考察的客體相關，可能有很多種不同的約定俗成。

例如，我們約定俗成這是一個杯子。這不是一個終極性的陳述，但我們都同意這是一個我們稱之為杯子的東西。即使有人提出

異議，說這是別的什麼東西，這個異議也會輕而易舉地被推翻，因為我們對它的感知和知識都說明這是一個約定俗成的杯子。可是，阿蘭曾舉出納粹德國的例子，在 1930 年代的德國，很多德國人有一種群體性的錯誤認知，認為所有的經濟問題都是猶太人造成的。

阿蘭·瓦萊斯：很多人互相支持這種觀點，但他們都錯了。不管有一萬人還是一千萬人，實在的本質不是由投票來決定的。

達賴喇嘛：在價值判斷的情況下，人們根據的是另一種約定俗成。納粹德國時期認為經濟問題是猶太人的罪過之說法，不是一個價值判斷。這是一個關於現實的錯誤陳述，而不是一個價值陳述。純粹的價值判斷是，比如說某類藝術形式是好的，如果很多人同意印象派藝術是好的藝術，那就沒人能否定他們。換言之，價值判斷可以單單依靠共識而確立。對於這一群人來說，這是一個正確的陳述，因為他們就是這樣想的。只是因為很多人這樣想，就認為猶太人造成了德國經濟問題的陳述是不能成立的。這是兩種不同的情況。

邏輯的起源和發展

星期五我們重新回到邏輯問題上來。土登晉巴在完成了藏傳佛教的寺院訓練後，在英國劍橋大學學習哲學，所以他有獨特的佛教和西方哲學兩方面的經歷。

土登晉巴：初看之下，我們可以看到佛教邏輯和西方邏輯之

間有很多不同之處，特別是在用以建立一個邏輯論證的標準方面。在西方背景下，邏輯只和形式有關，而不和內容有關。邏輯在某種意義上完全脫離認識論。而在佛教中，認識論進入了邏輯判斷的驗證。同義反覆的贅述論證在西方語境中是可能成立的，在佛教中就不能成立。但是，佛教和西方邏輯的基本原則是相同的，比如不矛盾原則、同一性原則等等。

達賴喇嘛：我想要弄清為什麼西方邏輯和佛教邏輯似乎發展得稍有不同。是不是因為西方邏輯是在分析物理世界的基礎上發展的，這麼說對嗎？它能夠運用於物理現象，也同樣能運用於心理領域和抽象的複合體嗎？佛教邏輯是可以運用於物理世界，也同樣可以運用於心理世界和抽象複合體的。

阿瑟・查恩茨：這是一個有意思的問題，也許我們可以進一步探討。邏輯分析的基礎是什麼？是不是說邏輯是從經驗世界裡提取出來的，我們可以探討物體和形式，這個世界的特性就刻印在我們的心智之中，所以邏輯分析的規律是由世界的規律來決定的。這是在西方一度流行的觀點，我想亞里斯多德就是其中之一。但還有一些人，他們談論邏輯固有而天生的能力，不管它是來自於我們的生物學有機體或者其他什麼基礎，這種能力是人類繼承得來的，和經驗沒有關係。這是不是可以和佛教傳統中的兩種觀點相比較，或者可以理解為另一種邏輯的基礎？

皮埃特・哈特：與此有關的問題是，透過探究這個世界的物體而發現的邏輯是不是普遍適用的？或者，邏輯法則在各個特定領域有所不同？運用於經典物理世界的邏輯，和人們從感覺世界及物質

存在轉移到更微妙的經驗世界時發現的邏輯是不是一樣？戴維會要求用事實來證明，而這個房間裡的多數人可能在某種程度上都會同意，嚴格地使用經典邏輯不足於理解量子現象的一切。在佛教哲學中是不是有類似的情況，當你的經驗範圍延伸後，某個領域的邏輯不再能完全適用於第二個領域。

達賴喇嘛：我個人的邏輯觀點基本上是第一種，一種後驗立場。我覺得邏輯形式和原則是從我們對感覺世界的經驗中提取出來的。如果你觀察動物，那些非人類的物種，牠們對理性思維和某種邏輯系統的需要是相當有限的，但是牠們能夠利用有限的能力生存於這個世界。一隻貓完全可能進行某種形式的思考，比如什麼是最好的抓老鼠辦法，但是動物大多是和直觀現象打交道，比如貓、地洞、老鼠等等。牠們沒有必要運用三段論和邏輯來滿足牠們的生存、生殖等需要。

但是人類有更複雜的需求，也有更高水平的好奇心。這樣做有極大的益處，也有極大的需求，所以我們具備了滿足這種願望的某種能力。有了好奇心，你就能進入那些隱蔽的現象領域。為此，你必須依賴邏輯和推理。你想要理解的各種不同類型的隱蔽現象，需要不同類型的分析方式：關於功能的分析方式、關於現象本質的分析方式，或是關於依存性的分析方式。它們不僅出於我們對外部物理世界的好奇心，也同樣是由於我們對精神現象本質的探索。在這兩種情況下，你都是在和證據現象打交道，這些現象都和我們的經驗相關。

就是根據這樣的經驗，人們運用了各種類型的探討。例如，兩

個現象是否有共同之處或者是否互相排斥的問題，並不是你憑空夢見的東西，而是你實際觀察到的現象，然後你對這些現象加以概念性地處理。可是，這並沒有否定這樣的事實，也有一些現象是純粹的概念性構想。

土登晉巴：（*在他用藏語和尊者進行了短暫的討論後評論說*）我仍然試圖爭論一個先驗立場，我提出在法稱菩薩的經文裡有一段非常難忘的話，他說，三段論推理的所有組成部分——主體、述語、推理、一致關係、差異關係、矛盾性等，所有這一切都不過是邏輯學家的構想。讓我們舉例說明，我們要論證這個杯子不是永恆的，因為它能被打破。至此為止，作為一個經驗對象，只有杯子這一樣東西在那兒，儘管你說杯子是個主體，非永恆是述語，可以打破是推理。

達賴喇嘛：但即使在這個情況下，你需要一個經驗對象去構築邏輯推理。我以前提到過，佛教的不同流派對實在的本質持有不同的基本假設。如果你取這樣的預設，認定現象是自我定義的，都有它們的固有本質，那麼你就在此基礎上發展出某種邏輯。在這種情況下，在你研究一個能成立的認知，即*因明*（*pramana*）時，你就是在研究邏輯。邏輯推理的想法和推斷是不可分的，它和決定什麼是什麼不是正確的認知標準是不可分的。所以邏輯和認識論在佛教教育中是結合在一起的，佛教教育就是建立在這種現實主義的假設之上。

另一方面，特別是在中觀學派中，認為在對象一方並沒有它自己的固有存在，這意味著所有的外表現象都是虛幻的。而當你說大自然的表象都是虛幻時，這就是說在感覺到的表象和這樣表現出來

的現象之實際存在之間，有著根本性的差別。虛幻意味著這兒存在著謊言：在外表的本質中有些誤導的東西，因為它們不符合現象存在的本質。但即使你以此為出發預設，你仍需要一些標準來決定什麼是、什麼不是能成立的認知。你不會隨隨便便地判斷，說只要你喜歡那就是對的。現在，當你建立判斷認知之對錯標準時，正確認知的一個關鍵形式是推斷，這就意味著你又回到了邏輯。所以你必須有一種邏輯，這種邏輯即使對外觀是虛幻的現象也是要緊的。

因為這兩種邏輯系統在形而上的假設上根本不同，引起了一場重要的爭論，即透過這兩個學派共同的標準能否建立有意義的目標。否定的人會說這完全沒有意義。邏輯論據只能在一致達成的理解基礎上產生，而不是根據互為驗證的標準。對中觀論來說，字面上的和概念上的一致是非常要緊的。對唯實論者來說，沒必要有這樣的一致，你只需要看到實在本身的本質。

另外一點是，在中觀論的系統內有兩個基本分析模式：根本性的和相對性的，它們從屬兩種不同的實在領域。根本性的分析不滿足於表面，而是要深入現象的根本性本質，引導到空性的根本真理。相對性或常規性分析滿足於外表，是對虛幻外表前因後果的分析。科學大部分屬於這個類別的分析，對有機體、細胞、中子等等的研究都是相對性分析，科學並不去探索中子的根本性本質。

佛教邏輯學包括不同種類的推斷以及支持這種推斷的論證。例如，推斷可能是建立在肯定性的三段論上，因為那是什麼所以這是什麼。肯定性的陳述含有一個肯定性的結論。在肯定性論證中，你也有不同類型的推斷。你可能是根據結果來推斷原因，就像在因果

關係中一樣。典型的例子是，我們看見了煙，就能推斷火的存在（也許這個例子是因為藏人總體上來說是牧人，從一個地方游牧到另一個地方，對他們來說，察覺火是非常重要的）。推斷也可以是根據兩個現象具有相同的本質。技術上說，這叫做相同本質推斷，一個典型例子是前面說過的，這個杯子是無常（非永恆）的，因為它是可以被打破的。杯子的無常和可被打破，是杯子本身的同樣本質：這裡不涉及因果和次序。相反地，你可以用否定推理，這是一種推論法，用於否定某個實體，證明它並不存在。對於用否定法的推斷，我們是把因果分析倒了過來。舉例說，如果湖面上夜裡有霧，這霧可能被解釋為煙，但是你可以推斷這不是煙，因為在湖水當中不可能有火。

這樣的推理總是歸因於某種經驗之物。這是你正在處理的可以肯定的物體，或者是你可以想像的不存在的物體。例如我們現在可以想像，桌上沒有一頭大象。我們可以用推斷來說明這裡沒有大象，因為自然世界裡有因果關係。所有這些不同類型的推理總是建立在經驗的某種東西上，而不是孤立產生的。

我想更進一步，來接近土登晉巴關於兩種推理模式的先驗立場。一種是演繹推理，你得出結論這是什麼因為那是什麼。這種推理有點強硬，是在迫使別人像你那樣思維：這個杯子是無常的，因為它是可以被打破的。另一種模式是間接的結果推理，你傾聽別人的立場，然後引導他由此達到他的立場將會得出的結果。就用杯子的無常做例子好了，如果你在說杯子是永恆的，我會說你的意思是，永恆的結果就是它不會打破。所以，這兩種推理模式，結果推理和演繹推理之間的不同是純粹經驗性的嗎？我們是否發現不同的

經驗或不同的現象引出這兩種推理模式？我認為不是。它們更像是對待同樣經驗的不同策略。換言之，它們事實上更像對待經驗的先驗概念產物，而不是由經驗引出的推理方式。

戴維・芬克爾斯坦：當你講到法稱菩薩關於邏輯學家推理的說法時，它蘊含著你提出的問題的答案，關於西方邏輯和佛教邏輯之間的不同之處。當牛頓想要把他的認識擴展到非常小的系統，他就只是把他的行星系統縮小。他說，系統內的所有一切都是非常小的堅硬物，互相碰撞但永遠不變。牛頓模型裡有很多真理，即便到今天還是如此。能量守恆和動量守恆定律是宏觀世界裡成立的定律。我現在試圖記住三十年前讀過的東西，但我回憶起法稱菩薩對宏觀世界說了一些不一樣的話，即佛法的思想。他可能會非常認真地看待亞里斯多德的話，變化的世界裡的一切都有一個實體、或靈魂、或一個單體。他說，這個實體將潛在的東西變成實際存在的東西。

達賴喇嘛：這或許有點像佛法。

戴維・芬克爾斯坦：法稱菩薩說，微觀世界裡的東西經歷產生、生成、傳播、遇到其他東西、互相滅寂，然後獨立地再生。這一論述裡含有微觀世界相當大的真理。這是一個有趣的問題，他是怎麼知道的，他怎麼會這麼幸運？無論如何，它表明了西方的思路和佛教思路的巨大差別。在前者，你是從機械論的真實情況出發；而在後者，你是從精神經驗出發。我想，他們用的邏輯也是如此。有一個簡單的連狗都知道的邏輯，你不必是個人才能夠邏輯地推理。一個著名的哲學家，我記不得是休謨還是康德，描述了他親眼看到的情況：一條狗沿著小路追逐一隻兔子。小路突然分成兩岔而狗沒看

到兔子往哪個岔道跑掉。狗往其中一個岔道追，馬上發現兔子的氣味消失了。但狗沒有返回分岔口，而是抄近路轉到另一條岔道上去追。我們忍不住要說，狗是經過了一番推理，要麼是 A，要麼是 B；既然不是 B，那就必定是 A。如果牠不會這樣的推導，牠就丟了這頓午餐。牠的邏輯不是從自己的經驗教訓得來的，而是從很多代以前就積累的經驗得到的。這種邏輯可能是天生的，是我們的直覺的一部分。這可能是一種自然邏輯。而量子理論的一個問題是，它看上去是不自然的。光子的行為不像兔子那樣。

量子邏輯的新特點

　　這個時候我看到了澄清一個論點的機會，這論點曾使達賴喇嘛和其他很多人在初次接觸量子力學時感到非常困惑。怎樣的情況使排中律在量子力學中得以保留，又是什麼邏輯定律被打破了？圍繞著桌子的幾乎所有人都參與了以下的討論。戴維·芬克爾斯坦和我解釋了量子邏輯的特點，安東·翟林格在空中比劃著，說明排中律為何仍然成立，而分配律在量子領域裡不再成立。我用一個杯子和一支筆開始解釋排中律。

　　阿瑟·查恩茨：尊者，我能不能在這裡說一點重要的事。您在幾個地方說到了排中律。我想要做一點解釋，以保證今天下午結束時您沒有被錯誤的訊息給誤導。

　　如果我只有一個杯子和一支筆，那麼我有兩種可能。筆在杯子

中（稱之為 P），或者筆不在杯子裡（非 P）。筆要麼是在杯子裡，要麼不在杯子裡。這是排中律的一個例子。

達賴喇嘛：從佛教觀點看，如果我們說筆要麼是在杯子裡，要麼是在桌子上，那就有一點問題。你必須說筆要麼是在杯子裡，要麼不在杯子裡，即使我們看到的是筆在桌子上。

阿瑟・查恩茨：是的，我同意。為了準確，我們必須說筆要麼在杯子裡，要麼不在杯子裡。

阿蘭・瓦萊斯：這樣它們是正相反的。

阿瑟・查恩茨：是的。現在我們考慮安東在會議一開始演示的雙縫實驗。當你剛接觸這個實驗的時候，它似乎說明這個定律被破壞了。為了說清楚，我要用一種書寫記號，這是為了說明系統的狀態。在第一個圖（圖 5.1）中，我畫了兩個可能性：一個圖是筆在杯子裡，另一個是筆在杯子外面。我們有的是一個狀態（筆在杯子裡）和這個狀態的否定態（筆在外面）。

如果你來到量子層面上，你可以問，是不是可能用類似的量子語言描述一個光子的狀態？為此，我們必須引入疊加的概念。尊

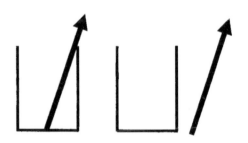

圖 5.1 根據排中律，筆要麼是在玻璃杯裡，要麼是在玻璃杯外。

者，您若以經典語言來看，我們說光子穿過了這條縫，或者穿過了那條縫。我們可以用類似於杯子和筆的例子來標記這兩種情況。

我描繪了雙縫實驗，並用一對杯子來標記這兩種可能性。當左邊的杯子有筆而右邊的杯子是空的，這表示光子穿過了左邊的縫。當光子穿過右邊的縫，圖像就反了過來（圖5.2）。

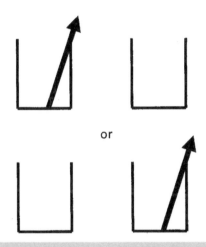

圖5.2 這是經典理論中一個粒子在穿過雙縫實驗時的兩個邏輯可能性。上圖表示粒子穿過了左邊的縫，下圖表示粒子穿過了右邊的縫。

阿瑟・查恩茨：在量子力學裡，我們有另一種困難的局面，即疊加——我們在兩個經典可能性之間用一個加號（＋）來表示。這是一個有限量子態。您可以問，這個狀態有一個非態嗎？在量子力學裡的回答是yes。這個態有一個簡單的非態；它和上述疊加態的

區別就是一個減號（－）。如果有＋的量子疊加態是 P，那麼有－
的不同疊加態，我們稱之為非 P（圖 5.3）

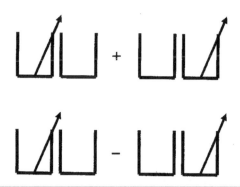

圖 5.3　雙縫實驗的疊加態。左邊玻璃杯裡的筆代表粒子穿過了左縫。筆在右邊
的被子裏，表示粒子穿過了右縫。兩者的疊加狀態是存在的，如圖所示那樣。

　　阿蘭・瓦萊斯：後者是什麼意思呢？
　　阿瑟・查恩茨：我們可以用圓偏振鏡以及左偏振光和右偏振光
來說明這個態的意義。

*我的話引起一陣笑聲。自從戴維使用偏振鏡做了複雜的演示以後，
我們就明白最好是使用其他的例子來解釋。安東插進來用他熟悉的
雙縫實驗加以解釋。*

　　安東・翟林格：我知道一個更簡單的例子。如果上面有加號的
陳述是我給尊者看過的干涉實驗，有明暗相間的條紋，那麼下面那

個有減號的陳述講的是同樣的干涉實驗，只是明暗條紋反了過來。這是您使用具有加號（＋）的量子態時在屏幕上看到的圖像（*安東迅速地畫了一組明暗條紋，見圖5.4*）。如果您用具有減號（－）的量子態，您得到的是互補的圖像，在原來是暗條紋的地方，現在是明亮的條紋，在原來是明亮的地方，現在是暗的。

阿瑟・查恩茨：如果第一種情況是Ｐ，那麼第二種情況就是非Ｐ。於是，在形式上，量子力學沒有違反排中律。

達賴喇嘛：這讓我鬆了口氣。

達賴喇嘛和大家一起大笑。

圖 5.4　兩種不同疊加狀態，（＋）和（-），造成明暗干涉條紋的變換。

阿瑟・查恩茨：但是，有一個邏輯定律被破壞了。這是另一個定律。請戴維用同樣的雙縫實驗來說明吧。

戴維・芬克爾斯坦：在這個實驗中，首先光子從一個非常小的孔裡穿過。這是實驗的非常重要部分，為的是製造一個前後一致的光源。

阿瑟・查恩茨：我們是不是畫一個圖來表示？

安東站了起來，戴維講解的時候他開始畫圖。（圖 5.5）

戴維・芬克爾斯坦：現在我們畫一個隔板，上面有一條小縫，在稍遠之處再設一個隔板，上面有兩條縫。我們稱第一條縫為 A，

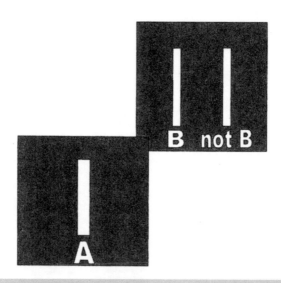

圖 5.5 穿過縫隙 A 的電子也穿過了縫隙 B 和縫隙非 B。

稱第二塊隔板上的一條縫為 B，另一條縫為非 B。在這個實驗中，當你看到光子擊中屏幕，你可以說 A 和 B 或非 B。這是成立的。但你不能說 A 和 B。我待會兒會解釋為什麼。你也不可以說 A 和非 B。事實上，它們都不能成立。

安東・翟林格：所以，我們不能說 A 和 B 或者 A 和非 B。

戴維・芬克爾斯坦：對，它們都是不成立的。

用圖像來做參考有助於理解。我們可以說一個到達屏幕的光子從小縫 A 出發穿過了 B 或者非 B。奇怪的是，從量子力學的角度，這個說法和下面這個說法是不一樣的：光子從 A 出發穿過了 B，或者光子從 A 出發穿過了另一個標誌著非 B 的縫。安東用符號邏輯的形式寫下了這兩個陳述：

$$1.\ A \wedge (B \vee \neg B)$$
$$2.\ (A \wedge B) \vee (A \wedge \neg B)$$

在經典邏輯裡，由於分配律成立，所以上面兩個陳述是等價的。然而在量子邏輯裡，它們不再相等。

戴維・芬克爾斯坦：在經典邏輯裡，這兩個邏輯陳述是相同的。在量子邏輯裡，這兩者之間是由一個不等式來相連的。如果上面的那個陳述為真，第二個也為真。但如果下面的那個陳述為真，上面那個卻可能是不能成立的。重複來說就是，我們所知道的是一個光子從 A 射出，到達了屏幕。你可以說，A 和 B 或非 B。

安東・翟林格：所以，你是在說，光子一定在什麼地方穿過了當中的那個隔板。

戴維・芬克爾斯坦：有很多辦法來查證。你也可以證明「A 和 B」是假，「A 和非 B」是假。

「A 和 B」意味著我們知道光子從 A 穿過小縫 B 到達屏幕。如果我們知道光子是穿過哪個小縫，是 B 或者非 B，那麼干涉條紋模式將會消失，於是結果被證偽。知道光子是怎麼穿過隔板的知識，足以摧毀干涉模式。模棱兩可的 B 或非 B 對於出現這個典型的量子現象，是至關緊要的。

安東・翟林格：簡單來說就是，你不能說光子要麼從 A 穿過了 B，要麼從 A 穿過了另一個小縫。你不能這樣說了。

戴維・芬克爾斯坦：這個分析迫使我們放棄直覺。我們不再是追逐兔子的狗了。我們認識到，邏輯學的詞如「和」及「或」是一種構造物，我們用操作來驗證、來定義 A 和 B；當你知道 A 也知道 B 的時候，你可以用操作或動作來驗證。在這個例子中，結果是「A 和 B」為假，就像我們有兩個互為 45 度角的偏振鏡一樣。我們說這陳述為假，雖然有些光子穿了過去，但沒辦法讓光子一定能穿過。

聽到戴維又用偏振鏡來解釋量子物理學的邏輯，會議室裡又一次響起了笑聲。隨後尊者和譯員以及其他藏人有一番熱烈的討論，他們

開始紛紛點頭。看來我們終於成功地講清了非常容易誤解的量子邏
輯。我問達賴喇嘛是要現在就茶休嗎，皮埃特・哈特插進來用我們
剛才討論邏輯的形式開玩笑地問：「T或非T？」[8]

8 譯注：茶休（tea break）的發音剛好是 T。

6
自我中有什麼？

參與和個人知識

在第二天下午的會議上，杜維明做了一個簡短的說明，關於現代物理學預示了知道者和知道物之間的一種新型關係。用他的話來說，我們現在是在一種「合資公司」（joint venture）中，我們和觀察的對象是一種參與的關係。和孤立的非人格知識相反，現代科學和現代學術似乎談論的是一種人格化的知識，但這些知識仍然是客觀的。在佛教和其他靈性修行中普遍存在的對人類意識的探討，似乎也在把我們引向相似的方向。兩種研究和瞭解的方式，一種是科學的，指向外部世界；另一種是靈性的，指向意識的內在領域。這兩者之間的富有成果的關係是怎樣的呢？

杜維明：我們現在正享受著非常豐富和精美的思想食糧。我想專門談一下討論中出現的一個想法：觀察者，即知道者的問題。從安東所做的演示中我們得到一個訊息，即觀察者和外部世界是透過儀器作為媒介的一種合資關係。觀察者和外部世界進入了一種合資關係，一起生成了某種類型的訊息。我懷疑安東覺得這些訊息本

身可能是我們要進一步探討這種合資關係意義的舞臺。戴維早先時候也指出，相對主義是被普遍接受的，觀察者帶進來的複雜性變得非常明顯而富有意義。在這兩種情況下，知道者或觀察者變得至關緊要。

以這個問題為中心，我想和大家分享關於兩種啟蒙的想法：一種是歐洲的啟蒙，另一種是亞洲的啟蒙，特別是佛教的啟蒙。在歐洲啟蒙中也有不同的思潮。法蘭西啟蒙強調反對教士宗教的革命精神和個人主義，而蘇格蘭啟蒙更強調懷疑精神、經驗主義和實用主義。在歐洲啟蒙運動倡導的偉大價值中，自由、平等、個人主義、人權、法律的正當程序和理性主義最為突出，尤其是工具理性，或者說能幫助我們以一種實用而工具性的方式獲取知識的理性。17世紀哲學家培根把知識定義為力量，這和古希臘以知識為智慧的思想有所不同。

歐洲啟蒙運動給人以這樣的形象，那就是理性乃光明之源；隨著知識在世界上的傳播，無知將漸漸消失。如果我們繼續將理性之光去照耀宇宙，就像用光去照耀一個房間一樣，那麼房間裡的所有家具和四壁都將一目瞭然。根據新物理學和新的科學發展，這樣的樂觀主義顯然無法維持下去了。在經典啟蒙運動中流行的信念，即對知道者擴展知識的能力的信心，現在維持不下去了。現在的設想是，隨著我們的知識範圍擴展，為了需要知道更多，我們的壓力更大，無知的領域也在擴展。這是人類的條件所特有的。這是一種認知不足而情感有餘的狀況。我們知道的能力總是落在我們的情緒、我們的願望、我們想知道得更多的需求後面。我們總是處於情緒溢

出的狀態，總是不能真正地理解事物。

　　幾乎所有靈性傳統，不管是東方的還是西方的，特別是佛教的傳統，其首要關注都是關於自我的知識：透過靈性修行的科學和自我修養的藝術來理解和實現自我。在這樣的意義上，哲學是一種生活方式，包括探索內在精神世界的靈性修行。尊者您提到，人們忽視了人類內心世界的狀態。科學的啟蒙運動的焦點放在了探索大自然、探索外在世界上。

　　新物理學作為一種方法的出現強烈地提醒了我們，在笛卡爾和其他啟蒙思想家中占統治地位的絕對兩分法，如身體—心智、精神—物質、主觀—客觀等的兩分法，將不得不被取代。這種要麼這樣、要麼那樣的思想方法，將不得不被一種表層與深層、內部與外部、部分與整體、根與枝之間更有成果、更精細、更有層次的結合所代替。正是這種能夠得益於富有成果的模棱兩可之能力，而不是去尋找什麼是有限意義上的真實與確切，將打開新的可能性大門。

自我修養和啟蒙

　　杜維明的「富有成果的模棱兩可」的說法，非常漂亮地抓住了我們費力而極力想說明的疊加態的複雜。電子路徑的模棱兩可，不是因為缺乏訊息或者我們不能掌握，而是相反，這是一種正面的模棱兩可，它打開了一種全新的現象領域和技術發展的可能性。

　　達賴喇嘛：所謂模棱兩可，你的意思是指它不夠清晰，還是指

更有力量的一種東西？

　　杜維明：當然不只是簡單的不夠清晰，因為它是富有成果的，具有各種潛力和可能性，能夠不竭地提供我們現在還不知道的一些東西。

　　這種知道者的視野要求兩種啟蒙思路的結合，即集中在工具理性、探索外部世界的西方啟蒙思想，以及亞洲的、特別是佛教的啟蒙思想之間的結合。以前被認為可疑的很多說法和思路，比如對話、交流、互動、主體間性、關係性、聯繫性等，所有這些對於訓練新的知道者來說是絕對重要的。知道者不再是簡單的一種理性動物概念。知道者將需要不僅動員其精神資源，也要動員身體資源，不只是動員心智的認知功能，也要動員心甚至身的感情。

　　正是在這個意義上，內化思維（embodied thinking）的概念，或者如學者邁克・波蘭尼（Michael Polanyi）[1] 所說的「個人知識」，變得非常非常重要。個人知識並不是主觀主義的；它不是私人的知識。個人知識如果被深刻地感覺到，甚至內化於個人，這樣的知識可以是公共生活中靠得住的知識。它可以在個人之間討論和爭辯。我認為想像一種新型教育的時機已經成熟。這種全新的教育結合佛教和其他傳統的自我修養是非常有益、甚至必須的。在現代學術包括高度專業化的自然科學中，建立這些靈性學科的訓練是重要的，因為這將加強觀察者的自我意識，意識到自己不只是一個個人，而是一

1　譯注：麥克・波蘭尼（1891-1976），匈牙利裔英籍科學家和哲學家，他對物
　　理化學、經濟和哲學都有很重要的貢獻。

個觀察者。這將加強科學界最有創造力和思維能力的成員的自我意識。這對於新的突破是絕對需要的。

對科學家來說，不僅是物理學家，包括所有科學家在內，理解佛教啟蒙是一種自我修養的時機已經成熟。尊者您是一位靈性大師，卻令人讚嘆地向現代科學敞開胸懷，您大概是我們當中最忙碌的人，但您有開放的靈性品質，我想問您一個個人問題：一個現代思想者怎樣適應從佛教思想中獲益的高度複雜的專門知識？

達賴喇嘛：我很難一下子說出什麼來。我非常珍惜這裡的友好氣氛，這反映在所有參加者的笑容上。我有一個根本的信念，人類的本質是溫柔與親和的。當然，有些人更重視知識，但是基本的人性本質仍然在那兒。對於一個一天二十四小時只想著分析的科學家來說，即使每天只有幾秒鐘用來培養慈悲心，仍會非常有助於度過困難階段和痛苦經歷。即使這樣，也能幫助他產生慈悲和關懷的自然反應。顯然，我也想到我們的知識不該用於破壞。這是非常清楚的。人會因好奇而快樂地獲取更多知識，但這顯然不該給人類社會、給他人造成痛苦和不幸。

兩位譯員商量以後問杜維明，他的意思是在他的思考中包括了佛祖所說的開悟狀態，還是只涉及更一般性的自我修養。

杜維明：是的，包括開悟。對我形成挑戰的問題是靈性成就的觀念，這一觀念引出佛教中三千世界轉念就能實現的思想。但這種基於慈悲心和洞察力的想像是修行很深的人才會有的。這不只是主

觀的，因為這種想像是可以交流的，有助於改善這個世界。我們這樣的普通人，包括科學家們，該怎樣能和這種特殊的經驗相連，不僅是幫助我們理解我們自己，而且也幫助我們在很多不同的專業領域做好我們的工作？

阿瑟‧查恩茨：我能不能換一種說法來提這個問題。我們已經討論過，有一種知識是關於外部世界的。然而，還有一種知識是關於內部世界的。兩種啟蒙傳統指向不同的方向：歐洲啟蒙指向外部的成就和知識，佛教啟蒙指向內部成就和知識。那麼它們兩者的關係是什麼？它們是封閉而分開的嗎？或者有某種方式把它們結合為一種富有成果的關係？

達賴喇嘛：它們肯定是有關係的。很明顯，我們需要外部的發展，也需要內在的發展。我覺得外部發展是我們內在滿足的一個條件。一般來說，探索實在的目的，除了實現我們內在的滿足以外，是為了有益於人類。直到現在，科學模式似乎只涉及可以測定和計算的現象。於此同時，每天二十四小時我們都在經歷非常重要的現象，那就是感覺的經驗。這是和我們的快樂與痛苦相連的最重要因素。

很多似乎非常要緊的東西只是有助於增加滿足和減少痛苦的條件。還有其他一些方式和途徑能用來增加滿足和減少痛苦，這些也同樣重要。不管一個人信不信宗教，我認為這些方式和途徑都非常重要。所以，當我們探索外部世界的時候，同樣重要的是探索我們的心智和心理功能，尤其是情緒的領域。什麼樣的情緒是有益的？什麼樣的情緒是具破壞性的？我們怎樣增加正面的情緒？又該怎樣

減少負面的情緒？[2]

達賴喇嘛的簡短評論只是回答杜維明提出的重大問題的開場白。杜維明想要扭轉很普遍的認為主觀感覺和純粹客觀思維相對立的刻板觀念。他讓我們注意到個人知識和客觀感覺。他的評論使我們轉向了第三天的思考，第三天是我主講的日子。我決定討論物理學中經驗和理論的關係，希望不僅為科學知識，也為審美和道德知識找到新的立足之處。在我看來，這需要指向杜維明所暗示的方向。

---

2 原注：這兩個話題是另外兩次心智與生命研討會的主題。丹尼爾·高爾曼（Daniel Goleman）編輯了 1990 年和達賴喇嘛的對話集《*Healing Emotion*》（1997）。2000 年的又一次對話也由高爾曼編輯成書《*Destructive Emotion*》（2002）。

7
科學知識和人類經驗的關係

我們對待西方科學的態度受到它外部成功的深刻影響，我們給予科學的敘述極大的權威性，即使有時它們和我們的個人經驗或任何人的直接經驗相差甚遠。理性的力量讓我們推斷帶有從未聽說過性質的基本粒子是存在的。例如，電子被想像為一個點粒子，沒有外部尺寸但是具有質量；光子是純能量的量子形態，沒有靜止質量，但在引力場裡它們的軌跡是彎曲的。透過一些例子，我追溯了科學從研究宏觀物體動力學到研究更難捉摸的光的本質、電和物質的原子結構。作為一種文明，我們給予物理學的實體以根本性的地位，將感覺經驗看成是一種適應策略（在新達爾文主義的意義上），它和世界的真實本質只有非常微弱的聯繫。多年前我對科學的現象學態度產生了興趣，就像德國詩人歌德或哲學家胡塞爾（Edmund Husserl）和威廉・詹姆斯（William James）所倡導的那樣。我很想知道佛教哲學是怎樣處理類似問題的。

阿瑟・查恩茨：今天我想繼續量子力學的討論，也討論愛因斯坦的相對論。這樣做的時候，我想將這些討論和人類經驗聯繫起來，探討經驗和理論之間的關係是什麼。我們每天的日常經驗，或

者我們在實驗室裡的經歷，和我們對世界事實上是什麼的理解，兩者之間是什麼關係？我們對世界的理解可能是一種非正規的模型形式，也可能如物理學中一樣，是非常規範的理論形式。

我想從談談 1600 年到 1900 年的傳統經典科學開始。您昨天談到，在佛教科學中您們有元素土、水、氣、火和第五種元素——空。在古希臘和中世紀，將所有物體分析為五種元素的做法和佛教的分法非常相像。後來，科學家對可見世界物質對象及其行為做了更細緻的研究。例如一個硬幣是怎麼落下來的，一塊石頭又是怎麼下落的。這個研究最早是在 17 世紀的義大利，由伽利略完成，它成為今日新科學的基石。這一學科涉及對你自己的眼睛觀察到運動中物體所進行的精確測量。從這樣的觀察中，科學家發現了一種模式。這種模式能用數學來描述，並理解為一種自然法則；這是一種能夠透過視覺觀察到並利用實驗來驗證的法則。

你也可以在另一個層面上提出問題：為什麼石頭會下落。從這個問題，我們進入了另一類的分析。在物理學中，傳統上有兩個分析層面。第一個層面講的是規則和模式：例如石頭到底是怎樣下落的？第二個層面講的是原因：為什麼石頭會往下落？是什麼造成了這種模式？

有些現象較難觀察。科學在 17、18 世紀成熟以後，開始升級更精細的現象，這類精細現象不能用我們的眼睛看到，原因也不是那麼明顯。其中有一組現象成為經典科學的神祕之謎，那就是顏色的生成。為什麼會產生這些顏色，我們怎麼會看到顏色的？讓我來做一個演示。

顏色從何而來

　　我遞給達賴喇嘛一塊玻璃棱鏡，給他演示怎樣將棱鏡放到眼睛前產生一定的效應。我讓他透過棱鏡看下面的桌子，桌子上我放了一套黑白卡片組成的不同圖案。第一種安置是白色卡片在黑色之上（圖7.1a）。

　　阿瑟・查恩茨：在黑和白接觸的地方，您看到了什麼？

　　達賴喇嘛：紅色。

　　阿瑟・查恩茨：好。（我將黑白卡片互換位置，黑色在白色上面）現在您看到了什麼顏色？

　　達賴喇嘛：藍色。這好奇怪。

然後，我放上了第二個黑色卡片，將三張卡片依次排列為黑、白、

圖7.1（a，左側）當透過一個棱鏡來觀察，黑白相鄰的邊緣會顯示暖色和冷色。（b，右側）如果將兩個邊緣移到一起，再透過棱鏡觀察，綠色就出現了。

黑。然後我將下面的黑色卡片慢慢往上移動，漸漸變成一條白色的窄縫在黑色的背景下（圖 7.1b）。

阿瑟‧查恩茨：現在仔細看這當中。您看到新的顏色了嗎？

達賴喇嘛：看到了，半綠半紅。

阿瑟‧查恩茨：同樣的實驗，當年牛頓在劍橋的實驗室裡也做過，後來有很多科學家都做過。這是很奇怪的現象；這是一個謎。這些顏色是從什麼地方來的？

達賴喇嘛：我真的在紙上看到了這些顏色，還是顏色在棱鏡裡面？

阿瑟‧查恩茨：這正是問題所在：顏色在什麼地方？顏色是預先存在於光裡面，然後你用棱鏡去暴露它們？另外一個解釋是，光沒有顏色，是棱鏡產生了顏色。很難確定哪種解釋是正確的。我們觀察到的模式是明確的：在第一種佈置下您看到紅色；在另一種情況下您看到藍色；當我將兩個黑色卡片併攏而留下一白色窄條時，您看到了綠色。還有很多類似的模式，而且透過棱鏡產生顏色是有規律的。我們透過觀察不能理解原因。為了理解原因，我們需要另一層面的分析。就是從這個地方，我們開始離開直接經驗了。

達賴喇嘛：棱鏡的形狀和我們看到的顏色有關嗎？

阿瑟‧查恩茨：它必須是一個棱鏡，但棱鏡的各個面可以是不同的角度。

達賴喇嘛：它是不是必須是三面的？

阿瑟‧查恩茨：不是，當光通過的介質發生變化時，都會有

類似的效應出現。例如空氣是一種介質，另一種介質可以是玻璃或水。產生這種效應的基本要求，是在這種介質和那種介質之間有一個變化。

達賴喇嘛：當你看到彩虹時，是不是看到了同樣的現象？

阿瑟·查恩茨：是的，有很小的水珠從天空落下。你背後的陽光射入水珠，在水珠中來回反射，於是你看到了同樣的效應以一種更複雜的方式出現在空中。

我想強調說的是，在一個分析層面上我們得到了模式和規則，在另一個分析層面上，我們尋找原因。

電是什麼？

作為我想說明的觀察和理論之間關係的第二個例子，我選擇了簡單的電現象。我有一個帶電池的白色小球、光源和裡面的蜂鳴器。兩個電極則露在外面。

阿瑟·查恩茨：我想再做一個小小的演示，從某種意義上說它更令人困惑。這個像乒乓球一樣的東西兩端有金屬片，裡面是一個電池、一個燈泡，還有一個小電路。如果我接觸小球的兩側，裡面的燈泡會亮。

我將小球拿在手上，用兩個手指接觸電極，電路成了一個迴路。小球中的燈泡亮了，蜂鳴器也響了起來。

阿瑟‧查恩茨： 如果我將一隻手移開，它就不亮了。現在我要請戴維協助。他將接觸其中一個電極，您接觸另一個。現在我們可以在這個房間裡手拉手，我們必須緊緊地握手來構成一個迴路。

圍在桌子周圍的與會者都手拉手形成了一圈，然後達賴喇嘛接觸小球形成迴路。小球亮了起來，蜂鳴器響了起來，而大家都笑了起來。

阿瑟‧查恩茨： 在第一個分析層面上，我們發現的模式是，當所有人手拉手形成一個圈子時，燈就會亮。當這個圈子打破，燈就熄滅。然後是第二個分析層面：為什麼會這樣發生？我們沒有發現任何事情發生在我們當中，我們的眼睛沒看到任何東西，可是很清楚地，這裡一定有一個原因。這個原因的本質是什麼？這就是關於電的討論的起始點。

達賴喇嘛： 我們身上通過的電壓是多少？

阿瑟‧查恩茨： 非常小的電壓，大約是一個半伏特。如果電壓很高，你會感覺到它。在 18 世紀，法國國王路易十四很喜歡這個實驗，但他總是用萊頓瓶提供的高電壓，當然他自己不在這個電路裡面。他會讓他的衛兵手拉手，讓他們最後時刻去接觸電池。他們會驚得在房間裡亂竄。我今天只為尊者您帶來一個很小的電池。

可是那個神祕的謎仍然存在：為什麼我們看到了顏色？為什麼我們會看到燈亮，會聽到蜂鳴器響？為了要回答這些問題，我們開始放下這些直接經驗而想像或假設有一個我們看不見的世界。我們認為這兩種現象背後是有原因、有機制的。讓我們來考察這個球

的例子。我們的第一個假設是，有一種像水一樣流動但是更精細的東西流過了我們組成的整個迴路。當這一種流動的東西中斷時，小球就不會亮。當迴路閉合，燈就亮了。這種流動的東西就叫做電，從那以後，我們發現了它的更多性質。我們現在根據實驗相信，有一種基本粒子叫電子，它從一端出發，流過了組成圓圈的我們所有人到達另一端，完成了迴路，小球就亮了。但什麼是這些電子的本質？有沒有可能看到它們？或者，我們總是不得不間接地推斷它們的存在？

　　我想放幾張幻燈片來給出實驗證據，不是關於電子的，而是關於原子的。我們可以對這塊布或任何別的東西提出同樣的問題。什麼是它的本質？它是由什麼組成的？如您所知，我們認為它是由原子組成的。我們的觀察作為一個動作，總是有三個組成部分：一個光源、我們要看到的目標物，以及我們的眼睛。但現在，目標物是非常小的粒子，是原子，它如此之小，以致無法用肉眼看到。有沒有這樣的技術使我們能看到單個原子？一直到最近之前，這還是不可能的，但是最近的十到十五年裡，我們獲得了有趣的證據，證明已有看到它們的可能。

　　讓我們設想一個如盒子一樣的裝置，我把一顆單個原子放了進去。裡面沒有空氣，那是完全的真空，除了這個原子外沒有任何東西。然後我用一束雷射光從外面照亮它，我用我的眼睛或用照相機，來看我是不是能看到那單個原子。事實上，你可以將你的肉眼放到這個儀器上，看到單個原子發出的非常非常微小的光點。那非常微小，但非常明亮。你無法說出它的形狀和尺寸，但你可以拍攝

一張它的照片。

　　你可能會問，是不是有辦法能使這個圖像更大？有沒有某種顯微鏡來放大它？直到最近，這是不可能的。一般使用鏡片把光反射到我們眼睛的普通顯微鏡做不到這一點。光本身太過粗糙。你需要某種遠遠更為敏感、更為精細的東西。最近，人們發明了更有可能的顯微鏡。如果我閉上眼睛，用手掠過這張紙的表面，我可以感覺到一個折痕，即使我根本就沒有看它。我可以做張地圖：這個地圖非常光滑，然後凸起，接著跌落。用同樣的方式 IBM 實驗室的科學家建成了一個非常非常光滑的表面，在這個表面上可以放置單個原子。他們可以把一個氙原子放在上面，就像你提起和移動一粒灰塵而幾乎沒有碰觸到它。然後他們用一個針尖來測定針尖到光滑表面的距離。將針來回移動，電視螢幕上的原子顯得就像一座山一樣。然後你就可以用你的眼睛看到針尖移動時感覺到了什麼（圖7.2）。

　　達賴喇嘛：原子是不是時刻不停地處於一種動態的起伏之中，一直在抖動？

　　阿瑟·查恩茨：是的，但是若把它們變得非常冷，你就可以減少它們的這種運動，它們就能黏在金屬表面上。

　　達賴喇嘛：這些原子看上去相當乖巧，可能因為它們實在是太冷了。（*這句話引得哄堂大笑*）

　　阿瑟·查恩茨：它們是非常冷，而且因為是真空，它們周圍沒有別的東西在撞擊它們。

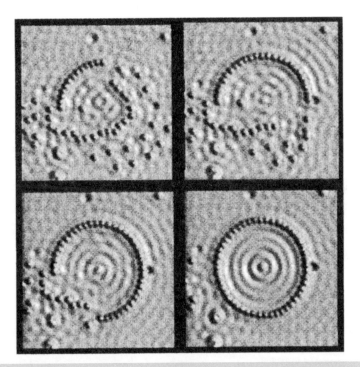

圖 7.2　原子圍欄。原子移動排列成一個圓圈，由掃描隧道顯微鏡成像。IBM Research, Almaden Research Center.

從原子到屬性

達賴喇嘛：佛教的原子理論可能比物理科學的原子概念粗糙得多，其中最小的粒子或原子也必須有八個構成物組成。這是指四個基本粒子：土、水、火和氣，還有四個導出的性質：視覺形式、觸覺形式、氣味和味道。

阿瑟・查恩茨：這很有意思，因為它和經驗相關。觸覺、氣味，

這些都是經驗。在你們的原子理論中，即使最小的構成物也有感覺經驗的成分。你們的原子是複合物，是由這些感覺經驗參與複合而成的複合物。

達賴喇嘛：我懷疑這些組成佛教原子觀的基本粒子實際上是一種潛在性。這個術語是指能夠產生氣味、味道等的潛在性或能量。不是氣味本身。如果這些基本粒子每個都沒有這種能力，那麼它們的聚集體也不會有。

這是一個最有意思的觀點。佛教的原子構成不僅有四個元素，而且還有四種感覺維度。在西方，我們傾向認為這類性質是「浮現的」。它們是聚合後出現的。例如水只有在很多 H_2O 分子聚合在一起時才變得濕淋淋的。但是有些哲學家抵制這種看法，和佛教的依據完全一樣：你不能把本來就不在裡面的東西抽出來。牛津哲學家洛克伍德（Michael Lockwood）[1]多年來爭論說，可感受的特性是不可能從原子堆「浮現」的，除非原子自己從頭就有某種原始的可感受特性。

阿瑟・查恩茨：這正是我想問的。例如，這張白紙有呈現白色的能力或潛力？或者它本身就是白的？

達賴喇嘛：在佛教認識論的討論中有類似的辯論。有一個流派，

1　譯注：麥克・洛克伍德，英國哲學家，曾任紐約大學教授、紐約股票交易分析師，在牛津大學教授多年，其思想涵蓋哲學邏輯、科學哲學、醫療倫理等，2018 年逝世，享年七十四歲。

他們相信外部世界的客觀實在，持有 *nampba*^{2} 的概念，或者說感覺數據，類似於可感受特性。有個爭論至今沒有定論：可感受特性是主觀的性質還是客觀的性質，或者是在感知與對象之間的互動中出現的某種東西。這個問題可能和顏色的問題有對應性。物理學也許可以澄清一些困惑。

阿瑟‧查恩茨：也許物理學至少可以使問題更明確。

達賴喇嘛：我自己感覺這裡一定有一種白色性的客觀性質。即使是這樣，我仍不會說這張紙本身是白色的，而寧可說這張紙的顏色是白色。白色性成為紙的一種性質。可是這樣就出現了問題：到底什麼是紙？它是可觸摸的性質嗎？

阿蘭‧瓦萊斯：在此對翻譯來說有一個古怪的問題。翻譯視覺對象、聲音、氣味和味道是非常容易的。但是翻譯「可觸摸的」（tactile）是十分難的。在英語中，我們說可觸摸的感覺，感官上可觸摸的，是把它放在主觀的一邊，可是藏語裡是指可觸摸的對象——是指透過觸覺來發現的東西。

喬治‧格林斯坦：是不是像一個粗糙性的原子？

阿蘭‧瓦萊斯：它可以指粗糙性，也可以指光滑性。

達賴喇嘛：事實上，是八個基本粒子的聚合形成一個單元，一個原子。這八個基本粒子之一是可觸摸的成分，它就是原子的「可觸摸對象」。有八類可觸摸對象，粗糙和光滑是其中兩個。

阿瑟‧查恩茨：尊者您所說的，和我關於經驗和現代科學理

2　譯注：「相」或「境相」，也就是「實相派」或「虛相派」的「相」。

論的議題有關。這個問題在西方科學發展中很早就出現了：當我看到白色或紅色的時候，是因為那裡有某種叫做白色或紅色的東西，還是純粹的一個幻覺？在西方，伽利略之後的幾乎所有科學家和哲學家都認定，所謂顏色這樣的東西不是真實的，他們稱其為第二性質，用這個說法來和第一性質相對；第一性質是宇宙的真實組成部分。科學認為應該專注於第一性質的研究，通常包括諸如質量、尺寸、運動速度等屬性。而白色性、藍色性、笨重性，所有這些性質，可感受的屬性、經驗等等，只是第二性質，是從第一性質導出的性質。

雖然我不能立即回答，我還是想問，是不是有可能建立一種有關性質和經驗的科學，不僅僅是只有質量、運動和尺寸的科學。是不是有可能有一個科學，其中白色性和藍色性也有它們的實在性，而不只是導出的性質？這對於我來說是一個重要問題，雖然我想等到最後再來討論這個問題。

原子的形象

譯員和尊者用藏語討論了很長時間，試圖澄清第一性質和第二性質的區別。然後阿蘭·瓦萊斯代達賴喇嘛提出這樣一個問題：「當你深入到最微小的層面，在那裡你只發現圓的東西還是發現了方的東西？」阿蘭·瓦萊斯解釋說，他提醒尊者，在此次會議的早些時候曾經提到，深入到光子層面，光子是沒有空間尺寸的，而電子是有質量但沒尺寸的。我利用這個機會出示了一套電腦生成的圖像，

那是氫原子在不同狀態下的原子結構圖像。

　　阿瑟・查恩茨：我想用你這個問題——即原子是否有結構和形狀，做為下一步的轉折。現在我們看到的這個照片不是一張真的攝影，而是根據原子理論描畫的影像。這照片上的原子（在此特例下是氫的一個特別狀態）有明確的形狀。雖然這不是直接的實驗圖像，但它所依據的理論有很多實驗支持。現在已有這樣的實驗，你可以透過一種專門的成像設備實際上看到這種形式的形象。在最簡單的情況下，你能看到一個球狀。但你也可以取同一種原子，稍微改變其狀態，使其有更多能量，它就會有別的形狀，例如雙球形狀。這些不同的形狀都是同一原子的形狀，只是具有不同的能量（*我給尊者看了一組圖片，是不同原子軌道形狀的圖像*）。

　　達賴喇嘛：它仍然是一個原子；它沒有分裂為不同的部分嗎？

　　阿瑟・查恩茨：它沒有分裂。這是神祕之處。

　　達賴喇嘛：所謂增加能量，你是指提高它的溫度？

　　阿瑟・查恩茨：溫度這個概念只在有很多原子而不是一個原子時才有意義。你可以透過碰撞來增加原子的能量。讓我來描述一下我們的這個原子。我們認為最簡單的原子有兩個部分：一個帶正電荷的核心，以及一個帶負電荷的電子。電子位於什麼地方？在最簡單的情況下，它的位置是一種球狀的分布。但是當你一旦通過碰撞或入射光增加它的能量，它就變成另一種分布。神祕之處就在於這顆單個電子雖然是一個粒子，卻像是有各部分聚合的形狀一樣。這時我們進入一個非經典的概念：一樣東西怎麼會有複合的形狀？

阿蘭・瓦萊斯：你在前面說過電子沒有形狀。

阿瑟・查恩茨：電子沒有尺寸，所以也沒有形狀。那麼，當我們看到這樣的圖像時，我們看到的是什麼？這是一個微妙的量子力學問題。我們怎麼來理解，一個簡單物體在單獨條件下沒有尺寸和形狀，但是有質量和電荷？讓我告訴您這些照片是怎麼產生的。科學家做了很多很多次實驗，每一次實驗觀察到的電子都出現在不同的地方。如果您將這些不同的結果累積起來思考，電子就有這樣的分布。例如，當電子顯得有兩個區域時，它一半時間出現在這個區域，另一半時間出現在另一個區域。這種形式是原子的固有性質。這是量子現象所獨有的；這種原子結構只能透過量子力學才能顯現。

達賴喇嘛：如果你取一個原子，使其處於非常低端的溫度下，它就或多或少地靜止下來，那麼電子的運動受溫度的影響嗎？

阿瑟・查恩茨：我想，即使是在很低的溫度下，也可以激發出這些狀態來。

達賴喇嘛：當你描述一個原子可以像一段線頭一樣撿起來的時候，這個現象仍是純粹經典物理學的，是不是？

阿瑟・查恩茨：它看起來像是經典現象。這樣做的時候涉及一個作用力，你把這原子搬到一個新的地方，它就待在那裡不動。這物體看上去像是正常的。

達賴喇嘛：而且它受溫度的影響。相反地，當你和電子的運動打交道時，溫度就沒有關係了，它就真的是量子現象了。

阿瑟・查恩茨：這基本上是對的。尊者您好像對溫度和運動很

感興趣。我想介紹一下零點運動的概念。它是指當你把溫度降到絕對零度，原子和電子將仍有一點殘餘運動或殘餘能量。我們明天討論大爆炸在最初階段是怎麼引爆時，這一點將非常重要，因為那個時刻沒有正常意義上的溫度。

達賴喇嘛：什麼是原子的定義特徵？我們有一百一十種不同的類型；什麼是它們的公分母？

阿瑟・查恩茨：這是一個有趣的問題。

達賴喇嘛：看來物理學家的做法和佛教的做法有點不一樣。當佛教進行這樣分類時，他們會說，首先定義原子。在建立了定義以後，他們會說，現在這裡有這樣分類的不同種類。

阿瑟・查恩茨：在歷史上，在原子概念產生之前，只有四種元素（土、水、氣、火），還有第五種稱為精華 *quintessence*[3]。然後人們開始發現，物質有不同的性質。於是他們問自己，有多少種不同的物質，且它們都是什麼樣的化學複合物組成的？這個問題經歷了很多很多年的探索。有些化學物相當接近。例如有些是氣體，有些是透明無色的。還有一些是金屬，有一些稍有差別的金屬類別。於是，17 世紀的科學家進行觀察和實驗，但他們還沒有我們現在意義上的原子概念或元素概念。然後，隨著他們開始收集越來越多的元素的越來越多數據，將它們和物質的最小分割哲學思想結合起來，原子的概念就產生了。直到現在，就我們所知，這仍然是一個出色的

3　原注：當然，在古希臘時代，德謨克拉底和其他人提出了原子論，但他們被認為是純思辨的異端，被主張亞里斯多德四元素理論的人所排斥，直到 17 世紀才出現了科學的原子論。

概念，雖然我們現在的原子思想比剛開始出現時的要精細得多。

　　現代的原子有一個帶正電的核。原子核本身是有兩類粒子組成的：帶正電的質子和不帶電的中子，在它們周圍是一些電子。原子核的質子數和外圍的電子數完全相同。有了這個知識，你可以清楚回答問題。一個原子可以有一個質子和一個電子，或者兩個質子和兩個電子，如此類推直到一百一十二。這一百一十二種的每一種都是一個不同元素。每一個元素的原子都有一組不同的性質。最輕的原子具有最小的質量，只有一個質子和一個電子，就是氫原子。第二個是氦原子，有兩個質子，兩個中子和兩個電子，差不多是四倍的質量。以此類推。不同的性質是相對應的不同原子結構的結果，這樣就使我們理解了一開始是靠實驗觀察到的性質。

　　達賴喇嘛：你能不能解釋一下，為什麼只有一百一十二種？為什麼在一個原子裡不能有三百或三千個質子？

　　阿瑟‧查恩茨：很重的原子是非常脆弱的，它們會分裂。當它們變得很大的時候，把它們捆綁在一起的作用力就顯得太弱，就不能把這些離散的粒子聚合在一起了。

　　達賴喇嘛：這些元素的分類是普遍的嗎？在其他星系也是完全一樣的元素？

　　阿瑟‧查恩茨：這是一個非常重要的問題。人們可以想像，也許有所不同。但是當我們用望遠鏡觀察星星，我們可以看到就像我們在實驗室裡看到的完全一樣的現象。所以我們相信，雖然我們不能前往那裡旅行，在那些遙遠的星系裡存在著同樣的物質。

　　達賴喇嘛：夸克是怎麼回事？我第一次訪問瑞士 CERN 的時

候，我聽說了夸克，這讓我著迷。（*CERN是日內瓦郊外的國際加速器研究中心*）

安東・翟林格：我能做一點補充嗎？原子，顯然，除了阿瑟剛才告訴您的質子和電子外，還有其他一些構成物，他馬上就會談到夸克。但是原子的本質是，它們是無法用化學方式再拆分的最小單位。您可以看到它們當中更小的片段，但是必須用物理方法看，而不能用化學方法把它們拆開。

阿瑟・查恩茨：您可以用一般方式來處理原子，它們是很穩定的。但是如果您對它們施以很強的作用力，您就可以把它們扯開。如果您把原子扯開，您首先發現中心是一個核，電子圍著它繞圈。如果您看到核的裡面，您不僅可以看到質子，還能看到另一類粒子叫做中子。那麼您就會問，質子和中子是不是有複合的性質，或者它們像電子一樣只有簡單而純粹的性質？一個電子似乎是不再有構成它的成分了。我們現在知道質子和中子不是這樣的。如果您讓質子或中子碰撞，您會發現它們似乎有內部結構，這內部結構就是由夸克構成的。

有三類不同的粒子。第一種以質子和中子為例，是複合的，有夸克在內。第二類是輕粒子，以電子為例，它似乎不是複合的。光子（以及其他像它一樣的粒子）是第三類粒子，叫做玻色子。

基本粒子的陌生屬性

阿瑟・查恩茨：我想回到安東和戴維介紹過的量子力學一些更

新、更富挑戰性的基本思想。想像這樣一種情景。有個孩子在一個遙遠的島上長大，那裡從沒見過鳥。來了一個水手，他想給這個孩子描述鳥兒這種生物的本質。如果他說鳥兒是在空中飛翔的，這說明不了什麼。他也可以說鳥就像一塊石頭，當你把石頭扔到空中，它也在空中飛翔。但是，石頭當然總是要掉下來的。所以他可以說，鳥就像扔出去的石頭一樣在空中飛翔，但是不像石頭那樣會掉下來。這個孩子可能會問，鳥是不是和我一樣有胳膊、有腿？他不得不回答鳥兒沒有胳膊和腿，但是有翅膀和腳。那翅膀是什麼？回答是翅膀像胳膊，但長著羽毛。那麼羽毛是什麼？羽毛像樹葉那樣。如此不斷地問答下去。我個人認為，我們如今在量子力學中就有點像同樣的處境。我們從以前熟悉其尺度的物體轉向非常小和非常精細的物體。它們有些屬性很像經典物體的屬性，它們有質量，它們能運動。另外一些屬性卻差別很大，我們不知道怎麼去想像它們。不同的人在遇到這樣的障礙時採取不同的策略。讓我來重溫一下有哪些挑戰。

　　我仍然用兩個杯子來做比喻。在經典物理學中，粒子可以在這個杯子裡，也可以在那個杯子裡。一個杯子裡盛有這個粒子，另一個杯子就是空的。這對我們來說不是個問題。但是在量子力學裡，我們有一個新概念叫疊加。我可以建構一個系統，比如說用兩個很小的盒子和一個電子，令這個電子處於一種疊加態。……然後，就像那個鳥的情況一樣，我碰到了不知道怎樣給您解釋的情況。這個電子在某種意義上分別存在於這兩個盒子裡，它不再有簡單而確切的不是在這個盒子裡、就是在那個盒子裡的經典位置。那是一種錯

誤的思想方法。

　　我怎麼知道這是真實的而不是因為物理學家太輕率、太無知？現在已經有可能做出實驗來證明，缺乏訊息不可能是一種解釋得通的理由。在這種實驗中，只有當你承認了疊加態才能解釋得通這個實驗的結果。如果我只承認經典狀態，一個盒子裝有電子、另一個是空的，那麼就不可能解釋得通實驗結果。

　　達賴喇嘛：如果我認為，一個物體同時存在於兩個盒子裡不是觀察到的現象，而是你為了讓實驗結果能解釋得通而做出的判斷，我這樣想對不對？如果你做出不一樣的判斷，就會不符合實驗證據，是不是這樣？

　　阿瑟・查恩茨：是的。實驗證據說，唯一能夠解釋的理論是假設疊加態存在。

　　達賴喇嘛：這兩個盒子離開多大的距離有關係嗎？

　　阿瑟・查恩茨：原則上沒有關係。在實際操作中，如果兩個盒子離開得很遠，要證明疊加態就難度很高。

　　達賴喇嘛：那麼，電子可以表現得是在兩個很遠的盒子裡，一個盒子在月亮上，另一個盒子在地球上？

阿蘭・瓦萊斯說，他和土登晉巴對尊者解釋說電子不是實際上如此表現。他請阿瑟做出進一步澄清。

　　阿瑟・查恩茨：最簡單的證據是安東就在這張桌子上做過的實驗。他說他能一次用一個量子，即一個光子或一個電子來做這個實

驗，即用簡單的非複合物體來做實驗。我們不能將這個物體再分為一半了。你拿出這樣一個物體，讓它穿過實驗裝置。在這個實驗中，他用了兩條途徑。在一般情況下，你可以說光子走了這條路或走了那條路。你不能讓這個不能再分割的簡單物體分身走過兩條路。

達賴喇嘛：當你做了這個實驗，將光子送過窄縫，直到探測儀捕捉到它，你可以說它可能走了這條路，也可能走了那條路。一旦探測儀捕捉到它，我們能不能追溯它走過的路，說它是穿過了這條縫而不是那條縫？

阿瑟·查恩茨：這是一個非常重要的問題。為了獲得干涉條紋的實驗結果，絕對至關緊要的是你不能說出光子走了哪條路。如果你有一種測量軌跡的方法去觀察到光子穿過了雙縫中哪一條，那麼你就不會在屏幕上看到干涉條紋。如果你做的實驗是不可能知道光子穿過哪條縫的，那麼干涉現象就出現了，單個的量子能產生干涉模式。這就是測量悖論：如果你確定了光子走了什麼路，那麼干涉現象就消失了。

譯員和達賴喇嘛用藏語討論了一陣，達賴喇嘛驚訝地連連搖頭。阿蘭對我們說，尊者意識到這些現象是多麼奇怪。

光子如何存在？

阿瑟·查恩茨：這是非常非常有趣的，不是嗎？

安東·翟林格：由於這種情況，由於發明了量子物理學的某個

版本而獲得諾貝爾獎的著名美國物理學家費曼說，今天沒有人能理解量子效應。

達賴喇嘛：在同樣的實驗中，光子有連續的路徑嗎？

阿瑟‧查恩茨：這是一個涉及如何解釋的問題。

達賴喇嘛：它的存在是否有某種連續性？它的存在持續一段時間嗎？

阿瑟‧查恩茨：我會說，是的。

安東‧翟林格：我會說，不。（*這個對話引起哄堂大笑*）

達賴喇嘛：如果光子的存在不能持續一段時間，你就沒法談論光的速度，是不是？

阿瑟‧查恩茨：這是一個涉及解釋的重要問題。對我來說，談論光子存在一段時間是完全合理的。這樣的想法完全符合實驗。如果你讓光子或電子有一段時間連續存在，那麼它的固有本質是非常奇怪的，相信這一點將極大地影響你看待世界的方式。如果你說它沒有連續的存在，也就是只有光源、探測儀和某些事件，談不上粒子在這過程中的存在，這是一種避免量子力學影響的簡單想法。效應是很有意思的，但它們沒有本體論意義。它們不對實在作任何陳述。對我來說，這些實驗是對世界如何運作的一種陳述。

我也是一個講求實際的人。如果這是世界運作的方式，那麼也許我可以用這些零件建造這樣一部機器，就好比如果世界是用汽油、鋼鐵等建造的，我就能建造這樣一部引擎。如果世界是由電構成的，我可以建造電路。我不需要知道電的本質，或者其他任何東西的本質，我也能讓它啟動。以這種實際的方式，我應該能用光子、

電子或其他粒子的疊加態的奇怪本質來建造一部機器。現在有這樣的新技術，一種利用量子狀態的電腦。尊者也許知道，所有的現代電腦是根據簡單的兩個狀態的原理工作的，用數字 0 和 1 來表示。現在有可能建造量子電腦，它不僅有這樣的兩個狀態，還可能有第三個疊加態。這不僅可能如此，還能解決一整套新的計算問題。這是一種非常非常強而有力的電腦。我們還沒有將它完全建造起來，但無論是理論上還是實驗上，其基本部件正在發展之中。安東正在開展其中的一些實驗。

　　這樣我們就進入了一個新的領域，有一套新的現象。這些新的現象需要新的概念，不是那麼容易能夠約簡為舊的概念。這些新概念和新現象一起能產生新的實用裝置。對我來說，這能影響我的生活。您此前問過我們怎樣理解量子物理學對我們生活的影響？這個世界的一般物體存在於經典的經驗範圍裡，我們很容易看到它們是怎麼影響我們的。它們的品質以及它們的可感受特性，是我們日常生活的一部分。還有另外的一個層面，即以某種方式隱藏起來的因果機制。我們認為它們沒有第二性的品質，只有第一性的屬性，比如質量和位置。然後，我們有更精細的層面，這些第一性的品質本身消失了，這就需要新的概念。

作為問題的觀察

　　阿瑟・查恩茨：讓我在結束前回到我們昨天講到的觀察者的概念構造問題。對一個物理學家和一個實驗主義者來說，概念構造問

題就是建造一個裝置的問題。我有一個想法，有一組概念性問題，然後我就製作一台儀器，一個物理裝置，它內蘊這些概念問題，並將在這一組概念範圍內來檢驗世界。從自然一方，是對這些問題和裝置內蘊的概念做出反應。如果我提出一套不同的問題，製作一個不同的裝置，我就得到一組不同的反應。透過這些，我構造了一幅世界圖像，不過這圖像永遠是透過蘊含在實驗裝置內的概念構造而產生的。

在這個意義上，顯而易見地，我不能把自己從觀察者的位置上移開。在經典物理學中，你可以隨心所欲地減少觀察對世界的干擾。我給您打個比方。如果我想看看我的小孩是否在床上睡覺，那麼我必須走進房間。如果房間是完全黑暗的，我就沒法看到。所以我必須打開燈。如果我開燈，小孩可能被驚醒，那麼小孩就不再是睡著的了。我因為觀察小孩而干擾了小孩。但是我可以非常輕地走進去，打開一盞很微弱的燈而不是一盞亮的燈。如果我能用這樣的方法減小干擾到某個程度，我就可以小心翼翼地走進去開燈觀察而不驚醒小孩。在經典物理學裡，干擾水平的降低程度是沒有限制的。我可以將燈光調得越來越暗，我可以越來越輕手輕腳地走進房間，沒有最低限度。在量子力學裡，這樣做是有限度的，至少一個光子必須從光源射向物體，射向觀察者的眼睛。低於這個限度就做不到觀察。這就是海森堡的悖論——觀察總是會干擾系統並產生不確定性，干擾的尺度有個下限。因此，觀察者在量子力學裡是非常重要的。他總是存在於過程之中。

觀察者總是會干擾觀察對象，但是觀察者也決定做什麼樣的實驗。
觀察者永遠以這兩種方式存在於實驗中。我們的動機和我們研究界
的興趣反映在我們使用的實驗設計上。這是一個受社會和心理因素
深刻影響的過程。我們看待這個世界的方式受這些因素的極大影
響。面對這樣的事實，我們怎麼保持客觀性和真實性？

　　神經科學的學科創立者羅伯特・利文斯頓（Bob Livingston）出席
了這次對話會議。他曾是第二次心智與生命對話會的科學協調人並
編輯了會議紀錄《處於十字路口的意識——和達賴喇嘛談大腦科學
與佛教》一書。他希望能從神經科學角度來談談觀察者動機、以往
經驗等對觀察的作用。我用兩個例子介紹了他的評論。

阿瑟・查恩茨：我想介紹一下利文斯頓的評論，談談他對觀察
過程的想法。我們已經談過了觀察對現代物理學這些非常精細的領
域所起的作用，我們已經看到，非常要緊的是在量子力學過程始終
記得觀察者。現在我要回到正常人類經驗的另一個領域，討論一下
在現代物理學中我們離開這個領域有多遠。原子和電子離開正常經
驗非常遙遠，但我們處理它們的時候把它們當作非常真實的東西。
它們到底有多真實？它們實在的本質是什麼？在這個領域裡觀察者
的作用是什麼？正常情況下，我們認為我們自己是完全被動的。我
們只是睜著眼睛看，世界在我們面前顯現，我們似乎不是這個世界
的一部分。但我現在拿出兩個例子來幫助我們理解，我們實際上有
多主動。第一個圖像（圖 7.3a）顯示了我們怎麼判斷相對尺寸。雖
然看上去像真的一樣，但實際上前面這個小的人和背景的大的人是

一模一樣大小的。第二個圖的錯覺更加令人意外。這個圖上似乎有一組同心螺旋線。但如果你仔細檢驗，順著一條「螺旋線」走，你會發現它們其實是一組同心圓（圖7.3b）

　　達賴喇嘛：在佛教的認識論討論中，曾經廣泛討論了光學錯覺，以及錯覺之源是在對象之中、在視覺感官之中，還是和環境中的東西有關。

　　阿瑟‧查恩茨：這些效應對西方科學提出了完全一樣的問題。那個感知的人的作用是什麼？就這個問題，我想給利文斯頓一點時間來談談在觀察中什麼東西影響了我們，我們又帶給觀察對象什麼，這兩者之間是怎樣的關係。

圖7.3　（a，左圖）兩個較小的人像在圖上其實是一樣大小的。© Exploratorium, www.exploratorium.edu.（b，右圖）弗雷澤螺旋圖，看起來是螺旋圖，其實是同心圓。

知覺的可塑性

羅伯特·利文斯頓：我想簡單談談大腦和心智的問題。在如今器官移植的時代，已經有可能把一個人受損的心臟取出來換上一個好的心臟。現在可以移植肺、肝臟、腎臟，甚至皮膚和骨胳。但如果你將大腦從一個人移植到另一人身上，你做的其實是軀體的移植，因為你將人格和這個大腦對世界的解釋放進了新的軀體。演化使得我們能夠看到光子的模式，能夠看到可觸摸物體的結構模式。我們有感覺器官來告訴我們外部世界是怎麼樣的，我們來構造這個世界，從而使我們可以用樓梯上上下下，可以懷著感知經驗的相當自信在這個世界上做事。

我們一般認為我們有感覺神經，它們將視覺對象、味覺、嗅覺和其他經驗的訊息送進我們的大腦，我們在大腦中構築這個世界的模型，我們在其中生存、設計、伸展和勞作。我們經常沒意識到的是，來自感覺器官的神經是和前往感覺器官的神經相配的。前往感覺器官的神經數量佔神經束的 10％到 50％。從中心神經系統到感覺器官的神經佔了顯著的份量。

從中心神經系統通向視網膜的神經，可以影響光對感覺接收器的效應，特別是影響視網膜上由光子轟炸而激起事件的傳遞效果。它們也會影響送回中心神經系統的訊息。同樣地，在中心神經系統，每一個傳遞投射都會被修正。往外的投射脈衝都配合我們的以往經驗、我們的期望和我們的目的而起作用；我們的以往經驗在很大程度上決定了我們從視網膜上、從聽覺器官等得到的感知，形成

對每個人與眾不同的獨特經驗。

　　演化使得我們能走進這個世界，也給了我們根據以往經驗、期望與目的來修正世界體驗的能力。如果我們改變了或者有不同於以往的經驗，我們看東西、感覺東西、體驗東西就會有所不同。如果我們改變目的，我們會很大地改變感知的輸入。如果我們改變我們的期望，就像運動員或舞蹈或音樂的經驗，不管那有多麼複雜，我們會修正我們的感覺經驗。這意味著我們生活在一個世界裡，演化對它有所影響，我們的個人經驗也有所影響。我們不得不讓自己適應社會，因為在我們成長的階段，社會對我們施加了很多紀律，讓我們的形象符合社會的期待。在我們的個人經歷和社會經歷中，那種導致互相衝突的錯誤有可能是非常危險的。所以我很感激亞當·英格爾和尊者創造這樣一個對話機會，讓不同層面的經驗和對我們是什麼、我們有什麼潛力持有的不同理解，進行了非常重要的交流。

　　達賴喇嘛：那麼，我們怎麼來看客觀性呢？如果我們認真地相信我們的感知是有以往經驗、期望、與目的所塑造的，那麼是不是還有真實的客觀性，即使是主觀間或個人間的客觀性？或者說，客觀性不再存在？

　　羅伯特·利文斯頓：我想我們是作為個人和作為集體在尋找世界圖像的某種穩定性，但是我們永遠不可能非常肯定。我們尋找，我們能發現某些穩定性，不管是在物理學中、生理學中還是在宗教信念中，但我們永遠做不到絕對的確鑿無疑。這是因為演化給了我們自由的憂傷，也給了我們異常的能力。我們的個人經驗是如此

天差地別，這個世界是有幾十億人組成的，也是由幾十億個世界組成的。

我們似乎是處於一個奇怪的諷刺處境中。我們覺得如此確鑿的科學發現，卻在降低我們的安全感。在一個「由幾十億個人和幾十億個世界」組成的世界裡，還有客觀性存在嗎？還有啟蒙後的真正洞察力嗎？是不是只有利文斯頓表述的激進主觀主義能夠讓科學事實和我們的日常經驗共存於世？佛教傾向於批判激進相對主義，因為它導向抹殺道德的虛無主義。如果不回歸原教旨主義或簡化的唯實論，它又要用什麼來代替呢？

8
探索世界、思索心智

　　西方科學幾乎全然集中在探索外部世界，發展出越來越細緻的實驗研究方法，透過越來越抽象、複雜的理論來理解世界。隨著科學進步，人類生活產生了無窮的外部改善，雖然常常伴以環境的嚴重代價。即便是心理學、認知科學、神經科學，相對來說比較年輕，但它們也經常忽略個人的主觀經驗，而偏好第三人稱的研究方法和類似物理科學的那種理論陳述。相反地，佛教的僧侶學者透過對人類經驗本身的仔細思考，來探索人類苦難的內在原因。他們早就意識到幻覺和錯覺如何危害心智的科學，並發展出一種嚴格的冥想修習，使他們能對內在領域的探索結果有合理的確信。他們的動機是減少人類的痛苦，不是依賴技術改進，而是依靠直接作用於心智的心理與靈性的修行。為什麼東方和西方有如此大的差別？每個會議參與者都想談論達賴喇嘛提出的這個問題。他們的評論成為一場饒有趣味而範圍很廣的談話，成為東方和西方理性的鮮明對比。

　　達賴喇嘛：你是否想過，為什麼科學貫穿其整個歷史，如此強調對客觀世界本質的理解，而對觀察者或主觀世界的本質似乎沒有如此強調？

戴維・芬克爾斯坦：我認為物理學的發展是相對主義的增長。相對主義的每一次增長，是我們進一步理解觀察者或一群可能的觀察者、以及觀察者對現象的影響之複雜性。量子理論只是相對主義增長的最新階段，這絕不是我們理解觀察者或實驗者的終結。事實上，我認為，稱其為觀察者已不太合適了，因為這個稱呼意味著這是從現象外部來觀察的人，並不改變現象。在量子理論中，我們只有實驗者，即做事的人。相對主義的一個教訓是，我們在假設存在著某種原則上看不見的事物時必須非常小心。很明顯，這類事物之一就是宇宙。原則上，實驗者要獲得宇宙的完備訊息在物理上是不可能的。每個實驗者都是從忽略宇宙的一大部分開始，即忽略他或她自己。你要從注意力中忽略很多東西，才能把注意力轉向一些東西。很可能宇宙將走向絕對時間或絕對狀態。我不認為我們已經達到了相對主義增長的終結點。

達賴喇嘛：至少從字面上來說，我們有觀察對象和觀察者，為什麼科學的主要注意力都在觀察對象上面，幾乎不考慮觀察者呢？你能解釋為什麼嗎？

阿瑟・查恩茨：這不是一個確定的答案，但讓我來講一個觀點，為什麼西方科學在歷史上注重外部世界。貫穿整個中世紀，事實上並沒有極大地專注於外部世界。當然，工匠們需要知道材料的世界，為了建造房屋、衣服等。但他們不是學者或僧侶，他們是一些不會讀和寫的人。大約到了西元 1600 年，這種情況在歐洲有所變化，學者們第一次開始自己製作東西，從而對物質世界產生了非常深刻的興趣。比如說牛頓，他是一個偉大的學者、一個數學家，

他製作了自己的望遠鏡。這是一個精美的望遠鏡，比倫敦的任何一個工匠都做得好。同樣地，伽利略也做了一個不一樣的望遠鏡。學者有自己從不動手製作的傳統，因為工藝是不純粹的，只適合低種姓的傳統，後來這種傳統開始改變。學者變得對物質深感興趣，也對將推理用於物質世界感興趣。這樣的做法產生了偉大的成就和偉大的力量。這些成功的後果之一是科學成為西方文明日益增長的力量。在某種情況下，它也成為對宗教的威脅。於是，伽利略被逮捕，被囚禁起來。靈性與宗教的內在世界和掌握大自然的外在世界，兩者之間的張力逐漸增加。一種明確的分離產生了。宗教世界向科學做出了讓步：只要你們不對道德和內在世界說三道四，我們就把外在世界讓給你們。你來掌握外在世界，我們來掌握內在世界。在一開始時，科學非常弱小而宗教非常強大。但現在事情在變化，科學和技術的力量在西方變得非常強大。現在，一個精神領袖，像尊者您這樣的人，和科學領袖，如這裡的與會者，這兩種人之間對話變得很困難，而現在我們這些人想把兩個世界再一次帶到一起。

我們科學態度背後的神學前提

聽眾中有一位著名的哈佛科學史專家安妮·哈靈頓（Anne Harrington）。她是上一次 1995 年心智與生命會議的參加者。我邀請她對達賴喇嘛提出的問題予以評論。

安妮·哈靈頓：西方科學是從基督教傳統產生的，我們必須看

到這一點。在科學下面有一個神學前提，這個根本前提就是說，人類心智是能夠理解創世的，大自然是理性的。基督教觀點認為，人是按上帝的形象創造出來的。在科學革命的年代，這就意味著人的理性心智是按照上帝的理性心智創造出來的。上帝在創造了大自然後，給了人類一個像祂自己那樣能夠理解大自然的理性心智。按照基督教觀點，上帝站在創世之外。同樣地，為了理解創世，科學觀點必須在某種意義上和上帝對創世的觀念看齊。為了理解和模仿上帝的創世，人類必須把自己放到創世之外，就像上帝那樣從上方俯視創世。所以我們說科學眼光是「不知來自何方」，是上帝的眼睛，無所在，無所不在。

杜維明：還有另外一個思想補充了安妮的觀點。因為神學的立場是上帝從外部創造了世界，所以人類的心智不管有多理性，多有理解力，都永遠不能完全理解上帝的想法。在基督教界有一次信仰的飛躍：既然上帝創造了世界和有理性的人類，人類將有能力透過理性的手段來理解世界，但是人類沒必要試圖理解那不可完全理解的上帝。這個信念在 18 世紀導致了非常強有力的人類中心主義，至今還支配著我們。歐洲啟蒙運動打擊了宗教僧侶傳統，產生了宗教和理性的分離。一方面，宗教變成了不能用理性來辯護的信仰。另一方面，人類似乎能夠透過人類自己創造的新實驗和儀器來理解大自然。宗教因其以上帝為中心而被科學排斥，而我們只是大自然這個整體中一個部分的思想也被排斥了。這是培根的觀點，這觀點非常有力。大自然不會自動向我們揭示她的祕密，所以我們要使用儀器和干預來迫使自然告訴我們她到底是什麼。這種人類中心主義

的干預，和人類中心主義對宗教的排斥，是人們談論世俗化時的真正意思。

阿瑟‧查恩茨：這是一個重要的觀點：根據這個看法，上帝是無限的，而既然我們是有限的，那麼我們就永遠不可能知道無限。在我們和上帝之間隔著一條深淵。不過，我們可以用有限的心智瞭解有限的世界。這個突破就在科學革命期間產生，西方宗教與靈性傳統中的信仰和關於大自然世界的知識分離了。

達賴喇嘛：在這段歷史的早期，可能所有科學家都處在一種文化背景下，那就是非常強盛的基督教文化，但是隨著時間推移，後來的科學家可能有意識地離開了任何形式的神學條件。

阿瑟‧查恩茨：這很有意思。您看，例如普朗克在 1900 年左右發明了光子的概念。他和 20 世紀初的很多科學家一樣，持有一種宗教觀點叫做新正統主義，這種觀點設想兩個世界之間有一種特殊安排。一個是大自然的世界，交給科學；另一個是道德生活和神學家田立克（Paul Tillich）[1] 所說的「終極關懷」的世界，交給宗教。很多科學家有宗教生活，但是宗教生活和他們的科學與理性生活是分開的。這種分離有一個戲劇性的實例。在廣島和長崎遭到原子彈轟炸後，歐洲最著名的新教神學家卡爾巴特（Karl Barth）[2] 得到邀請對物理學家講話，關於原子武器的道德意義問題。他拒絕了，他的

---

1 譯注：保羅‧田立克（1886-1965），基督教存在主義神學家、哲學家、新保羅主義者、美國存在主義代表人物。
2 譯注：卡爾巴特（1886-1968），瑞士新教神學家，新正統神學的代表人物。

所有學生也拒絕了。問他為什麼，巴特說科學家有一個世界，他有另一個世界，兩個世界沒有可以談論的共同基礎。他相信，邏輯上科學家不可能對道德問題和原子彈的非道德性說出什麼，即使他們能造出原子彈。

很多科學家仍然持這樣的觀點，或許不像卡爾巴特那麼激進，但他們持有真理分為兩個王國的理論：一個道德的王國和一個科學的王國。最近，在過去的三十年裡，我們開始看到一種變化。有些科學家更傾向背離所有宗教和靈性，把世界視為純物質性的。有少數科學家試圖找到某種方式把靈性和物理理解結合起來，不過在物理學界，這些科學家是少數。當然，宗教也變得越來越複雜，基督教不再像以前那樣統治著宗教生活。特別是佛教，近些年在美國和歐洲產生了非常強的影響。

喬治·格林斯坦：我想對這個問題補充一個有點不一樣的回答。科學問的是一些很有限的問題。它問「這東西有多重？」當你回答這個問題時，你是什麼人並沒有什麼關係。如果問你快樂或是悲傷，你是男的還是女的，你都是在問同一類問題。觀察者和問題是不相關的。而安東給我們看的實驗中，觀察者卻是相關的，但對大自然裡的大多數東西，觀察者是誰確實是沒有關係的。只是到了最近，在本世紀，我們發現了一些事物，觀察者對它們來說是相關的，這促使我們做出思考。但是直到這一切發生的時候，科學家仍然認為，沒必要考慮他們作為觀察者的靈性本質。

這些評論至少成功部分回答了科學為什麼專注於外部世界的問

題。在西方，內在世界的事是交給宗教的，宗教在歷史上和科學有一種對抗關係。佛教則相反，從一開始就有一種對待知識清楚而正面的態度，相信錯覺是苦難的緣由，對世界本質和自我本質的認識可以打破苦難的輪迴。我想起了這次會議的開幕詞，達賴喇嘛說人應該有懷疑精神，保持開放的心態。顯而易見，理性和信仰兩個王國的分離，或者如古爾德（Stephen J. Gould）[3] 所定義的劃分科學與精神的「無重合之教權」的規矩，從沒有被佛教所採納。很多年來，我感到我們所持有的新正統主義是人為而有害的。我非常振奮地發現，它在傳統佛教哲學中是沒有的。

重建心智

我們的對話在這裡轉了一個彎。兩個密切相關的話題互相交織。一個是關於訓練心智，從而拓寬和豐富人類可經驗的東西。另一個是關於固有存在的終極空性。經驗能把我們帶到多遠的地方？當我們試圖到達經驗之外的「事物本身」的時候，我們會發現什麼？

安東·翟林格：今天上午我們談到了量子力學最深刻的一個問題，即我們稱之為疊加原理的問題。這個問題其實不是邏輯推理的

3　譯注：古爾德（1941-2002），美國古生物學家、演化生物學家、科學史學家和科普作家。

問題，電子是不是在這裡，是不是在那裡，是在兩個地方或是兩個地方都沒有？我們面臨的是怎樣理解這種現象的問題。有一個很著名的奧地利物理學家叫鮑立（Wolfgang Ernst Pauli）[4]，他有一個很有名的挖苦的評論。美國數學家馮紐曼（John von Neumann）[5]因計算出了一些論證而感到驕傲，他告訴鮑立他其實可以證明量子疊加的時候，鮑立回答說，如果物理學家只需證明而不需要做更多其他事情的話，馮紐曼就會是一個偉大的物理學家。所以說，我們現在必須來跟概念搏鬥，而不是證明。

阿瑟・查恩茨：正如安東所說，我們在量子物理學中的實驗結果證明了疊加原理。但是，我和其他很多物理學家都認為，我們並沒有理解疊加原理。我想把這個問題和經驗的問題聯繫起來。我們的理解經常產生於經驗。我們可能已經聽說關於鳥兒的種種描述，終於有一天我們見到了一隻鳥兒，那時我們才確切無疑地明白鳥兒是什麼意思。在量子力學中，我們現在有了關於疊加的描述。我們有了很好的證據，但我們還沒有從經驗上理解它。

如果我們要從正常感覺經驗的立場來理解這個問題，就像理解兩個杯子裡的物體，我們就無法成功地理解疊加。但這是不是唯一一種我們可以依賴的經驗？在西藏醫學中，有一種技術是號脈。

4　譯注：鮑立（1900-1958），奧地利理論物理學家，量子力學研究先驅者之一。1945年，在愛因斯坦的提名下，他因鮑立不相容原理而榮獲諾貝爾物理學獎。

5　譯注：約翰・馮紐曼（1903-1957），出生於匈牙利的美籍猶太數學家，理論電腦科學和博弈論的奠基者，在泛函分析、遍歷理論、幾何學、拓樸學和數值分析等眾多數學領域和電腦科學、量子力學和經濟學中都有重大貢獻。

年輕的學生在剛開始學習藏醫時，幾乎測不出什麼任何東西，或者只測出一些不確定、模棱兩可又不清晰的東西。但經過長期訓練，他們開始感覺到一些東西，一開始可能只有一點點，時隱時現，但最終他們訓練自己能夠感知脈搏的存在。對於一個有經驗的大師來說，這同樣的脈搏是個窗口，是個相當精確有效的觀察方式。改變人的心智會改變人的經驗。經驗永遠是在心智的根基上產生的。如果心智是遲鈍的，那麼經驗也將是遲鈍的。如果心智非常敏銳，那麼經驗也將非常清晰。

也許我們在疊加態的問題上頭腦太遲鈍了。是不是有可能訓練我們的心智使我們對這些現象有更高的專注力，就像人們可以變得對脈搏有更高的專注力，讓我們能夠開始經驗到這些非經典的量子力學狀態？我想物理學家對這問題會有不同的回答。玻耳，以及我相信還有我親愛的同事安東・翟林格的回答是不，這是不可能的：我們的認識是由感官世界的物理現象所構成的，這就限制了我們怎樣理解賦予物理現象的概念，即使量子力學現象也是如此。我們總是不得不依賴於經驗領域和從經驗中取得的概念。另一方面，我本人，確實更樂觀，至少對「意識可以塑造、心智可以訓練」這樣的想法持開放態度。

安東・翟林格：問題和尊者您昨天提出的疑問有關係：我們怎麼能夠在缺少真正存在對象的情況下驗證我們的認知？我不接受阿瑟的觀點，雖然我承認它無疑是可能的。我之所以不接受，是因為如果我運用量子分析和疊加原理於所有東西之上，那麼所有東西都會解體而失去它們定義的性質。我必須小心翼翼地說，小心地提

問。要讓我現在做的事情有意義，我將不用我的量子分析來分析我的裝置。我就單純地把它們放在那裡，做為現成有良好定義之性質的對象。我把自己限制在哥本哈根解釋裡，對獨立於裝置的量子物體的性質做出陳述。我將裝置作為預先存在並有良好定義的東西接受下來。

在哥本哈根解釋中，根據玻耳的提議，在所要研究、具量子本質的系統，以及用於分析的經典的裝置之間，有一道清晰的區分。

　　達賴喇嘛：這個有點類似中觀論裡終極真理（實相）和日常真理（虛相）之間的區別。從終極實在的角度來看，你不能將任何東西當作是本身存在著的具備其固有本質的東西，即使是固有存在本身的空性，也不能看作是存在的。從虛相的角度看，你可以把握所有各種各樣的屬性、現象和相互關係等的存在。用常規模式來對待實在，你滿足於表面上呈現的名義狀態，就是我們平時談論事物的方式。在表面的範圍裡，我們可以對現象進行各種分析：它的來龍去脈，它的屬性，它所經歷的狀態、性質等等。在這樣的情況下，仍然可以區分什麼認知是能夠成立的，什麼是不能夠成立的，這樣的區分事實上是要緊的。在表面的和常規現象的王國，仍然有可能做出真正的發現，也可能犯下真正的錯誤。

　　但是你也可以不滿足於僅僅是表像，不滿足於現象的常規地位。它實際上的本質是什麼？它真的是什麼？當你開始超越表象而探索，試圖理解實體存在的真正本質，這叫做終極分析，尋找終極

實在的本質。當你開始尋求這個，你就會發現什麼也沒找到。事實上，你會發現根本沒有東西讓你發現。當你透過終極分析來尋找它，現象的「無所發現」就是空性的意思。

這兩種分析的模式——終極的和常規的——是互不相容的。如果你做其中之一，你就不能做另外一個。但是它們都是對同一對象做的。它們都談論同樣的現象。這似乎類似於你們在這裡討論的模式。當你們深入到非常微小粒子的精細本質，那裡似乎沒有什麼東西可以讓你找到。但如果你們往後退，滿足於宏觀的正常表象的粗糙現象，你們就可以說出很多東西。儘管如此，這兩種分析都是針對同樣東西而做出的。量子現象就在這同一對象之中，就像這個用經典物理學規則來分析的瓶子。你不需要到其他地方去找量子現象。

而且，看起來粗糙的現象是從精細現象中產生出來的。瓶子的表象出自於量子王國。我們不是在談論因果序列，不是說先有量子實在，然後引出粗糙現實，而是說量子王國是粗糙宏觀世界現象的基礎。在佛教中，我們認為固有存在的空性是常規現象表象的基礎。不是說它產生了它，而是說它是它的基礎。

皮埃特・哈特：在物理學裡也一樣，不僅是我們尋找了而沒找到，而是我們發現這裡根本就不可能發現什麼。

達賴喇嘛：在佛教中也是這樣。如果一個現象的終極本質是存在的，那就可能被發現。你沒發現它，所以它不存在。我們發現它是不可能被發現的。

皮埃特・哈特：在物理學中，我們的方法是做個實驗。然後，

如果從該實驗沒有抽出理論來解釋現象的存在，那麼這個實驗的理論解釋就是向你證明這個現象不存在。在中觀論裡，在得出不存在的結論時，經驗和理論起了什麼樣的作用？

　　達賴喇嘛：中觀論強調理性分析，但並不只是邏輯，它也有非常至關緊要的實驗或經驗的成分。例如，你可以把自己當作一個對象來分析：你就你自己的本質而言是固有存在的個體嗎？你是真實存在的現象嗎？在你運用邏輯之前，你先得經驗性地確定自己是什麼。你確切無疑地相信自己真實存在嗎？你參與了將你自己具體化的過程了嗎？如果參與了，那麼具體化的對象是什麼？這個你設想的自己本身，你視之為「你」的真實存在的本質是什麼？你必須用實驗非常生動地找出答案，什麼是你最終將排斥的現象的本質。你抓住它，幾乎就像是把它放進一個專門房間。你在頭腦裡將其分離，然後在這樣的實驗基礎上運用理性分析。分析的過程涉及幾個不同的邏輯方法，例如你用理解其緣起的方法來尋找現象的實際本質，這種方法把現象的存在視為互相依賴的事件。另一種常用方法是用整體和其部分來分析現象，分析實體本身和組成它的屬性和成分。這個自我是怎樣存在於你的身體與心智的關係之中？它和組成它的各個成分一樣嗎？它和這些成分是分開的嗎？當你運用理性分析時，你看到它既不是這個，也不是那個，而且沒有第三種可能性。如果一個真實存在的自我必須以這種方式存在或者以那種方式存在，而結果是無論哪一種方式它都不存在，那麼你不僅是沒有發現它，而是你發現它並不存在。

　　你這樣分析並最終得出一個結論，一個信念，一種自信的感

覺，但你還沒有確信這是一種演繹的認知。這種實在的認識是怎麼變化的？例如，我可能不知道但卻相信喬治來自美國，我可能是對的。但如果我知道這一點，那就不同了。你不斷用實驗也用理性探索你的結論，越來越深入。最後你用推理的手段越過概念性的理解，而達到純粹感知和純粹經驗的感悟。這是真正的目的。可見分析的方法是從相信到推理得出可確信的認知，再到純粹感知和純粹經驗的可確信認知。

確信的認知：從推理到經驗

上面所述的序列似乎對佛教徒理解什麼是確信的認知很重要：從相信到確信的推理，最終到確信的經驗認知。我希望得到更多的細節，於是我請達賴喇嘛進一步闡發。

阿瑟・查恩茨：尊者您比較了兩種不同的分析模式，一種是常規的分析，讓我們能夠談論這個世界上的一般物體和正常的存在，另一種是很深的探索分析，它最終顯示了事物和它自己的空性。但這似乎只是一種很粗的劃分：不是這種就是那種。在感覺世界裡，有很多物體我可以透過感覺而看到，但或許也有一些常規的東西是微妙的，不能透過感覺來察覺。

達賴喇嘛：也許還有一種佛教對知識的分類是有益的，那就是劃分三個知識領域。一個是表象、證據和現象的領域，包括所有能夠經驗性地和感知性地瞭解的對象。第二個領域是描述為朦朧的或

隱蔽的現象，你無法直接經驗或者透過感覺知道，但你可以在經驗證據的基礎上推理出來。第三個知識領域是極深地隱藏著的現象的知識，它們超出了普通人透過推理或直接經驗而獲知的能力，也許能夠進入這種知識的唯一途徑是第三者的證詞。這樣的分類是對一個未經訓練的普通人的感知而言的，倘若經過訓練，人們也許可以透過感知而接觸到超越表象的知識，但這是初學者做不到的。

喬治・格林斯坦：我想問個問題，為了確信我聽懂了。知識的第一個層面是我所看到的東西，第二個層面是透過顯微鏡來看到的東西。我說的對嗎？

達賴喇嘛：不，並不是如此簡單。隱藏著的現象的實例，是我們眼前這個瓶子的本質在一刻不停地變化著。

阿蘭・瓦萊斯：隱蔽現象的另一個例子是布朗運動。[6]我們一開始並沒有看到空氣的原子在做無序運動，這是只能透過推理才知道的事情。然後，或許是七十年以後，製造出一種顯微鏡能讓你看到原子在運動。但一開始這是一種隱蔽現象，只有透過推理才能接觸到。

喬治・格林斯坦：那麼，我從顯微鏡裡看到的東西歸在哪一類知識裡呢？

達賴喇嘛：這仍是一種證據性的現象。我正在試圖回憶五種不

6　譯注：布朗運動（Brownian motion），是微小粒子或顆粒在流體中做的無規則運動。1827 年，英國植物學家布朗利用顯微鏡觀察懸浮在水中由花粉迸裂出的微粒，發現其會呈現不規則的運動，故稱之為布朗運動，可以間接證明分子的無規則運動。

同形式的分類法。有一種形式是你可以用肉眼看到的，另一種形式
是你可以感知但不是以平常的視覺來看到。例如，你在夢中看到的
景象顯然不是你用眼睛看到的。還有其他一些形式是不能用眼睛看
到的，不過我現在一時想不起來那些分類。

尊者轉身問觀眾席上的僧人們，結果沒有問出答案，他說：「他們
也記不起來了。」引起我們大笑。

　　阿瑟・查恩茨：我也記不住夸克模式的細節，沒關係。
　　達賴喇嘛：知識領域的三大分類：顯著的、隱蔽的，以及極
深隱蔽的現象，都可以在虛相實在的領域裡找到。此外，所有這些
都從屬於一個主觀者，所有這些都依賴於上下關係。沒有什麼是內
在顯著、隱蔽或很深地隱蔽的。那麼，什麼是終極實在（實相）或
者空性？事實上，那是在第二類知識中。實相是隱蔽的——沒有證
據，但並非極深地隱蔽。有時被稱為是輕微隱蔽的。我想強調的是，
虛相並不只是對應著第一類顯示的知識領域。
　　戴維・芬克爾斯坦：我不是很理解第三類所謂極深地隱蔽的知
識。您能不能舉個例子或是給我們一個更完整的定義？您提到從第
三者來學習這類知識的可能性。這是不是說那對第三者是明顯的？
　　達賴喇嘛：是的。在佛教講經時經常舉非常微妙的業力為例，
一個行為的倫理意義，不管這行為是好的、壞的，還是不好不壞，
從佛教的眼光來看，我們說只有佛陀才能直接知道一個行為對幾百
世造成的極微妙後果。對其他所有人，對其他有情眾生而言，這是

極深地隱蔽的知識。說「只有佛陀知道」聽起來像是宗派主義，但更一般來說，就是一個行為和它的長期後果間非常微妙的關係是極深地隱藏著的，一直要到心智中最細微的蒙昧都消除以後才會顯現。對於那些消除了最細微認知蒙昧的人來說，這種關係是顯而易見的。

　　舉一個更容易理解的例子。設想我正在電話上和一個朋友說話，而就在我窗外我看到一個小孩從自行車上掉下來而哇哇大哭。小孩很疼。對小孩來說，疼是一個明顯的現象。對我來說，疼是推理的現象，我只看到外面發生的事。我沒看到小孩的疼，因為我沒有透視眼，但我推斷小孩疼是因為小孩在哭。然後我告訴電話那頭的朋友我看到了什麼。對那邊的朋友來說，小孩的疼不是明顯的，也不能用邏輯推斷出來。但他認為我有權威，所以只根據我所說的話，他就知道小孩是疼的。如果此人不瞭解我的任何事情，就只是簡單地相信我，那麼這就是一種信念，而不是知識。或許我是一個病理學上的撒謊者或妄想狂。這裡就有一個標準：如果此人調查了我的狀況後，得出結論我對我說的話是有權威性的，那麼這人就可以聲稱這樣聽來的話是一種知識，依據是那是從一個權威處聽來的。這並非易事。這比單純擁有一個信仰要困難得多。另一個例子是我自己的生日。我知道我的生日只因為我母親告訴了我，我不是從直接經驗或推理而得知的。我母親告訴我，我是這一天出生的，我相信她，因為她是這件事的權威。

　　喬治·格林斯坦：星期一那天，安東給我們看了一個裝置，我們看到了一種干涉條紋。這是第一層面的知識。從那兒我們推斷出

疊加，這是知識的第二層面。那麼，在這個例子中知識的第三層面
是什麼？

　　達賴喇嘛：知識的第三個層面可能是我們在這個特定日子、這
個特別的時刻、在這個特別的聚會上做這個實驗的原因。為什麼這
件事是這樣發生的？這是純粹的巧合，還是因為我們各自以前的業
報、我們共同的行為或其他一些因素而促成的？

　　阿瑟·查恩茨：您說過有可能從推理知識變為顯然以經驗為基
礎的知識。以哭泣的孩子為例，我可以推斷孩子是疼的，因為我看
到了症狀。但我怎麼有可能去經驗她的疼痛，透過經驗知道她疼痛
呢？這要求改變我的意識。只要我的意識是基於感官的，那就不可
能。您提到透視眼，您是不是說有一種透過經驗知道事物的方式，
但不同於感覺實在的意識？

　　達賴喇嘛：如果你只是推斷這孩子的疼痛，你的推斷並不會因
為長時間專注於這一點而變成直接的感知。但在佛教的觀念中，還
有其他方法，比如修行而達到非常深的三昧，[7] 它有可能發展出一
種透視眼，使你能直接接觸到孩子的疼痛。

　　也許我們在這裡需要考慮一下知識類型的複雜性。例如，在
早先我們談論的空性問題上，從佛教的觀點來看，可以設想，推理
知識可透過一種熟悉的過程而達到某種經驗知識。一個佛教冥想者

7　譯注：Samadhi，原為梵文，又譯三昧、三摩提，意譯為等持、正定、正心行
　　處、定。是印度教、耆那教、佛教、錫克教和瑜伽流派中的一種冥想意識狀
　　態。最早出自婆羅門教《奧義書》中，亦為傳統瑜伽修行的方式，在《瑜伽經》
　　八支瑜伽中為第八支。在沙門傳統中也廣泛採用。

理解存在的本質是痛苦，這種理解一開始是非常智性的，非常推理的，但經過長時間的冥想修行，智力的知識能夠達到經驗的知識。

　　在佛教思想中，我們區分兩種不同類型的認知活動。一種類型的認知涉及的知識是，比如空性的知識或存在的痛苦本質的知識。這一類知識從推理開始，最後達到經驗層面。但在佛教修持中還有其他類型的認知活動，這些通常認為是技巧性的手段。這些活動包括靈性追求中更利他的方面，例如為生成慈悲心而打坐冥想。這並不是說，這種活動是推理性認知而在某個點上轉變為直接經驗；它甚至不是一種知識類型。可是在初始階段它可能被描述為一種模仿狀態，而在長期的修煉後成為自發的狀態。在一開始，這是需要做出努力的：你用某種方式靜坐冥想，慈悲的感覺慢慢出現，但是當你停止這麼想的時候，它就又消失了。可是經過長期的冥想，習慣於這種狀態，最後你就能輕鬆自如地達到這種狀態。這個時候就稱為自在的狀態。

　　阿瑟・查恩茨：尊者，我想返回我原來提出的量子物理學中經驗和知識的關係問題。我們推斷出量子疊加，這是一種和直接經驗沒有關係的東西。然而是不是可能有某種方法，不管是什麼方法，最終可以達到疊加的直接經驗呢？對我來說還不是很清楚，是否所有推理的現象都有成為經驗知識的可能性，或者有那麼一類現象永遠只能是推理的。

　　達賴喇嘛：一般來說，從佛教觀點看，所有推理性的知識形式都有達成直接經驗的可能性。任何可以透過推理知道的東西，早晚可以透過感知和經驗而獲知。

當然，我對這個回答感到非常高興，因為這恰好符合我自己對此問題的猜想，安東的疑慮是不必要的。於是我說了一番引起大家大笑的話。很清楚地，所有性質，明顯的或隱蔽的，甚至量子疊加，都是佛教稱為虛相的一部分。科學分析主要是，或者說完全是，在處理這個層面上的現象。當我們轉向補充的分析模式，尋找終極的固有存在，我們只發現了空性。另一方面，這對我是富有意義的。我反對形而上學的唯實論，它的主張與我相反；但是像其他人一樣，我又感受到這種立場的明顯倫理結論的疑問。我焦急地想進一步探討這個問題。

空性和終極實在

阿瑟・查恩茨：尊者，就空性而言，您怎麼避免完全的相對主義呢？當您進行深入分析時，您發現空無一物，您怎麼能避免認為實在只是一種心理構造物的問題呢？

達賴喇嘛：這個和我們昨天提出的觀點有關，中觀論認為，在沒有絕對參考的地方，也就沒有嚴格對應的理論。儘管如此，在虛相的範圍裡，我們確實在區別確證的認知和不確證的認知。換言之，那不是模棱兩可或反覆無常的。而且，實在也不是由認同來決定的，因為很多人都會持有錯誤的觀點。

所以，你該怎麼辦？舉個例子，想像你在拂曉時分穿過樹林，你看到地上有個東西，那其實是一條繩子。你沒能看得很清楚，你以為那是一條蛇。你不知道這是不是一個確證的認知。它看上去像

是蛇，但你並不肯定。你想探究得更仔細一點，你在這時候並不關心存在的終極模式，你只是調查它的常規本質，科學研究做的就完全是這樣的探究。當你深入探索，你最初的結論得到證實，那麼你的認知就確立了。但如果經過仔細的進一步分析，你發現你的初始結論是錯的，因為另一個更精確的結論否定了你的初始結論，那麼後面這個認知相較於前面的就是正確的認知。現在你有了後面這個認知，這個認知說的是別的東西。這個認知也可以經受更嚴格的分析，但仍然是在虛相的範圍內。這樣的分析和科學研究是非常非常相似的。

阿瑟・查恩茨：問題仍然存在。您先前說過，對這個瓶子的常規分析和更深的終極分析都基於它是相同的東西。您的意思是不是說同樣的現象是基礎，或者說有些東西來自於瓶子本身，即自然本身的東西才是基礎？現象是不是真的沒有客觀基礎？

達賴喇嘛：從它自身的純粹客觀方面來說，最終並非如此。但即使你就以它的平常外表來看這個瓶子，不做終極性的分析，我們也不該以單維度來看常規領域的現象，也許即使是在常規領域裡也有不同的層面。例如在最粗糙的層面上，你讓一個人去買一瓶水，你們倆都不會去想這瓶子的特殊分子結構。你和那個你要求去買水的人都知道你的意思是什麼。如果你更深入地問瓶子是用什麼做的，某種意義上我們現在就在關心一個更精細的層面。但是根據佛教的觀點，瓶子在原子層面上的物理成分仍是在虛相的領域內。可是，你說在量子分析中你達到了一個點，瓶子的存在本身消失了。這個在某種方式上對應於佛教分析中的空性，最後達到的是純粹的

虛無。在這樣的虛無之後，你不再否定也不再肯定任何東西。從中
觀論的觀點來看，這是非常重要的；這就叫做 nonimplicative，或
者簡單來說，叫做虛無。這個過程也許並不是*透過否定*達到的，但
最後你達到的結果是否定。

安東，你說到，追尋量子分析的結構沒有發現任何東西。你會
說這是一種否定的方式嗎？

安東・翟林格：是的。這是我作為問題提出的一些東西的存在
被否定了。

達賴喇嘛：這有點諷刺意味，分析是純粹從物理學家的觀點展
開的，限於物理現象，似乎最後達到的卻是向佛教的空性打開了大
門。諷刺性在於，在你們分析的過程中似乎是完全忽略和不接受否
定性的現象，持一種物理實在只考察肯定性現象的觀點，只講它是
什麼。可是在你完成整個過程後，最後卻是達到了否定的效果。

皮埃特・哈特：缺乏隱蔽變量，是否定的一種形式。很有意思
的是，在物理學中，有兩種方式能夠導致可以確立的結論。愛因斯
坦相對論是其中一個例子。首先，他在想像中做了一個思想實驗，
透過這個思想實驗，他得到一個新的結論。然後在實驗室裡用實驗
驗證這個結論。但是量子理論是出乎意料的；先是非常令人困惑的
實驗結果出現了，然後才發現理論。有些東西是在天才非常聰明的
頭腦和現象中發現的，還有一些東西是大自然出乎意料地顯現出來
的。有時候是實驗領路，還有一些時候是理論領路，但在這兩種情
況下，你都用其他方式來驗證結論，而讓自己確信是正確的。我非
常好奇，在中觀論和佛教別的冥想方式中，是不是也有兩種不同的

模式，它們的關係是什麼。

達賴喇嘛：事實上，有兩種不同的方式可以相比於你們提出的方式。一種是你建立一個理論性的結構，然後利用它作為平臺進入冥想經驗，而經驗將從先前的觀點中浮現。另一種方式是從經驗開始；你進入冥想經驗，從你的經驗裡，你形成觀點。

一般來說，當你要尋求關於空性、關於實在的終極本質之觀點時，無論是通俗的顯宗還是更祕密的密宗修行，都強調說，最有效的是先透過推理和理論分析建立觀點，然後利用它作為平臺進入實際經驗。可是在大圓滿法門中以及密宗特有的其他模式中，有這樣的時刻，利用非常非常高的靈性成熟力量，你能夠獲得真切的經驗而不必先有一個理論框架。然後順著這種經驗，你可以說出你已經經驗到的東西，即一種理論。

所以，答案是肯定的，兩者都有。但在第二種情況下，佛教徒會認為此人的靈性成熟是前世經歷過的理性過程的結果。

皮埃特·哈特：在大圓滿法門中，是不是不強調在開始修行前持有觀點，即使沒有如中觀論那樣的漫長分析過程？

達賴喇嘛：在大圓滿修行中，在所謂「徹卻」[8]或突破階段，有一個通向認識的原始本質的突破，這是心智的根本本質。為了能實現這個突破，你先需要修行。先期的修行中你必須仔細透過經驗探索精神狀態起源的本質、精神現象和意識本身。這種探索要深入

8　譯注：Trekchö，漢傳佛教中也叫做「立斷」。大圓滿法門的修行包括透過「立斷」以達到本初清淨。

精神現象是怎麼產生、怎麼呈現的，即是在什麼地方，然後又是怎麼瓦解和消失的。對精神過程的這三個階段要進行非常仔細的本體論考察。這整個考查模式和邏輯的中觀論是完全一致的。在先期的修行完成後，你就可以進入所謂尋找原始認識之本質的具體修行。寧瑪派的大圓滿大師米龐大師[9]說過，中觀應成派觀點是大圓滿法門中突破階段不可或缺的先決條件。

這兩種傳統中，理性分析和經驗之間，理論和實驗之間，有著緊密而至關緊要的關係。這一點十分明顯。它們在我們探索世界的過程中都扮演了關鍵的角色。理論引導實驗，而理論性觀點是佛教冥想修行的堅實基礎。在中觀論中，我們正在探索的世界是終極空虛的，沒有固有的存在。充實而豐富的人類經驗世界和科學探索，都是在虛相的舞臺上發生的。虛相中存在著最精細和隱蔽的領域。按照佛教觀點，人類的潛能原則上能延伸而掌握它們。如果我們適當地訓練提高人類的感覺能力，那麼我們能夠推斷的虛相也能成為我們經驗的一部分。同樣地，我們總是可以改進我們的實驗去更仔細地探索，去證明或證偽我們的科學理論。

9　譯注：米龐仁波切（1846-1912），又稱大米龐，是西藏藏極富盛譽的學者和禪修大師。他智慧深廣超群，精於各種知識，有「喜馬拉雅的文藝復興大師」之譽。與蔣揚欽哲旺波、巴楚仁波切同為利美運動參與者。因頂果欽哲仁波切等大德之推崇，而揚名於歐美等地。

9
宇宙的新景觀

　　喬治・格林斯坦：星期一我走進這房間的時候，我深深為它的美麗而感動。在這麼一個美麗的房間裡開會真是太好了。同樣地，宇宙也是非常美麗的。我想我們現在應該來看一些照片，這些照片顯示出宇宙之美。安東・翟林格一開始給我們看了一張他生活的地方的照片，我現在要給大家看一張照片，那是安東和我們所有人生活的地方。

天體物理學家喬治・格林斯坦說了這番開場白後，就在螢幕上打出一組美麗的幻燈片，顯示宇宙的輝煌壯觀景象，第一張就是從太空中看到的我們的地球。就此我們從原子的微觀世界轉向了宇宙的廣闊空間。在這個過程中，量子的神祕變成了愛因斯坦相對論的神祕。在展示最新宇宙理論提出的挑戰之前，我想簡單總結一下喬治在達蘭薩拉第四天上午給我們看的圖像。

　　地球，從太空來看的話，是一個壯觀的藍白色圓球，它在漆黑的虛空中漂浮。它是我們在天國的家，是一個美麗的行星，它和另外幾個行星一起圍繞著太陽。喬治引導我們從宜人的地球來到荒涼滿是石頭的月球，來到外面的行星上。透過太空探測飛船維京號

和旅行者號提供的圖像，我們參觀了紅色表面的火星、巨大有很多月亮的木星、帶光環的土星，還有海王星。這些圖片把我們引得離家鄉越來越遠，或者更恰當地說，我們把我們想像力的地平線延伸到了更大的疆域。在我們的太陽系之外有運動著的星系、閃光的氣體雲、超新星的殘餘，還有星系團。這些深太空的物體在我們能夠看到的各個方向伸展出去。安東給我們看的因斯布魯克山脈是美麗的，但這些遙遠天文標本的景觀更為美麗。如果我們能從某個遠方星系回望我們自己的太陽系，就會發現原來太陽只是幾十億顆星星中的一個。

給我們的宇宙拍照

喬治‧格林斯坦：這些恆星中的一顆就是我們的恆星。它不是最大的，它只是這些非常小的小恆星中的一顆。我每次看這張星系的照片（圖 9.1），我就有一種強烈的感受：我們人類是多麼微不足道。這幾天我們談論觀察者是多麼重要，我們是多麼重要。當我看著這張照片的時候，我就不太肯定我們是不是真的重要了。

最後一張照片是最近由最強大的望遠鏡——哈伯望遠鏡拍攝的。它上面有很多個大小和類型不同的星系，正滑向無限的太空深處。

喬治‧格林斯坦：這張照片是天空的很小一部分，上面是離開我們非常遙遠的星系。我們不很確切那到底有多遠，要知道有多

遠是很困難的,但知道是在幾十億光年的範圍裡。每次當我們製造出更大的望遠鏡,我們就看得更遠,我們就看到更多的星系。我們還沒看到一個盡頭。也許我們建造的下一個望遠鏡能讓我們看到盡頭,但是可以肯定的是以前我們從未看到盡頭過。

除了它們無可置疑的美麗之外,這些圖像還能告訴我們什麼?從這

圖 9.1　一個螺旋星系(NGC3310),就像我們的銀河系一樣。NASA and STSci。

些圖像和其他十幾種觀察技術，我們獲得了前所未有的洞察力，看到統治我們宇宙的法則和它的組成和演變。喬治提出了我們為宇宙陶醉的時候都想問的問題。

向宇宙提問

喬治·格林斯坦：我想提幾個關於宇宙的一般性問題。我的第一個問題是，宇宙有多大年紀？它是不是有一個和我們同樣意義的年齡，比如說我是五十七歲，它也有一個類似的年歲？如果它有一個確定的年齡，那麼它就是創造出來的。如果它不是創造出來的，那麼它已經存在了無窮長的時間段了嗎？我該怎麼回答這樣的問題？在物理學和天文學裡，我們有方法來找出事物有多老。我們知道地球的年齡。利用放射性年代測定技術，我們可以找出一片陶片的年齡，可以發現一個古代城市有多古老。同樣地，我們可以給石頭測定年代，利用同樣的技術，我們可以發現地球的年齡。我可以發現宇宙的年齡，只要我能找出其中最老的東西的年齡。我會檢驗所有東西，看它們有多老。地球有多老，火星有多老？我們從未發現過任何比某一個時間極限更老的東西。我們發現了大量東西的年齡是達到這個極限或多多少少在這個極限之內。有很多東西是五十億或一百億或一百五十億年的年齡。我們發現了很多東西大致上是一百五十億年，但沒有發現任何東西比這年齡更老的。一百五十億年，大致來說在這個幅度上，似乎是個極限。這不是一個明確的極限。或許明天有人會發現一些東西是三百億年老，可這

還沒發生。那麼，大概在一百五十億年前發生了一些有意思的事情。到底發生了什麼？我們不知道，不過線索是有的。

1927 年，哈伯（Edwin Powell Hubble）[1] 發現了我們現在稱之為宇宙膨脹的現象。這個說法的意思是，所有星系或快或慢地在遠離我們而去。我可以測定最近的星系離我們有多遠，我也可以測定它以多快的速度在運動。例如一個星系在某個距離之外，它在以，比如說每小時一百英里的速度遠離我們而去。我可以計算出從我們這兒到它那兒需要多長時間，到它那兒需要一百五十億年。現在，讓我們來看更遠處的星系。它離我們更遠，但是哈伯發現，它運動得更快，比如說是每小時二百英里。那麼這個星系從我們這裡運動到它那裡需要多長時間？一百五十億年。每個星系都是這樣的方式在運動，一百五十億年前從這裡開始。我們稱這個時刻為大爆炸。大爆炸是什麼？它是創世嗎，它是一種爆炸嗎？我們並不確切知道。

愛因斯坦的相對論實際上預言了宇宙的膨脹。我們稱相對論的這個版本為大爆炸理論。愛因斯坦的理論預言了未來多種可能性，但它並沒告訴我們哪個可能性是真實的。一個可能性是膨脹將永不停止：宇宙的未來是無窮無盡，在時間上沒有極限。這是非常有意思的，因為我們就可以開始沙盤推演，問我們自己，在未來無限的時間裡宇宙會是什麼樣子，地球將變成什麼樣？不是一百萬年或

---

1 譯注：愛德溫・哈伯（1889-1953），美國天文學家。哈勃證實了銀河系外其他星系的存在，並發現了大多數星系都存在紅移的現象，從而建立了哈伯定律，是宇宙膨脹的有力證據。哈伯是星系天文學創始人和觀測宇宙學的開拓者，被天文學界尊稱為星系「天文學之父」。

十億年以後，而是無限長的時間以後。我和我的學生經常盤算，如果你有無限長的時間讓事情發生，那麼將會發生什麼樣的事情？

另一種可能性是膨脹持續一段時間後變得緩慢，最後停止，開始反向運動，宇宙壓縮到第二個大爆炸，或是大崩墜。

達賴喇嘛：是不是說宇宙聚集在一起就意味著會有第二個大爆炸，或者說，這並不一定會有第二個大爆炸隨後發生？

喬治・格林斯坦：愛因斯坦相對論沒有告訴我們什麼事情一定會發生。愛因斯坦理論所基於的假設在大崩墜的時刻就被推翻了。理論本身變成數學上的荒唐，或者「奇點」，就像 1 除以 0 是不可能的。你不可能用 0 來除 1；那是非法的。那不是得出無窮大，那是一個不可行的錯誤。這就是說，愛因斯坦不能告訴我們下一步將發生什麼。大崩墜將變成第二個大爆炸嗎？或者，宇宙整個兒消失了？或者，某種不可知的事情將發生？愛因斯坦沒有告訴我們。很多物理學家和天文學家試圖修改愛因斯坦的理論，使在大爆炸的時候不再是奇點，它就能告訴我們後面將發生什麼。皮埃特就在這樣做。很多人相信我們需要量子力學來完成這個任務，但沒有人知道該怎麼做。

至此為止我一直在談未來；現在讓我回頭談過去。現在的宇宙膨脹必定來自於一個大爆炸。大爆炸之前是什麼？大爆炸是創世嗎？或者，宇宙在大爆炸之前就存在了無窮的時間，它收縮了無窮時間而達到一個大崩墜，然後膨脹成現在這樣的狀態？

達賴喇嘛：我記得昨天我們談論太空飛船穿過虛空的空間，我們不可能談論絕對運動。現在好像你在談論的就是絕對運動這樣的

東西。你說有一個真實的膨脹，星系互相遠離而去。

喬治・格林斯坦：是的。確實是這樣。在宇宙學中，宇宙本身被定義為一個特殊的參照框架。

愛因斯坦理論給我們幾個可能性：宇宙是創造出來的，這是一種可能性。不存在創世，但在一個無窮的過去和未來，一切都將消失，這是另一種可能性。沒有創世，有一個無窮的過去，以及有一個無窮的未來，這是又一種可能性。對於某些可能性引出的一些猜測，人們實際上可以透過收集經驗證據，來判定這樣的事情是否發生過。但是對另一些可能性，愛因斯坦理論變成了奇點，我們就需要更好的理論才能做出判斷。所以，部分是理論思考，部分是收集證據，為了能判斷到底什麼是正確的。

另一個一般性問題：宇宙是否有個邊界，還是無窮無盡大？我將從收集證據的角度來回答這個問題。我會看物體離我們有多遠。用一個小望遠鏡我就可以看到很多很多星系，但遠到一定程度望遠鏡就達不到了。於是，我們得建造更大的望遠鏡。

達賴喇嘛：用迄今為止製造的最大望遠鏡，你們仍然沒有達到那個什麼也沒發現的地方，甚至星系密度也沒有減少，這麼說對不對？

喬治・格林斯坦：這樣說是對的。用我們有的最大望遠鏡，我們沒有看到邊緣，我們沒有看到星系密度在減少。我會爭辯說我們從這些觀察還不能得出任何結論。為了發現宇宙是否無限，我們需要無限大的望遠鏡。

達賴喇嘛：而且觀察者也需要無限長的生命。

無邊界的有限宇宙

喬治・格林斯坦：所以這是一個問題，不是直接去看就能回答的問題。現在讓我來用一種哲學的方式對待這個問題。讓我們想像宇宙有一個邊界，我想像自己走到這個邊界，然後我往前再走一步。邏輯上來說，這就好像是證明宇宙不能有一個邊界。但是，如果宇宙是無限的，我怎麼能理解無限大的東西呢？愛因斯坦發現了一個了不起而且有意思的方式來避免這個悖論，這方式使我們可以想像宇宙實際上是有限的，但是沒有邊界；也就是說，雖然是有限的體積但沒有邊界。

為了確定宇宙有多大，我需要把宇宙的所有地方都點數一遍。我先問，宇宙中所有地方的數量是有限的還是無限的？當我問宇宙是有限的還是無限的時，我的意思是指其中所有地方的數量是有限的還是無限的。我怎麼來數地方的數目？我從容易的事情做起。讓我數一下這個房間裡有多少人。我不想把同一個人數兩遍，所以我拿了支粉筆在每一個我數過的人身上做個記號。我開始數，一、二、三……等等。這樣我可以確證我沒有把同一個人數兩遍，我看到這房間裡的人數是有限的。現在我想對宇宙做同樣的事，我想像我在太空的一小塊虛空中放上一個小小的記號。我就用這個膠捲盒來標記這塊地方（*喬治撿起一個小膠捲盒*）。在任何我放了標記的地方，就標誌了一個地方和周圍的空間。為了確證不把同一塊空間數兩遍，我把膠捲盒留在這裡並且編號。這樣的膠捲盒集合，我能做到多大？我能做出一堆無窮的膠捲盒還是只做了有限數量的膠捲

盒？愛因斯坦發現了某種空間數學理論，叫做封閉空間，該理論說
只有有限數量的地方。如果我建造越來越大的膠捲盒堆，最後就沒
地方讓我去放最後一個盒子了。這一堆盒子充滿了地球，充滿了太
陽系，充滿了星系。我繼續增加盒子，盒子充滿了哈伯太空望遠鏡
能夠觀察到的所有地方。我繼續放，最後我看到遠處已有一道膠捲
盒組成的牆，當我繼續往太空中的地方填放盒子，我就越來越接近
這個盒子組成的牆。最後我到了牆跟前，我發現那些盒子上標記著
一、二、三等等。已經沒有別的空間了，最終沒有空間留下來了，
而我只是用了有限數量的盒子做到這一點。這就是一個有限數量空
間，只有有限數量的物體在其中的宇宙；這叫做封閉空間，更準確
的叫法是有限空間。這是愛因斯坦發現的一個可能的數學模型。其
他數學模型則是無限的。

阿蘭‧瓦萊斯：作為對話協調人我插一句話，這聽起來像是同
義反覆。你假設空間是有限的，然後你在這基礎上建立一個數學模
型。這裡沒有真實的訊息，因為假設已經決定了模型。

達賴喇嘛：有限宇宙的模型是以沒有界限的假設為前提嗎？

喬治‧格林斯坦：幾分鐘前我解釋了關於邊界的悖論，就是從
邊界再往前走一步的問題。愛因斯坦的理論避免了這個邊界悖論。
讓我給您打個比方。藏人測量面積的單位是什麼？

達賴喇嘛：西藏的農夫測量田地大小的單位，是他們在這田地
上需要用多少種子。

喬治‧格林斯坦：好。那麼需要多少袋種子才能覆蓋整個地球？
回答是有限數量的種子。可是地球的表面其實是沒有界限的，但農

夫用不著無窮多的種子來覆蓋整個地球。同樣地，在愛因斯坦發現的封閉空間模型中，我也用不著無窮多的東西來充滿宇宙。

　　皮埃特・哈特：想像整個地球表面都覆蓋著水，是只有幾公分深的非常淺的海洋，而且非常平坦，大魚可以在海裡面游來游去。牠們沒有任何高度的概念，牠們不能往上面爬，也不能往下面走，牠們只能水平地游來游去，牠們的世界是二維的，雖然牠們可以游到任何想去的地方去。牠們從來也沒有發現邊界，可是有限數量的水箱就可以把牠們的整個世界都裝走。愛因斯坦的數學模型是同樣的道理。我們是三維的魚，我們不能在四維中旅行。這個比喻不是完全準確的，因為魚在第三維上有點太厚了，而至今為止我們知道，我們在第四維上的尺寸是零。

　　喬治不想用這個比喻是因為地球中心的概念對此提出了問題。地球確實有一個中心，但在宇宙裡，就我們所知是沒有中心的。可是，就像淺海裡的魚永遠不會發現中心一樣，也許我們的宇宙也有一個中心，只是我們不能發現這個中心，因為那是在第四維裡。總之這只是一個模型，想要證明您可以有一個有限體積卻沒有有限邊界的空間。

人們在初次接觸到愛因斯坦理論的時候，都會被有限而無界限的宇宙理論所困惑，達賴喇嘛也不例外。我們都非常熟悉有限的空間體積，比如我們正在開會的房間。這樣的空間是以牆壁為界限的。在這樣的例子裡，牆就是我們上面談論的界限邊緣。在這樣的邊緣，我們可以問邊緣外面是什麼。在我們的房間裡，經驗告訴我們牆的

那一面總是有其他的空間。愛因斯坦的相對論卻給出了另外一種有限空間，和牆壁圍出來的有限空間大為不同。它是有限的，但是沒有牆。這之所以可能，是因為愛因斯坦的時空中存在質量體，因而時空是彎曲的。

喬治和皮埃特用地球表面做比喻來說明二維空間曲率的意義。如果地球是平的，那麼所有的有限區域（二維空間）將都由邊緣圍成，就像矮牆分割了農夫的田地一樣。如果沒有邊緣，那麼地球的平坦表面及其周圍的二維空間就將永遠延伸下去。可是另一種情況是，如果平坦的二維表面能夠彎曲而變成一個球，或者變成其他封閉表面。在封閉以後，地球表面區域就是有限而沒有界限的，即沒有邊緣的。

愛因斯坦的理論讓我們能夠將這個思路從二維擴展到三維。在上面的例子中，我們只在二維表面上敘述有邊緣或沒邊緣，但我們的宇宙是三維的。宇宙可以是開放的，在各個方向上永遠伸展下去，但還有另一種可能性。就像我們把一個無限而平坦的表面彎成一個封閉然而沒有邊界的二維球形表面一樣，使用同樣的方式，我們可以從一個開放的無限宇宙把時空彎曲，得到一個封閉但沒有邊界的三維宇宙。我們難以想像它，因為這需要我們從四維的透視來看三維空間的拓樸，這種能力我們大部分人都不具備。

用膠捲盒和種子作為道具，讓我們感覺到了這樣的封閉空間是怎麼形成的。另一個比喻我認為有助於我們理解的是環球航行。麥哲倫環球航行基本上是朝著同一方向前進的。同樣地，我們可以想像在宇宙中朝著一個方向出發。不管我們走了多遠多長的時間，

不管我們走的是什麼方向，我們永遠不會碰到邊緣，不會碰到一堵牆，不會達到邊界。但是，用聰明的航行方式（或者有足夠的時間），我們可以在一個封閉宇宙裡環行而返回原地。

這些都只是幫助我們的直覺，就像在量子理論中一樣，我們在這個問題上沒有什麼經驗。當然，彎曲空間的數學是準確而精細的。宇宙空間是開放還是封閉的，不是我們可以任意說的，而是取決於裡面存在的質量，因為是質量使時空彎曲。在有足夠數量的質量的情況下，時空就彎曲為封閉然而沒有邊界的宇宙。

自 1997 年心智與生命討論會後，這些思考已變得更為複雜和神祕，因為發現了和我們的期望相反的想像，遠處的星系在加速離開我們。這個發現迫使理論天體物理學家提出某種負物質概念，稱為第五元素，它把正常的物質推開。因為這第五元素是在我們的討論會以後才登場的，我在本書中不做具體的討論。

到處是一樣的膨脹

喬治・格林斯坦：愛因斯坦給了我們兩個可能性：一種是有限宇宙（沒有邊緣），另一種是無限宇宙。我們怎麼能理解某種無限的東西？假設我提出一個跟印度有關的很一般性的問題，我會從印度的一個很小的部分開始，比如說就從此處桌上的一小塊地方開始。如果我只看到這個景象，我看到的印度有塊平坦的綠布表面。如果我擴大一點視野，我就說印度包括一塊綠布和一些盒子、一個杯子還有這塊金屬。如果我再擴大我看到的區域，也就是這整個房間，

我突然發現印度有人，也有窗戶和光線等等。那麼要多大的視野我才能獲得關於印度的精確代表性景觀呢？也許是 10％ 或甚至 50％ 的印度，但這是一個有限的數量。如果宇宙是無限的，那麼我需要多大的視野才能精確地代表宇宙？比如說，我需要看到 10％ 的宇宙；可是這 10％ 也是無窮大。為了要得到宇宙的任何代表性景觀，我需要一個無窮大的望遠鏡，這我做不到。

所以說如果宇宙是無限的，那麼我就沒辦法瞭解它，除了兩條線索。這兩條線索都涉及證據而不是哲學思辨或理論。第一個證據是非常微妙的（*喬治拿出一條鬆緊帶，上面由金屬環分成均等的幾個部分*）。這是宇宙膨脹的一個模型。

每一個金屬環代表一個星系。喬治請桌子對面的阿蘭抓住鬆緊帶的一頭不動。靠近阿蘭抓住的端點的一個金屬環被選為代表我們這個銀河系。然後喬治拉鬆緊帶而阿蘭抓住端點不動。每一段鬆緊帶都相同地伸展開來，但是膨脹的速度是靠近喬治的比靠近阿蘭的更快。

喬治・格林斯坦：宇宙就是這樣膨脹的。非常靠近我們的星系運動得慢，遠處的星系運動得更快。這是哈伯望遠鏡發現的。

達賴喇嘛：近處的和遠處的只是顯得不同，還是事實上有兩種不同的速度？

喬治・格林斯坦：遠處的星系確實更快。不只是看起來快。不過這是相對而言的。

達賴喇嘛：奇怪。

安東·翟林格：最怪的事情在下一分鐘才發生。（大家哄堂大笑）

達賴喇嘛：你用地球作為你的參照框架，接近地球的星系運動較慢，遠處的較快。但是，當然，如果你變換你的參照框架……

喬治笑了起來，建議他們來試驗一下。現在換成他抓住鬆緊帶一端不動，阿蘭拉另一端。效果是反了過來，變成另外一端伸展得更快。

達賴喇嘛：這只是一種感知模式，即速度的相對感知。這不是客觀的。

喬治·格林斯坦：是的，確實是這樣。

相對運動和錯覺運動

達賴喇嘛：現在聽起來好像是你困惑了，因為你此前說過這是真實的速度不同，現在你又說不是的，這只是感知的模式。到底是什麼？你說的是一種心理現象還是一種物理現象？否則的話，看起來我們的星系在宇宙中有一種特權地位，我們是靜止的，其他一切都在運動，我們是所有一切的中心。接下來你就要拿出一個創世者了。

喬治·格林斯坦：我不很有把握是否聽懂了您的話。讓我來描述一下情況，然後請您分析。在達蘭薩拉大街上有一頭牛在慢慢行走。有三輛計程車。其中一輛停著不動。一輛很慢地開著。還有

一輛開得非常非常快。這三輛計程車的司機都盯著牛看，思考這牛的運動有多快。從停著不動的計程車來看，牛是用一種慢速度在運動。第二輛車是和牛一起運動。這個計程車司機會怎麼說這頭牛？

阿蘭·瓦萊斯：你是試圖說明這和參照系相關，而不是和感知模式相關。

喬治·格林斯坦：這有什麼不同？

阿蘭·瓦萊斯：如果這是一個參照框架，你就是在和物理實在打交道。如果這只是一種感知，它就像一種光學錯覺一樣。我們是在談論一種光學錯覺，還是在談論真實的物理宇宙結構？

喬治·格林斯坦：我們在討論的是我們怎樣測定速度。假設有一隻鳥現在飛過這個房間，我們都看到牠以一種確定的速度飛過。這一速度是一種錯覺還是對真實物體的感知？

阿蘭·瓦萊斯：這是對真實發生的事情的感知。

喬治·格林斯坦：那為什麼你要提出這也可能是一種錯覺？

達賴喇嘛：如果我們否認這個事件的真實性，我們就沒有理由談論對它的任何感知了。

喬治·格林斯坦：但是我們能一致同意鳥飛過房間的速度嗎？假設當鳥飛過的時候，我正在同一方向上行走。我對鳥的速度判斷會和你一樣嗎？

達賴喇嘛：這只是一個相對速度的問題，這不是一個光學錯覺。這是參照框架問題。

喬治·格林斯坦：然而，這恰恰就是我們討論透過望遠鏡測定遠處星系速度時遇到的同樣問題。我感覺非常迷人，因為我不能理

解為什麼我們對此很難交流。為什麼在探索很有意思的事情時，我們的理解會如此不同，這是一個線索。

達賴喇嘛：問題的出現是因為這是一個感知問題。它們運動的速度可以測定，所以看上去是個客觀實在。

喬治・格林斯坦：那是一個相對速度。

土登晉巴：但是它可以測定出來。

喬治・格林斯坦：用同樣的方式，我們每個人都可以測出鳥飛過房間的不同速度。這兒沒有絕對的速度。

戴維・芬克爾斯坦：當我們說到速度的時候，我們總是指相對速度。在物理學中沒有絕對速度這樣的東西。

大爆炸是一種無中心的爆炸

我們很天真地想像三種速度感知方式。腦袋給人敲了一下你會感覺天旋地轉，但是我們知道這種天旋地轉是一種錯覺，或者用佛教的說法，這只是一種心理現象。物理現象的運動其實只有一種模式，那就是相對運動。可是我們普遍地會傾向於認為所有物體都有真實的速度。這種想法在大爆炸理論中特別有誘惑力。我們會忍不住說，宇宙的膨脹是在遠離某一個中心，就像一個爆竹爆炸一樣，熱空氣和一些紙屑會從爆竹的原始位置往外飛。我們相信這不是宇宙起源時發生的事情的真實景象。我們現在有的最好理論描述了一種無中心的膨脹。這是一種很難理解的概念，用一個比喻也許能幫助我們理解。

設想有一個氣球佔據著很小的一塊地方。當我們把氣球吹破時，這個小空間的各個部分就四分五散。氣球中的哪一小塊空間都沒有什麼特權。沒有一個中心使得膨脹只在它周邊發生。或者你也可以說，氣球中的每一小塊空間都有相等的權限聲稱自己是中心。這就是說，如果我們從其中任何一小塊空間的角度來看，我們可以說，其他小塊空間都在遠離我們而去。這就是天文學家看到的現象。氣球表面是二維的、沒有邊界但是是有限的空間。宇宙有三維的空間維度。我們相信宇宙的膨脹完全相似於氣球的膨脹。從地球上看來，遠處的星和星系看起來都在遠離我們而去。可是從別的星系的角度看，整個宇宙看起來是在遠離它而膨脹。

宇宙的膨脹不是一個錯覺，但在宇宙不同地方的不同觀察者當然都是從自己的角度來看膨脹。我們發現的唯一一致的敘述是：每個人都看到宇宙在以同樣方式在膨脹。這一思想相當難以解釋。喬治·格林斯坦的中心點是他試圖做出解釋。在宇宙可能的膨脹方式中，只有一個模式能做到連貫性和一致性，那就是下面這一種。

喬治·格林斯坦：我原想這是一個比較容易達到我目標的方式，但是看來沒有。我要找的目標是我們怎樣理解無限。但請讓我說一下我的觀點。住在地球上，我們看到越遠的星系移動得越快。住在遙遠星系上的外星人看到的也是越遠的星系移動得越快。宇宙在以這樣的方式膨脹，每個觀察者看到的都是一樣的，而只有一個數學模式是符合這一點的。用數學語言來說，宇宙膨脹的不同方式的數量是一個大數，但在所有其他方式裡，不同觀察者將看到不同

的東西。因為每個觀察者看到的宇宙景觀和其他所有觀察者看到的宇宙景觀是一樣的，這就意味著你為了理解一個無限宇宙不必一定要看到無限遠。你只要看到附近，這就足夠了。

達賴喇嘛：這並沒有證明宇宙沒有界限，但它確實意味著你可以做出一個判斷。你是不是說即使是為了構想無窮宇宙的可能性，你不需要無窮的測量？

喬治・格林斯坦：是的。但如果宇宙以不同方式膨脹，我們就需要一種無窮的測量。

我不知道從這個討論中得出什麼結論。我發現，十分令人震驚的是，宇宙竟剛好做了這樣的事情，使我們有可能來想這些問題。宇宙可能是用不同方式膨脹的，那樣的話我們可能會發現，我們不可能經驗性地研究它。

總結而言，愛因斯坦的各種可能模式中有一個是無窮振盪的宇宙，即大爆炸、膨脹、大崩墜、膨脹，如此無限往復。還有一個模式涉及無限過去和無限未來。但是這些模式提出的問題，我們發現非常難以思考。我們怎麼來理解創世？在愛因斯坦的很多模式裡，有可能宇宙是大爆炸創造出來的。那麼時間是創造出來的嗎？空間是創造出來的嗎？在創造之前，物理學定律是否先驗地存在？如果說物理學定律存在但宇宙不存在，這是什麼意思？這些是我發現很難思考的問題。另一個問題是，在我們看到的宇宙景觀裡，人似乎是無關要緊的。所有生命都是無關緊要的。*這個*觀點，和我們已經討論過的觀察者至關緊要的觀點，該怎麼放在一起？

在這樣簡短總結了宇宙的故事後，還有很多問題尚待回答。這些問題探討了我們關於實在的概念——空間、時間、自然法則和有意識的心智等概念。其中一些將是下一次討論的焦點。

10
宇宙之起源和佛教因果律

　　我們的兩個天文學家——喬治‧格林斯坦和皮埃特‧哈特——繼續他們對宇宙演化的描述。宇宙學的一個困難點是對望遠鏡觀測做出適當的解釋。用我們最大的望遠鏡，我們可以看到太空的深處，但我們必須記住這樣做的時候，我們是在看過去的事情。到達我們眼睛的光已旅行了很長一段時間，長達幾十億年。我們只能對宇宙遠處的現狀做出推斷，因為我們直接的天文觀測所看到的永遠是很久以前的事情。可是對這些觀測進行小心的分析，我們可以構造出有關我們星系、有關整個宇宙形成的十分可能的情況，甚至是宇宙中我們現在看不到部分的情況。

　　皮埃特‧哈特：星系中星體現在的分布和組合是整個星系形成過程的結果。最初，氣體雲受到壓縮，在被壓縮的同時它開始旋轉。旋轉變得越來越快，星體就從中到處形成。星體承繼了氣體雲的旋轉，仍然有原始氣體雲那般的同樣運動，而且因為氣體在中心比較濃厚，有較多的星體在那裡形成。還有一些星系的形成更複雜，它們不旋轉。它們不是平坦的，可能有任意形狀；它們可能圓得像一顆球，或是長圓形得像是橄欖球。星體在星系內的運動可以是完全

隨機的。我們的星系碰巧運動得比較有系統性。

喬治·格林斯坦：然後就還有星系團。這些星系團的運動和太陽系不是同一模式。它們的星系用一種複雜的路徑運動，不是一般的旋轉。星系團似乎是隨機的，看上去就像蚊群雲，可能是成團的，也可能是不規則的。

最後，這些星系團似乎會形成非常大的結構，一直到最近我們才發現，那看上去就像大團肥皂泡。星系位在肥皂泡表面彎曲的薄膜上，而這些肥皂泡表面彼此相交，並有大塊區域就像泡泡一樣，裡面沒有任何東西，被稱為虛空。這些是我們所看到的最大結構，但如果我們能建造更大的望遠鏡，也許我們可以看到更大的結構。

皮埃特·哈特：不過，我們預期將來即使我們能看得更遠，也不再有新的結構了。其原因是，如果你看得非常遠而深入太空，你也是在時間上往回看很久以前的事。你可以看到距離上和時間上星系形成之前，那麼你能看到的就只有大爆炸的眩目光芒。這個光非常規則，各個方向上幾乎都一樣，沒有肥皂泡結構，沒有補丁。如果你朝著天空中不同方向看，放射性強度的差別是小於 1% 的 1%。

很有意思的是，我們仍不知道宇宙將會繼續膨脹還是再次收縮。但是看到太空中的大爆炸餘輝，我們希望在五年、十年後有個答案。在天文學中經常碰到的現象是，遠處的東西比近處的簡單。即使是在我們太陽系內部，地球也遠比太陽複雜。如果你在地球上往深處挖，你會在不同地方發現不同的岩石。而太陽，是一團炙熱的氣體，更容易理解。我們對太陽的中心瞭解得遠比地球中心多。

同樣地，在時間上往回追溯，越早的事情我們知道得越多，因為那時的宇宙比較簡單。太空中的背景輻射比星系更簡單，星系是後來形成的。

達賴喇嘛：早先我問過，當你們往很遠的地方看，你們是否發現任何極限或者星系密度變得稀疏，喬治說沒有發現，這就是說，它們會無限地延伸下去。但現在你說如果你看得夠遠，你發現了星系之外的大爆炸餘輝，這聽起來好像你正在達到宇宙物理質量事實上的極限。

皮埃特·哈特：我們沒理由相信太空中一段距離之外的星系會變少，但我們不能只看空間，我們必須看空間和時間。我們在空間看得越遠，在時間上就看得越早；如果你在時間上看得夠早，星系就消失了。在大爆炸餘輝時代，還沒有星系。星系大概是在宇宙誕生幾十億年的時候誕生的。我們不知道精確的年代。下一代天文望遠鏡或許就能讓我們看到星系的誕生。我們已經有了幾個觀察，看到好像是剛剛出生的「嬰兒星系」，但至今我們的望遠鏡還是不夠好。

阿瑟·查恩茨：讓我來解釋一下空間和時間的不同。我們想像宇宙是在一個非常大的空間範圍裡開始的，而不是在一個點上開始的。曾經有過一次創始，一個大爆炸，但是幾乎是瞬間，宇宙就非常巨大了，達到一千億光年的範圍。然後這一千億光年的整個東西在時間上展開。我們現在是處於創始後的一百二十億年。我們不可能看到宇宙空間的邊緣，因為五百億光年外的光還沒有到達我們。所以，我們看到的宇宙地平線不是太空的地平線；那是時間的地平

線。我們就是不能看得更遠。我們在這裡的時間還不夠我們去看到五百億光年外或許存在的星系。

達賴喇嘛：但你說在大爆炸的時候，宇宙可能立即就成為一千億光年直徑那麼大，那麼空間膨脹的整個思路就沒有意義了。

皮埃特・哈特：不，不，不。這一點在通俗天文學書籍裡也經常誤解，就是在大爆炸的時刻，不同的點互相遠離的速度要比光速快得多。這聽起來是矛盾的，因為愛因斯坦告訴我們光速是可能達到的最高速度。這是對的，如果兩個物體交錯而過，它們的相對速度不可能大於光速。但在大爆炸的時刻，不同點之間的速度可以遠遠大於光速。你甚至可以有一個無限的宇宙同時在爆炸。而此刻，我們有一個有限的時間深度，但我們可以有一個無限的空間。

我們知道從大爆炸開始的時間是有限的，但我們不知道空間是有限的還是無限的。對大爆炸餘輝最新觀察到的細微差別，將告訴我們宇宙是有限的還是無限的。大爆炸餘輝是三十年前發現的，最近二十五年科學家在尋找餘輝中溫度的細微差別。經過二十五年的尋找，大約五年前他們最終發現了它們。在發現了以後，現在他們製造了儀器來進行更精密的測量，所以在往後五年、十年他們將知道有多少質量在那裡。從溫度的這種微小差別，以後誕生了星系。如果你研究這些種子的性質，便可以知道更多關於星系的性質，以及整個宇宙的性質，包括它是否會崩墜。

達賴喇嘛：大爆炸理論是不是有某種假設說它在相對於我們星系的什麼地方發生？

喬治・格林斯坦：它就在這裡發生。

皮埃特‧哈特：它在所有地方發生。這是一個無中心的爆炸。

阿瑟‧查恩茨：您覺得量子力學和疊加原理很令人困惑。現在您會發現宇宙學更令人困惑。

就像所有第一次聽說這個思想的人一樣，達賴喇嘛也覺得很難想像一個無中心的爆炸，很難想像同時發生在所有地方的膨脹。此外，你也很難記住，觀察太空深處也是在往回觀察時間。例如，假設一個事件是發生在一百光年之外，而該事件發生在二百年前的過去。如果是一個超新星發生在這樣的空間和時間，我們可以看到它的光，因為這光用了一百年到達我們，但是既然這超新星已經存在二百年，有足夠的時間讓光到達我們，那麼超新星的光在一百年前就到達我們這裡了。現在考慮第二個超新星也發生在二百年前，但今天它已位於遠離我們的地方，比如說是在五百光年之外。那麼，我們還看不到這第二個超新星事件，因為光需要五百年才能到達我們。還要過三百年，天文學家才會在天空中觀察到它。

換言之，宇宙中有很多事件我們還看不到，因為從它們發出的光訊號還沒有到達我們。最早期的事件也是這樣。假設宇宙有一百二十億年老，在它誕生後不久，一個星系的形成事件發生在離我們五百億光年之外的地方，那麼我們到現在還不能看到這事件。我們還必須等待三百八十億年。

皮埃特描述了這種情況。天文學家往太空深處看，同時也在時間上往後看。我們看到一百億光年之外的星系，知道它們存在於過去的一百億年中。星系也可能存在於離我們五百億光年之外的地

方，但我們還看不到它們，因為它們的光還沒有到達我們。可以想像星系可能在一個無限的宇宙中永遠存在下去，我們不能說它們到底能不能。我們有一定把握能說的是，大爆炸發生在大約一百二十到一百三十億年前。如果我們回頭看一百億年之前，我們只會看到嬰孩星系，以及絕對零度之上三度的宇宙餘溫，我們認為那是大爆炸的殘餘。

達賴喇嘛：在一個有限時間的宇宙裡，是不是有可能存在無限多個星系？

皮埃特・哈特：是，有可能。不過只有有限多個可見的星系。

達賴喇嘛：這很有問題。你有一個開始的時間，整個宇宙在這個有限時間點開始，膨脹也從這個時間點開始。如果你只有有限的時間，除非星系在這有限的時間裡以無限的速率劇增，否則你最終只能有有限數量的星系。

皮埃特・哈特：即使宇宙是有限的，同樣類型的問題也存在，因為爆炸發生得如此之快，爆炸的各個部分沒有因果聯繫，沒有時間讓訊號在互相之間傳遞。如果我看著天空的一部分，這部分的餘輝和其他部分的餘輝之間沒有通訊。現在可見的餘輝產生時的通訊長度，是天空中一個只有幾度的小角度。餘輝的均勻性是個謎，因為這裡面不可能有因果聯繫。爆炸怎麼會在所有地方都同樣發生？這不像是個爆炸，爆炸是一樣東西接觸另一樣東西。可這裡沒有什麼接觸，甚至連光的接觸也沒有。如果你在一個有限宇宙裡有一個爆炸而不同部分互不接觸，那麼你就可以有一個無窮的爆炸，其中

各個部分互不接觸但都以同一方式運動。不管有限還是無限，我們都有同樣重要的問題，我們或許需要量子力學來解決這個問題。

一個振盪的宇宙的可能性

達賴喇嘛：至今為止我們還沒談到，是不是有可能只有一個大爆炸或者有幾個成為序列的大爆炸？同樣地，原則上也沒有理由否定有可能還存在別的宇宙，它們有自己的大爆炸，我們和它們沒有物理上的接觸。

喬治·格林斯坦：沒錯。

達賴喇嘛：如果這是一種可能性，那麼我們就對無限問題有另一種不同的角度。在多重大爆炸問題上，主流觀點是什麼？

阿瑟·查恩茨：我們可以將你的問題區分為兩個部分：大爆炸的一個序列，很遠處的多個大爆炸的可能性，也許同時發生，也許不是。讓我們先來談談序列大爆炸的一個振盪宇宙的問題。這個問題涉及暗物質，以及宇宙是否將永遠膨脹或膨脹到一定程度然後崩潰。喬治，你能不能解釋一下為什麼我們不知道答案。

喬治·格林斯坦：愛因斯坦告訴我們什麼樣的證據能夠回答宇宙是繼續膨脹還是崩潰以後再膨脹的問題。這取決於宇宙中有多少物質存在。如果宇宙中有超過一定臨界值的物質存在，宇宙就會振盪。如果宇宙中存在的物質少於這個臨界值，那麼單個膨脹將永遠持續下去。如果我們想測定一下宇宙中有多少物質存在，我們就會捲入一個非常複雜的因素之中：宇宙中看來好像有比我們用望遠

鏡能看到要多得多的物質。我們通過引力作用探測出這種暗物質的存在。牛頓告訴我們物質會產生引力，引力把其他東西拉向它。我們可以探測在太空中我們這個區域裡有多大的引力存在，結果發現的引力比我們能夠算進去的所有星體、所有星系、所有行星都要多得多。

在離開我們一或二或三光年的範圍裡，有比我們能夠看到的物質多大約兩倍到三倍的我們看不見的物質。如果我們考慮整個星系，那麼看不見的物質可能比看得見的物質多上十倍。如果我們考慮星系團，那麼看不見的物質可能是看得見的物質的十倍、二十倍、三十倍。看起來好像是我們從沒注意到宇宙的大部分物質。我們不知道這暗物質是什麼，我覺得這很不祥。

現在的問題是，我們是否有證據說有足夠的暗物質使得宇宙振盪。答案是否定的，還沒有足夠證據。但對於有多少暗物質存在的問題有那麼多的不確定，所以很可能有足夠多的暗物質存在。這個問題是現在最令人興奮的研究領域。

阿瑟‧查恩茨：皮埃特所描述的，是試圖用另一種方法來解決這個問題。天體物理學家還試圖精確地測定背景輻射的餘輝，希望能夠揭示這個問題的答案。

皮埃特‧哈特：當然，如果宇宙崩潰，我們不知道它是不是會再次膨脹。看起來如果它崩潰了的話，重新開始會容易一點，但我們還沒有這樣的理論。您還提到了多重宇宙。沒錯，有這樣一些想法，在大爆炸之後，宇宙的不同地方可能有新的大爆炸的種子。我們宇宙中的一個黑洞可能會導致另一個宇宙誕生。我們還不知道，

但是這個關於多重宇宙的理論，是一種可能性。

阿瑟・查恩茨：這是一個非常令人興奮的話題；但我們得在十五年後再回到這裡告訴您答案。

安東・翟林格：這句話在科學史上經常能聽到：十五年後回來，我們就會有答案了。可是十五年後答案沒有來，問題卻變得更複雜。我記得人們說：「給我一片月亮，我就能告訴你宇宙的歷史。」可是事情並沒有如所說的那樣發生。我們拿到了一片月亮，但問題卻更複雜了。

什麼造成了大爆炸？

達賴喇嘛：為了便於討論，如果我們假設單個大爆炸是邏輯上更為一致的思路，那麼大爆炸的起源是什麼呢？

皮埃特・哈特：到現在為止，我們還真說不出來。在物理學中我們有個規則，如果你預測出了一個奇點或者無限的東西，不管是無限小還是無限隨便什麼樣的東西，只要你的理論產生了無限的東西，這就說明你的理論站不住腳了，你需要一個新的理論。我們不相信宇宙真的無限小；我們相信因為理論預測它曾經無限小，所以我們必須發明一個新理論。科學家正在為此努力，也許這需要十年時間，也許需要一百年，我心裡一點數都沒有。但我們懷著希望，因為我們仍在我們的理論裡有所進展。希望這種進展繼續下去，希望我們有朝一日能有答案。

喬治・格林斯坦：關於事物起源，佛教的立場是什麼？

達賴喇嘛：如果只是看待物理的宇宙（你們知道佛教不只是探索外部物理世界），佛教認為存在著一種原因流，意思是說，事物在不停地變成別的事物。如果你在時間上往回追溯，你總是能發現當下的東西是從以前的東西裡產生的，而那樣東西又是從再以前的東西裡產生的。形式在變化，表現和組合都在變化，有時候變化極大，但總有某種保守原理在起作用。你永遠也不會無中生有。如果你找不到一個起始點，你就可以無窮地往回追溯。如果你定出了一個絕對起始點，那麼這就會是一種絕對沒有原因的東西。

喬治·格林斯坦：那麼因果律會不會是只應用於創始後的事物的概念呢？

達賴喇嘛：佛教不確定絕對的起始點。無原因的絕對起始點並不符合佛教邏輯學。如果我們排斥了這種無原因起始點，那麼任何特定宇宙或世界系統的形成必定來自以前的宇宙之殘存，以前的宇宙則經歷了一個毀滅階段。佛教的空間粒子理論就是從這裡來的。當宇宙被毀滅而瓦解，所有元素都分解回空間粒子。從這些空間粒子裡，一種催化劑起了作用，下一個世界循環就此開始。但這個過程中有一種連續性，一種保守性。空間粒子的想法不是泛佛教的主張，它可能只是佛教時輪系統中特有的，只是這個系統在藏傳佛教中影響極大。

安東·翟林格：尊者，是不是有這樣的可能性，空間和時間是和宇宙一起出現的？在這樣的情況下，大爆炸以前的時間問題就是沒有意義的。如果時間是在那一刻開始的，那麼就不存在「以前」，於是因果問題也是空的了。

達賴喇嘛：就像佛教不認為有宇宙創始的絕對起始點一樣，這兒的問題是，佛教不認為有時間和空間的有限起源。人們可以談論一個特定世界系統的開始和終結，但不是整個宇宙。

因果世界裡的自由意志

在茶休的時候，討論仍在非正式地進行著。

皮埃特·哈特:那麼人類的自由意志呢？要麼我們有自由意志，要麼我們所有行動都是由別的東西引起的？

達賴喇嘛：你說的自由意志到底是什麼意思？

皮埃特·哈特：就是我為我的行為負責的意思。如果我的行為是由過去的某些東西造成的，我怎麼為它負責呢？

達賴喇嘛：一般來說，佛教接受人類有自由意志的看法。人們的很多行為是由個人自己決定的。佛教不認為有一個創世者。當然，佛教談論從一世到另一世的業，佛教認為這種業的潛力是可以抵消或增強的。這是一個永不停息的過程。

皮埃特·哈特：如果有個人行動和個人選擇的空間，那麼事情就不是完全固定的。為什麼您認為宇宙比人類更為固定呢？

達賴喇嘛：因為那是物質的。但即使是在物質的領域裡，佛教也不會說宇宙是決定論的。佛教只是會假設它必定有一個因果鏈。讓我以一個人從德里坐火車到帕坦廓特為例。你做了這樣的決定，買了火車票，做了一切該做的事，但直到你真的上了火車，一切都

還沒定論。總是存在著事出意外的可能性。同樣地，在宇宙系統形成的情況下，直到實際演變開始，你總是可以說這件事還沒完全決定。

阿蘭·瓦萊斯：那就像疊加態一樣。

達賴喇嘛：從佛教徒的觀點來看，居住在宇宙中的所有有情眾生的業，在宇宙的形成中起了一定作用。一旦實際的物理演變開始了，它就會遵從一條決定了的路徑。

阿蘭·瓦萊斯：在那個時候就像波函數的坍塌，路徑成為不可避免的。但在業力作用的完全成熟效應之前，有一個不確定階段。然後出現了一種轉變，不確定階段停止，一個特定事件序列的決定論階段開始。

安東·翟林格：我能不能問一個非常一般性的問題：你們不接受事情有可能沒任何原因地發生，這樣的道理是從什麼地方來的？是不是因為不這樣的話我們就不得不接受上帝的存在，或者這兩樣東西完全沒有關聯？

達賴喇嘛：這和上帝完全沒有關係。佛教徒的立場完全不是一種神學主張。那是純粹哲學和邏輯的論點。如果你假設一個效應或一個事件是在沒有導致它產生的作用因素下發生的，那麼它將時時刻刻發生，或者永遠也不會發生。你沒辦法掌握它的偶然性本質。

戴維·芬克爾斯坦：可是無原因的事情一直在時時刻刻發生。

達賴喇嘛：我們不知道這個。這是我們現在正辯論的事情。

安東·翟林格：那麼這裡是不是有一個矛盾？如果您要求某種無原因的事情時時刻刻發生，然後您給它一個超越無因果的結構。

一個無因果事情的標誌應該是它沒有時時刻刻發生，但在我們沒任
何理由期待它發生時卻發生了。

　　達賴喇嘛：我想這裡可能有一個語義學問題，因為當佛教徒用
到「因」這個術語的時候，它有十分廣泛的意義。在西方語境裡，
「原因」好像總被定義為解釋性的原因：一種會產生後果的東西。
當佛教徒說沒有「因」就不會發生事件的時候，他們並不是說所有
事件都可以確定和解釋。

心智、身體和業

　　阿瑟・查恩茨：您能不能說得更詳細一些？當我們談論量子事
件的隨機性時，您想到了影響結果的業力條件的可能性。但您又說
不適用這種情況。在嚴格的物質因果關係之外，是否存在著因果關
係的不同類別或不同層面？

　　達賴喇嘛：有三類因。第一種是物理的原因。第二種是純心理
的原因，它不服從質量或能量。最後，還有不關聯的複合原因，比
如說時間這樣的原因，它既不是物理的也不是心理的結構。不關聯
的複合原因的另一個經典例子是單個人。你不是一種物理現象。阿
瑟・查恩茨不是質量和能量，只有你的身體是質量和能量的組成。
你也不是簡單的心理現象。你是一個人，有身體和心智，但你不只
是一個身體，也不只是一個心智。

　　阿瑟・查恩茨：是不是有可能用心理原因或不關聯的複合原因
來解釋隱蔽變量？也許在量子層面上，物質原因是以正常的方式起

作用的。但這仍是一個開放問題，這兩類原因是否可能在我們看來是隨機的事件上起作用。

達賴喇嘛：認知的影響肯定是有的。這會讓我們進入關於這些事件的業報關係的討論，而業報關係主要涉及苦樂的後果。在業力觀念中，這是一個主要議題。

阿瑟．查恩茨：有人會說「如果第一層面的物理因果解釋了一切事情，那麼就沒有機會讓另兩種因果起作用」。所以，從第一層面來看的隨機性，也就是另兩個因果層面起作用的機會。這是一個經典的心智—身體問題。心智怎麼影響身體？如果身體完全受制於物質原因，那就完全沒有心智起作用的空間。可是，如果存在一個極限，超過這個極限則身體的表現明顯是隨機的，那麼你就有了心理原因起作用的可能性。

達賴喇嘛：我想這裡我們必須十分清楚，因為探測儀上觀察到的光是有一個原因的。光從光源發出是非常簡單的。這相當清楚而直接。量子現象中所說的非因果性，是指光子擊中探測儀的隨機性。所以這有一點微妙不同，因為我們是指尋找一個事件的原因而不是找一樣東西。我不認為在雙縫實驗中，有非物理的心理原因作為隱蔽變量在起作用。或者，例如在放射性衰變中也是這樣。事情就是這樣在進行。不管是否有人在觀察，放射性衰變都在發生。意識和業力在這裡都一點也不相干。

然後我們提出大腦中的量子事件問題。大腦肯定和意識相關，在大腦中有量子事件發生。我們是不是一定要假設大腦事件中發生的因果影響都純粹出於物理本質，都不是真正的心理本質？我們沒

理由這樣想。當你和大腦打交道時，其中確實有心理因果關係。人的心智中的習慣性傾向或業力，也可能有作用。所以這可能會非常複雜。

阿瑟・查恩茨：非常有意思。非常有爭議。

這天晚些時候以及第二天上午，我們中的幾個人又非正式地討論了這個問題。只有一部分談話做了錄音，但要點如下。

多數物理學家今日相信量子力學的基本統計特徵。大自然就是這個樣子。他們仍持有客觀隨機性的想法，認為我們即使知道影響特定事件的所有物質原因，在某種微妙的量子層面上，事件仍是隨機而不確定的。另外有些科學家，包括愛因斯坦在內的一些著名物理學家，並不同意這樣的觀點。客觀隨機性並沒得到證明，完全有可能做出更精密的解釋，使這些解釋能和常規量子力學相容，並且對事件後面的原因給出更多細節。例如，戴維・玻姆的所謂量子力學本體論解釋就是這樣說的。

如果我們試探性地接受量子力學的基本統計學特性，我們也許可以爭論說，大自然中的所有事件，不管是擲骰子還是一滴雨水的墜落，都帶有客觀隨機性的某種殘存。在某種層面上，一切都是量子力學的。於是，量子力學的客觀隨機性就成為非物質原因的一個窗口。它們是不是對應著佛教徒所說的心理原因，或者業報？

這樣的爭論還在繼續。物理學原理的適用層面是有極限的。在這個極限之外，模糊性就出現了。在這些模糊性中，其他因素也許在起作用，比如佛教提到的那些原因。我們可以用我們的動機和

意志影響事件，但必須是用不違反物理學定律的方式來影響。這是對待心智─身體問題的一種態度。另一種態度是排除心智（或身體）的影響，或者用某種方式否定它的本體論地位。顯然，佛教不同意這樣的簡化。在佛教的世界觀中，心智和身體有同樣的本體論地位。

問題依然存在，量子力學極其微小的效應怎樣在宏觀層面上起作用？心智的微小擾動也許進入了機械因果的混亂之中，但是看起來這種微妙的觸動起不了多大的作用。事實也確實是這樣。可是非線性動力系統的研究證明，在某種情況下，很小的影響可能被極大地放大，甚至達到指數級的程度。這叫對初始條件的敏感依賴，或者也叫蝴蝶效應。

就這樣，對量子不確定性和混沌動力學相結合的思辨，可能為心智對身體的影響提供了依據。這樣，心理因素也許就進入了像我們這樣有情眾生的物理組織了。

因果性概念

戴維·芬克爾斯坦將我們帶回到了因果性問題。他在愛因斯坦的因果論和決定論之間做了區分。愛因斯坦相對論對因果論樹立了簡單而有力的約束，即原因不可能傳遞得比光速還快。於是在某個地點的一個事件，不會瞬間造成遠處事情的發生。某種干擾或訊號必須從一個地方旅行到另一地方，它的最快旅行速度是光速。請注意這個約束並沒有說是因果性的力學，而是一種簡單然而是普適性

的約束。相比之下，決定論告訴我們，我們研究的系統在時間上的演變是完全決定性的。你可以想像某個層面上決定論的失效，但沒有違背愛因斯坦的因果約束。量子力學就是一個例子；當波函數以決定論的方式展開時，根據依賴時間的薛丁格方程式，物理世界單一事件的結果不是決定論的。以這個說明為背景，我們可以回到對話現場了。

戴維·芬克爾斯坦：我在想，我們是不是存在著溝通失誤。您談到一種並非決定論的因果性，我不認為這會對我們描述量子力學裡看到的現象造成困難。如果愛因斯坦意義上的因果性沒被打破，這就是決定論被打破了。事實上對我來說很難理解，一位冥想者怎麼能得出結論，同樣的開端必定導致同樣的結局。在我的想像中，人只是經歷了發生了的事情。

達賴喇嘛：這仍然是一個困惑的地方。從頭說起的話，佛教徒從沒有在光子和電子層面上真正做過因果性分析，所以很難將量子物理學放進更寬闊的佛教框架之中。另外，佛教經常談論和因果性相聯繫的連續的存在，或者說一個連續體。這並不是說同一物體將在整個過程中持續存在，就像火一直在燃燒就可以看成是火的連續體。有時候一個連續體可以從潛在意義上來理解。比如，一個意識的連續體或者認知事件的連續體，這樣的連續體就可以理解為某種印記或傾向。同樣地，有時候物質對象的連續體可以從潛在的意義上理解，它不必真的實現。例如，我們談論未來的時間或未來的對象，中觀應成派將其定義為某種潛在存在著的東西，只是它的條件

還沒有完全具備。

阿瑟‧查恩茨：您也許會對亞里斯多德對光的定義感興趣。讓我們想像這間房間沒有窗戶，沒有外來的光，只有天花板上的燈光。如果我把這裡所有燈光關掉，我就什麼也看不見。亞里斯多德會說，這房間是潛在透明的。如果我把燈打開，這房間就成為事實上透明的。對亞里斯多德來說，光就是潛在透明的實現，可見佛教的有些思想並不是那麼生僻的。

杜維明：我對經典因果性思想怎樣變成問題的理解不是專業的，我想到了緣起的新可能性。如果你不是從物理學觀點而是從社會學或其他領域的觀點來看緣起，它就顯得非常明顯了。例如，社會學家韋伯堅信在新教倫理和資本主義精神之間有深刻聯繫。他用了一個說法叫「選擇性的親和」來描述兩者的關係，這種關係不是因果性的。事情同時發生但沒有因果關係。這類關係有一定的模式，有時是對應的，有時讓人聯想到客觀隨機性。在這類情況下，你不能用經典意義上的因果性來解釋。你認出有一些東西在其中，需要解釋，需要理解。這些現象表明某種相互影響力的作用。當然，也有可能存在隱蔽的原因，或者很多很多其他的原因。佛教徒在試圖理解各種各樣關係的多維度本質方面是非常出色的。當然，隱蔽原因是有的。當然，動機也是有的。這不是憑空臆測。這也不是光學幻覺。所以，我的意思是由於量子觀點本身有多重語義，這就打開了各種各樣其他的可能性。

達賴喇嘛：也許困惑來自於佛教徒談論因果性時的不同背景。佛教因果性的經典觀點在唯實論學派中表現出來。可是，龍樹菩薩

的《中觀根本論》這本中道派（中觀應成派）的根本著作，被藏人認為是佛教哲學思想的最高峰，其中討論了同時發生的因果。龍樹菩薩描述了一種因果形式，是互相依賴的因果關係。他談論因果依賴，這是在演員和劇本之間同時發生的，互相之間的。在經典意義上，依賴是單方向的。效果依賴於原因，但不會反過來，但是中觀應成派討論了因果的相互依賴性。

科學的未來

從這些相當細密的關於因果性的思辨中，我們又回到更廣的話題，和戴維一起展望科學挑戰和科學發現的下一個階段是什麼。

戴維‧芬克爾斯坦：為了跨越大爆炸，我們必須跨越我們現在的物理生命。因為大爆炸是我們現有理論中的奇點，顯然量子效應在實際情況下是非常重要的。如果存在著時間和空間的量子，例如奇點問題沒有出現，那麼問題就是要找到它。

科學家尋找下一個物理定律已找了五十年，但仍只得到一些蛛絲馬跡。很明顯我們是站在另一個高原的腳下。也許有另一個進入相對性的入口。我列出以前處理相對性的各種方式的一覽表，作為下一步向高原飛躍的起始點。我看到，粗略來說，東方在這場賽跑中早了西方大約一千年。例如位置的相對性，或者世界的多重性，在西方首次被人認識是在布魯諾的時代，大約西元 1600 年，而東方認識這一點已有一千年之久。我們在速度的相對性方面追上來一

點，我認為速度的相對性是西方最先認識的，時間的相對性則和愛因斯坦有關。在量子理論方面，東方又一次遠遠走在西方前面。這是因為西方宇宙學是以認識行星開始，然後往下展開，西方科學家為發現電子和光子何等微妙而大吃一驚，而東方宇宙學是從思索開始的，從思想出發展開的。對東方人來說，電子之微妙一點也不奇怪。思想比它更為微妙。

達賴喇嘛：你這裡說的微妙是什麼意思？

戴維・芬克爾斯坦：它們對觀察做出反應，它們被觀察改變。量子理論的要點其實就是所有觀察都會改變被觀察者。這一點對每個冥想者來說是不言而喻的事情。

下一個問題是法則。在這個問題上我非常詫異的是，經過了這麼多年之後，西方仍然是那樣的立場。這裡的情況又是我們在尋找一種採取行動卻不被行動所影響的東西。我們從愛因斯坦那裡繼承了關於法則的思想。這是一個方程式，寫在書裡，我們完全瞭解它，它在影響世界上發生的事情，可是這裡沒有反作用的影響——世界上發生的事情不作用於法則。這種單向的行動直到現在一直是一種退化的理論跡象，在這種理論之外是更對稱的行動。現在似乎要更自然地思考，至少有這樣的可能性，即法則本身也在演變而且受到世界上發生的事情影響而變化。既然世界是量子的，那麼看來不可避免地法則也是量子本質的，這就意味著它永遠不可能被人完全瞭解。它永遠不可能寫下來。

這是西方人很難接受的。我現在為自己花了那麼多年的時間尋找一種可以被完全瞭解的東西而感到愧疚。這有點不好意思。我

喜歡一個想法，就是用我此生餘年去尋找一種不能被完全瞭解的東西。我必須說我這樣的人絕不是頭一個。我從來不是原創者，我只是在量子學層面上做了愛因斯坦在幾何學層面上做了的事情。愛因斯坦說，幾何影響質量，所以質量一定會影響幾何。大自然的法則影響質量，所以質量一定影響自然法則。愛因斯坦的下一步是說，如果幾何是一個物理對象，誰還需要別的東西？也許幾何就是一切。這個思想叫做統一場論。他沒有完成。在這個層面上對應的東西應該是說，如果法則是一個演變著的物理實體，一個量子實體，那麼誰還需要別的東西？這是西方一個非常困難的問題。我挺好奇在東方這個問題有多難呢？

達賴喇嘛：如果一個人主張這些自然法則是存在的，那麼從佛教觀念來說，還要不要假定任何別的東西存在，如空間、時間、知識、質量等等？可能不需要。這些法則就足夠了。如果你比較一下現代西方物理學和佛教物理學，在佛教中，很多有關自然法則的討論是在更廣泛的背景下展開的，這個廣泛背景覆蓋了所有三個領域的現象：物質、意識以及抽象複合實體。自然法則是一種覆蓋了這三個領域的共同點的東西。不過在經典的經文中沒發現關於物理法則細節的討論。

土登晉巴：主要是因為佛教學者沒有望遠鏡或顯微鏡。他們只有靠思辨和經驗來想出有關物理宇宙的理論。

人類的共同創造者形象

杜維明：現在我很高興能和大家分享一點和戴維談話後的啟發。

我們這幾天涉獵了最大的和最小的東西，是當代科學研究和訊息充分的想像力能夠掌握的一切。觀察者的關鍵作用強烈提示人類在這整個事業中的新觀念。隨著新物理學和宇宙學的出現，（16 至 19 世紀）科學革命作為啟蒙的一部分，貢獻給現代西方的很多社會和文化價值，現在過時了，至少是出現了問題。歷史上的進步觀，從宗教到形而上學，再到科學，然後是科學的發展，好像已經使很多舊知識變得不恰當，變得過時。這是不對的，我們的討論清楚顯示出了這一點。我們需要認真地重新檢查，到底理性，而不是人性方面的性質，比如同情心和慈悲心，是不是人類發展最重要的方面？還原論模式認為，只要我們足夠深入分析一樣東西，就能把複雜的結構簡化為極其簡單。我認為這種對還原論模式的信仰也是過時的。

在全世界主要的精神傳統中有很多種古代智慧，佛教是其中的佼佼者。但即使是很多原住民的宗教傳統，例如夏威夷人、毛利人和美洲原住民的宗教傳統，對我們都有持久的價值。對我們特別有意義的是他們共同對於知道者或觀察者的關心，即對人的關心，特別重視透過很多不同形式的靈性修行而提高人的自我認知和自我修養。這是什麼意思呢？

首先，在最低意義上，對人的還原論觀點應該放棄。一個人不

只是一頭理性的動物。一個人不只是一個工具使用者。一個人不只是一個會說話的生物。一個人是詩意的，是美學意義上的，是能夠對與其他人，甚至遙遠的外星日益擴展的關係網做出敏感反應的。想想我們是怎樣被宇宙的照片、被實驗所陶醉、所震驚的吧。人類是社會性的人，強調個體之間的關係和聯繫。人類是政治性的，注重法律但也注重歷史和宗教，尋找著終極的意義；人類也是哲學的，始終不斷地沉浸在自我反省之中。人類不僅僅是觀察者，甚至不僅僅是實驗者，而是處在過程中的演員，是共同創造者意義上的演員。

在人類和大自然之間是一種夥伴關係，對宗教家來說，這是人類和天堂之間的共同擁有，雖然科學家不一定同意這個看法。人類作為共同創造者有兩個意義；一個是弱的意義：在發展我們知識的過程中，我們從來不是冷靜的、冷漠的觀察者，只是在發現外面存在的一些東西。那是一種錯誤的看法。我們積極捲入了這個過程：由於我們的業而建造儀器，在一定的時間和地點採取了我們所持的位置。我們知道我們在獲取知識的過程中的貢獻將會留之史書，即使我們認為我們自己從外星和星系的角度來看是那麼微不足道。這是我們和實在一起的共同投資項目，我們的一切都投了進去。

我們作為共同創造者的強的意義是較難解釋的。我懷著一種感動和謙卑在此解釋；如果這兒產生誤解，從宗教的角度看就是褻瀆神明。從歐洲啟蒙運動和科學發現中出現的舊人本主義，很大程度上是一種以人為中心的意識形態。這種作為意識形態的人類中心主義是科學主義的形式，並不是科學的形式。這種意識形態完全排斥

人的靈性，非常強硬地對待自然。它不是自然主義，也不是靈性主義，而是建立在「知識就是力量」基礎上的人本主義。在這樣的語境下，人類申明自己是共同創始者，是因為相信宇宙的密碼就在自己作為人的本質之中。試圖對這種特殊祕密訊息進行解碼，原則上是可以透過自我知識、自我修養和冥想來實現的。這可能需要很多世的人生，有些文化系統說得非常好：別擔心，還有很多世人生可以用。在西方，如果什麼事我們這輩子完成不了我們就很緊張。我認為這是一種局限，認為除了此生就什麼可能性也沒有了。

　　整個倫理責任問題在此變得非常關鍵。換言之，作為理解過程中的共同創造者，我們不僅僅是為了人類社會獲取更多知識就滿足了。作為演員，我們改變、控制和統治了宇宙轉變的過程。我記得古老中國傳統中有個說法：如果我們能夠充分實現我們的心和思想，我們就能理解我們自己的本質。如果我們理解了我們自己的本質，我們就理解了人類的本質。如果我們理解了人類的本質，那麼我們就能理解一切事物的本質。如果我們理解了一切事物的本質，我們就能參與到改造天上地下並使之豐富的過程中。如果我們能夠參與到天上地下的改造和使之豐富的過程，我們就能和天與地組成三位一體。現在我們可以用否定式來重複這些步驟。如果我們不想理解我們自己的本質，如果我們出於自己有限的、自我中心的理解而堅持侵入大自然，如果我們發展出儀器來操縱宇宙而沒有更深地理解它，那麼，事實上我們就成了毀滅者而不是共同創造者。

　　我們仰望那些偉大星體和宇宙，驚嘆什麼是單個個人的意義，甚至所有科學家、整個人類社會有什麼意義。但是，如果我們想到

我們作為共同創造者的責任，那麼人類就成為我們這行星上生死
攸關的物種。我們在家裡做的事情，我們在實驗室裡關起門來做
的事情，不只是具有科學意義、社會意義，而且，還具有宇宙學
的意義。

戴維·芬克爾斯坦：從我描述的理論能夠得出的結論是，如
果想生存於這個世界，我們就不能做這宇宙的陌生人，我們是統治
宇宙法則的一部分，我們參與制定決定我們自己生命的法則。現
在，我們必須強調這一點。我們的行為只微弱地影響了時空。時空
是我們所知最僵硬的介質。我相信有極大數量與我相似的人在估算
我們的行動對自然法則的影響。我們說影響非常微弱，至少在一般
領域是如此，但透過這種影響，會讓我們感覺身在宇宙中就像在家
裡一樣。俄國物理學家、諾貝爾獎得主安德烈·薩哈羅夫（Andrei
Sakharov）[1] 用一個出色的方程式表達了杜維明所說的同樣意思。他
在書中給他妻子的獻辭說：「真理之根是愛。」這個道理也許沒被
普遍認識到，但我知道如果薩哈羅夫寫的是平方根，他的意思是量
子平方根。他是在把兩個世界連接起來，一邊是舊的經典的客觀真
理思想，另一邊是行動的世界。他意識到真理事實上不是一種客觀
的東西。這是一種你愛它愛得很深時才能發現的東西，因為發現它
需要相當大的努力。

1　安德烈·薩哈羅夫（1921-1989），（前）蘇聯原子物理學家，聞名於核聚變、
　　宇宙射線、基本粒子和重子生成等領域的研究，曾主導蘇聯第一枚氫彈的研
　　發，被稱為「蘇聯氫彈之父」。薩哈羅夫也是人權活動家，反對獨裁專政，
　　擁護公民自由，支持蘇聯民主改革。他在 1975 年獲得諾貝爾和平獎。

舊的真理概念是世界之外的一個物理學家的真理，就像上帝一樣製造出世上一切理論。我們在量子實驗室裡看到的實際情況是，物理學家極盡全力地工作，想要理解宇宙的一點點東西。只為了給您演示一個光子，您看可憐的安東得把多少設備從因斯布魯克帶到這裡來。

安東・翟林格：這算不了多少設備，您還沒看到我們說的很多設備是什麼樣子呢。（*這話讓所有人都微笑起來*）

戴維・芬克爾斯坦：如果您想要安東給您看兩個光子，您就得到因斯布魯克去。安東沒法把設備搬過來。

我們看到的是宇宙的無限小的一部分。當系統變大時，實驗就必須以幾何級數增長。不管我們在什麼時候看一樣東西，世界的大部分都是隱退在後面的，從沒被人提起過，或許甚至無法辨認出來，因為我們集中注意力在非常小的範圍上。像愛和意義這樣的東西是不會在顯微鏡下出現的。但我們並不感到驚奇，因為它們被我們留在家裡了。

正如戴維所提議的，隔年六月安東和我在因斯布魯克迎接達賴喇嘛、阿蘭・瓦萊斯和土登晉巴，我們一起參觀了安東的實驗室，然後用兩天時間在俯瞰因斯布魯克的山上，討論涉及量子力學的根本性問題。

關於我們在物理學中注意力範圍的狹隘性，戴維做出的精彩評論提醒我們科學研究更重大的問題，這些問題是我們和達賴喇嘛對話的重要部分。我們的科學注意力只集中在我們度過生命的浩瀚宇

宙的一小部分。我們希望擴大我們的關係圈，讓其中也包含顯微鏡下沒有出現的東西：愛和意義。在這次會議早些時候，杜維明提出人類和自然之間的夥伴關係，或者說人類和實在的合夥事業。他和其他幾位要指出的是要克服一種意識幻覺，這種幻覺把我們的思想和感覺置於自然世界之上，對抗自然世界，和自然世界分離。慈悲心就是要克服這種分離。現在，量子糾纏的微妙和觀察開始聽起來像成熟的佛教哲學一部分了。

II

尋找一種世界觀的科學

    皮埃特·哈特的天文物理學研究集中在星系碰撞時發生的「百萬星體問題」上。他和他在日本與美國的合作者一起設計了專用的高速電腦，使用這種電腦，他建立的星系碰撞模型，具有極高的細節和準確性。他的開場白給出了他的尖端研究項目的一些思路和壯觀的景象。但是長久以來，皮埃特的興趣超出了天體物理學的技術問題，而指向科學本身產生的哲學問題。除了他對宇宙演變的研究，皮埃特對他所說的「世界觀」有持久的興趣。這個興趣使他進入了歐陸哲學（特別是胡塞爾的現象學）和某些佛教哲學分支的深刻研究。由於他對現象學的興趣，皮埃爾一次一次地把我們引向經驗問題，評估它在科學以及形成我們的世界觀方面的作用。

    皮埃特一開始就給大家看了 1997 年 10 月 22 日《紐約時報》上登載的星系碰撞照片。

    皮埃特·哈特：我很高興今天在這裡，這整個星期我都很高興。當我從紐約飛往德里的時候，我就非常快樂了，因為我看到了報紙上的這張照片，而那正是我研究的東西。這是一張攝影，用正常的光學望遠鏡拍下兩個碰撞的星系。我一會兒給大家看我電腦模

擬想像中星系發生的同樣景象，但現在看到真實的景象仍然感覺非常好。你看到一種非常複雜的光的模式，有兩條光的尾巴朝不同方向伸展出去。我們認為這是兩個星系發生了一場交通事故。由於是高速碰撞，有些星體被拉扯出來而進了這兩條尾巴。我們直到三十年前才知道這就是碰撞。在此之前，我們想它們可能是一些非常奇怪的星系，可能生來就是這麼奇形怪狀。但是三十年前，電腦終於快得能模擬碰撞的過程了。

　　你們現在看到的（圖 11.1）是哈伯太空望遠鏡在外太空拍攝的同樣類型的碰撞照片。因為那裡沒有空氣，所以你可以拍出比在地球上拍出的更清晰美麗的圖像。你在這照片上看到的不僅是一場碰

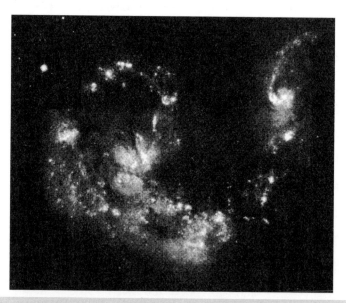

圖 11.1 透過哈伯太空望遠鏡觀察到的星系碰撞。NASA and STSci。

撞，你還看到碰撞星系中的氣體雲，新星由於高壓而生成。這些非常明亮的光點，每一個光點都是一顆新星或一組新星。

達賴喇嘛：星體是實際上互相接觸那樣碰撞了，還是互相穿插而沒有實際的接觸碰撞？

皮埃特·哈特：星體沒有互相撞擊。相較於它們互相之間的巨大空間，它們自個兒都很小。所以，兩個星系可以互相穿插而過，但星系仍會變形，因為它們會受到引力的作用。不過在星體之間還有巨大的氣體雲，這些雲會發生碰撞。

達賴喇嘛：運動的方向會發生什麼嗎？有沒有任何跡象顯示其中一個會把另一個拽向它的方向？

皮埃特·哈特：它們的運動速度非常高，所以是穿插而過。它們會有一點點減慢，但是仍然繼續前行。

達賴喇嘛：當那些新星形成後，它們是否會組成自己的自治組織，就像一個新的小星系；或者，它們總是被碰撞的兩個星系之一給拖走了？

皮埃特·哈特：這是個非常好的問題，兩種情況都會發生。如果你仔細看，你看到在這些分叉裡有一些亮點，這就是新星誕生了。它們會組成小星系，這些子星系會離開主星系。

兩個星系會以高速互相穿過。在低速情況下它們會黏住。在中等速度下它們不會完全穿插而過，它們會變成一個星系。這種情況是最常發生的。

如果您想看到它們是穿插而過還是黏在一起了，您得等上幾億年。我們大多數人都沒有這個耐心，於是我們就去問電腦，如果那

樣會發生什麼。我將給您看一個模擬的例子。

達賴喇嘛：在那個時候，也許一個人會有機會悟道，從而能說出星系會發生什麼。

皮埃特・哈特：所以，科學和悟道在競爭。

電腦模擬是一種推斷

達賴喇嘛和皮埃特的最後對話讓我們大笑了起來。其他參與者和觀摩者都圍到電腦螢幕前，觀看皮埃特為尊者放映的星系碰撞模擬圖。我們看到的圖是世界上最快速的專用電腦產生的，看起來非常壯觀，令人驚嘆。照片一張一張地展開，它們的美麗令我們印象深刻。結束時，大家不由地熱烈鼓掌。

皮埃特・哈特：這是兩個星系在零時間的景象。時間是以一億年來衡量的。這些都是星系，藍色和白色用來表示星體。紅光表示暗物質，這是看不見的物質，但是我們知道它們在那裡，因為我們可以感覺到它們的引力。如果你透過一個望遠鏡看，你只看到藍色星系，就像一塊煎餅一樣。讓我們來看看當它們相遇時是怎樣的。於是，你看到和剛才照片上類似的尾巴。這整個過程，您在幾秒鐘裡看到的，實際上用了四億年。

達賴喇嘛：這是數學上計算出來的嗎？這不僅僅是純粹的推測嗎？

皮埃特・哈特：是的，每三百萬年一步，我們計算每一點對

其他所有點的引力。我們有一萬多個點，所以每一步我們需要計算一億個力。實際上，我們做了點弊。在開始時，我們把很多力加在一起計算，而不是全部都分別計算。您不必把它們算得絕對正確，只要計算出基本的力就夠了，但數學方程式是百分之百精確的。初始位置是唯一的問題。我們嘗試了很多不同位置，直到我們獲得的結果看上去很像我們看到的實際景象。這就像走進森林，你只有一天時間來發現樹是怎麼長成的。您可以數樹的年輪然後加以思考，但是您只有一天時間在森林裡看。我們只有一天時間在宇宙裡，這是非常短的時間可以用來分析。

達賴喇嘛：我在想，從佛教認識論的眼光來看，這樣的模擬能不能認為是真正的推理。真正的推理是建立在理性基礎上的真知識，你可以對它非常非常有信心，它有非常高的可能性是真實發生的。您的推理是這種情況嗎，或者只是一種有訊息的猜測？

皮埃特·哈特：我會說這是一個好的近似。作為一種近似，它是很有保證的，但它不能保證所有細節。氣體雲的一些細小方面、磁場和其他一些東西，我們對它們還不瞭解。

達賴喇嘛：這些事件是在餘輝的區域裡發生的嗎？

皮埃特·哈特：餘輝是整個宇宙的太空背景中到處存在的放射性輻射。它來自很遠的遠方。餘輝好像天空中的光，而這些星系就像飛過天空的鳥兒。天空看起來很遠。它的光到達我們的眼睛，在我們近邊，但它來自很遠的地方。在過去，整個宇宙是耀眼閃亮的，在它停止發光以後，光仍然在宇宙中旅行。

為了說明宇宙是怎樣膨脹的，我們必須從它的一小片開始，那

就是幾個星系團，然後看著它變得越來越大。剛才您看到宇宙中原來的氣體形成小星系和氣體雲，這些星系和氣體雲混在一起組成一群星系。這是宇宙中的結構。您看到的每一個光點不是一顆星，而是很多很多星。

達賴喇嘛：在標準的星系團裡有沒有一個典型的星系數字？

皮埃特・哈特：它們有各種各樣的尺寸。我們自己的這個星系群是小的。它有兩個大星系，我們自己這個星系和另外一個，有十個或十五個小星系。但在附近有一個大得多的星系群，我們則是下一個層次的一部分，那是幾千個星系的一個巨群。

達賴喇嘛：龍樹菩薩有寫過的一個詩文問道，如果地球、山嶺、海洋和星星最終都成了灰塵，那麼有什麼能留給我們這些微弱的生命？我們能期待不死嗎？即使是星系也會瓦解。天體物理學家特別應該向政治家和那些為了宗教互相殘殺的人指出這一點。他們那樣做有什麼名堂？

皮埃特・哈特：如果我們能向其他行星發送無線電訊號，天文學家能夠作為大使互相交談，也許我們會有一個更好的宇宙。不過為此我們還得等待。

我非常喜歡做這些模擬。在我是一個孩童時，我喜歡玩鐵路和火車模型。當我長大以後，我的玩具也長大了，現在我喜歡玩星系。

安東・翟林格：那你下一步還玩什麼呢？

從世界系統到世界觀

　　皮埃特·哈特：也許我現在必須玩世界系統，或者說世界觀了。我玩這些星系還有人給我付薪水，這是挺美的事，不過我也還幹一些別的事。其中一件是我非常感興趣於世界觀的整體問題，不只是物理實在，而是對作為整體的世界，包括人類以及他們對美和意義的感覺。

　　在科學和佛教，或者更廣泛來說，在科學和宗教對話的時候，人們談論要建築一座橋梁。您提到龍樹菩薩曾說很多隱喻只是部分正確。我想這個橋梁的比喻就屬於部分正確，但我不太喜歡這個比喻。我想，它們真正的匯合處是當我們走下深谷，走到科學知識和佛教知識的根源，進入這個至今還知之不多的領域。在美國，我們常需要一句口號，因為美國人的注意力非常短促，我提出的口號是「要根，不要果」。這個口號的意思是，我們要專注於科學和佛教的過程，而不是科學和佛教的結果或果實。談論大爆炸，談論佛教與基督教關於世界起源的觀念，那是非常有意思的。但是更有意思的是知識形成的過程，是智慧與慈悲發展的過程。也許在未來的科學中，我們能夠談論知識的過程。

　　如果我們要走進科學與宗教的根，作為一個科學家，當然我必須從科學這一側出發。我想給您看我關於科學之根的觀點（圖11.2）。首先，我要考查科學之不同形式的結構，它們的關係以及它們是怎麼增長的。有時候人們用一個大廈來比喻科學，數學在底層，物理學是以數學為基礎的，所以位在數學上面，位於二樓。生

物學利用物理學和化學，所以位於別的樓層。數學本身是以邏輯學為基礎的。我把邏輯學的地基畫得比較小，因為邏輯法則的數量很有限，但從中衍伸出體量極大的數學和物理學。結果畫出來的更像一座佛塔而不是一座大廈，不過這沒關係。

這個模型有一種還原論傾向，即傾向於從 DNA、從分子和原子的物理學或化學來解釋生命。同樣地，人們在研究心理學時，考查了大腦的生物學結構、也考查神經細胞，以及神經訊號怎樣傳播。每一個層面都用更低的層面來解釋，從心理學降到生物學，再

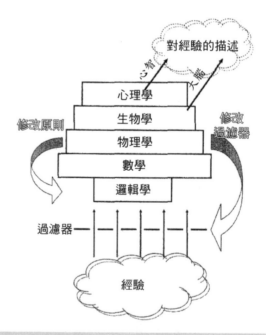

圖 11.2　經驗和知識的層次。

降到物理學，往下到數學，再往下到邏輯學。科學家和科學之外的人們一樣，經常談論科學就從原則開始。有一些科學原則，比如客觀性原則、可重複性原則、科學家之間的一致性原則，這些原則引向邏輯學的和數學的定律。其他一切都在此之上。例如生物學和心理學的成就，就是有關身體和大腦的知識，以及越來越多關於體驗的知識，人類的體驗是如何從大腦、從具體的東西中產生的。

這看上去就是科學的結構和科學發現的過程，但我認為這個圖像有點誤導。它過於簡單化了。它是一種理想，但在現實中發生的是，新發現有時會迫使我們修改原則。例如在物理學中，在任何給定的時刻，邏輯決定了怎樣做數學，數學決定了物理學，這各個層面之間確實有這樣的關係。但是新的發現如量子力學，卻迫使我們修改原則，用新的原則來解釋發生了什麼。

達賴喇嘛： 在佛教的歷史中，似乎物理學先出來，邏輯學是後來出來的。佛教邏輯學是 5 世紀才由陳那菩薩嚴格制訂，然後在 7 世紀由法稱菩薩再次系統性地闡述，而佛教本身在此之前很久就建立起來了。考慮邏輯學的基礎是什麼，這很有意思。例如，排中律是建立在一種經驗基礎之上的。我們環顧四周，看到事情怎樣發生，就是在這樣的經驗基礎上我們開始制訂邏輯。邏輯學不是在真空裡做出來的。一開始是具體的邏輯，而這種邏輯是從經驗中來的。然後邏輯學反過身來定義和解釋以後的經驗。

皮埃特・哈特： 現在的物理學也是非常相似的情況。

這時土登晉巴和達賴喇嘛開始用藏語交談，隨後土登晉巴給我們

解釋。

　　土登晉巴：我認為邏輯學原理，比如同一律、矛盾論、排中律等等，和我們人類思想的方式有關。它們是建立在思想運作的工具基礎上，它們在根本上是一些假設，沒有這些假設，我們就沒辦法理解東西。尊者的觀點相反，他認為這些原理是從物理世界中抽象出來的。例如，疊加的量子現象表示，我們也許有必要修改佛教中認為排中律適用於一切實例的邏輯原則。

　　達賴喇嘛：如果邏輯確實不是從一種與自然無關的先驗立場中產生的，而是建立在自然基礎上的，那麼出現新的訊息後，你就必須修改你的邏輯。佛教必須根據新出現的經驗證據來修正其邏輯原理。

　　皮埃特・哈特：我認為物理學比佛教有更多東西需要改變。戴維已經說了很多有意思的想法，關於轉變到一種量子邏輯的需要。這是非常令人興奮的話題。

　　您剛才說起佛教邏輯學的歷史淵源，讓我想起這個科學大廈是很近的時代才開始的，大約是四百年前的歐洲。他們那時繼承了已有兩千年之久的希臘邏輯學和數學。但是希臘人只談論靜態的東西。然後伽利略和克卜勒發現了運動的物理學。很明顯地，為了理解這種新物理學，例如行星的運動細節，我們必須修正為了描述它們而使用的數學和邏輯學。牛頓發明了一種新數學，這種數學中有非常小的區間，原則上是無窮小的區間，從而能夠描述任意的形狀。牛頓是從物理學的原理基礎上開始修正數學的。人們一度認

為，牛頓之後就再也不需要改變了。這一想法一直到量子物理學才被打破。

　　當然，這個經典框架在很高程度上仍然正確，但如果你做非常精密的實驗，你就必須修正它。所以說它仍然有用，但並不完全精確。例如在量子力學中，你就不能完全重複一些事情，比如像放射性原子衰變的時間。三百年前，物理學中最重要的事情是可重複性。如果你不能重複一件事，你就不能驗證它。這是一個信條，是科學的基石。科學大廈的奇怪之處就在於它像是一棟浮動的房子，你可以改變底層和地下層，而建築物的其他部分仍然完好。心理學建立在生物學基礎上的說法並不完全準確，但是生物學必須建立在物理學基礎上；如果這是真的，那麼修改基礎科學的原理，應該會導致所有東西崩塌。可是這並沒有發生。生物學有它自己的理解方式，即使你改變了物理學，它仍然繼續存在。沒有理由相信這種反饋過程導致原則修正的情況以後不會繼續發生。就像物理學促使新數學產生，我期待著生物學或心理學會促使新物理學發展，從而使科學的基礎更為豐富。

　　達賴喇嘛：你說的是經驗心理學嗎？

　　皮埃特·哈特：是的，先有經驗，然後才是從經驗結果而來的理論推導。理論和實驗總是一起走的。光有理論那只是教條。光有實驗只是啞巴。如果你沒有理論的語言，你甚至不知道怎樣來描述一個實驗。

　　其他一些修改原則的實例表明，這個總趨勢不是任意的。這種修改有其一致模式，它總是向同一方向改變，即從絕對朝相對改

變。如果我們學到一點新東西，我們先會想：「啊！我發現了真理。」然後我們學到更多東西，我們就會想：「哼，也許事情不是絕對的，也許還有另外一面。」我們不會因此而放棄，但我們會把它放到更大的背景裡來看。在物理學中，我們甚至把這樣的發展稱為相對論，就像愛因斯坦的相對論一樣的名字。但稱一個理論為相對論是一種否定性說法，更正面的說法是稱其為**轉型論**。

轉型論

皮埃特‧哈特：最簡單的相對論例子是廚房相對論，你在廚房裡把水轉型為冰。你可以把水凍成冰，也可以把冰融化為水。如果你是在熱帶島嶼上長大，你就不知道有冰，你只知道水。水是絕對的，你從沒看到過別的東西。但有一天你出門旅行去了別的地方，或者你得到了一台冰箱，你可以把水轉化成冰了。這時你看到水是相對的，冰也是相對的，但物質似乎是絕對的，你可以在兩個方向上轉化。這是同一種物質但有了不同的外觀、不同形式。水和冰的相對性給了你更大的自由度。它給了你做出轉化的自由。你用它可以比以前做更多的事。同樣地，愛因斯坦的相對論向我們表明了空間和時間不是絕對的，你在一定範圍內可以讓它們互相轉化。

達賴喇嘛：在冰和水的例子裡，你只是有了同樣物質的不同表現形式。它和你說到時間和空間的比喻類似嗎？時間是不是真的轉換成了空間，空間真的轉換成了時間？

皮埃特‧哈特：在一定程度上是很接近的比喻，一般來說，從

一種視角來看的空間，是另一種視角看的空間加上一點時間。同樣地，對我來說是時間，對您來說大部分是時間加上一點空間。這種變換只在非常高速的情況下才變得明顯。

達賴喇嘛：看起來這像是兩種相關的變化，這個東西改變了，所以那個東西也改變了，而不是一部分的空間轉變成時間。但是，水實際上轉變成冰，冰也實際上轉變成水。

皮埃特‧哈特：實際上，您也可以把空間完全轉變成時間，但您只能在一個黑洞裡做，來得到這個完全的轉變。

戴維‧芬克爾斯坦：在時間和空間之間沒有對稱性。當你說空間進入了時間但沒有變成時間，你是對的。時間進入了空間但並沒有變成空間。這就像你可以把一杯水變成一杯水加一點冰在裡面。但你不能一直變下去。

皮埃特‧哈特：我會爭論說，對一個遙遠的觀察者來說，時間和空間的角色會反轉。不過讓我們在會後討論這個問題，這其實是一個技術性問題。

戴維‧芬克爾斯坦：讓我們回到火車旅行的例子上。如果我做了一個往返旅行，我在空間和時間中做了運動。從另一個人的視角看，我只是在時間中運動了。我們可以將時間轉變為時間加一點點空間，但永不可能把時間全部變成空間。

皮埃特‧哈特：可以完全轉變的是質量和能量。你可以把質量完全轉變成能量，把能量完全轉變成質量。原子彈和核反應堆就是這樣的例子。這是從時空轉換而來的。如果你研究愛因斯坦相對論的數學理論，你就能看到空間和時間在一定程度上互相轉換，而質

量和能量可以完全轉換，就像水和冰一樣。

達賴喇嘛：我們有很多說明質量轉變成能量的例子，即使在宏觀世界。爐子裡就在發生這樣的轉變。你能不能給一個能量轉變成質量的例子？

皮埃特‧哈特：您可以看到它發生在基本粒子反應過程中。一個光子轉化成兩個粒子：一個電子和一個反電子。物質從純粹能量中製造出來，從一個光子中製造出來。

達賴喇嘛：這只在微觀層面上發生嗎？

皮埃特‧哈特：大爆炸後整個世界都在發生這樣的變化。大爆炸之後，一切都是輻射形式的能量。在它冷卻一點後，輻射凝聚為質量，就像蒸汽凝聚成為水滴一樣。

達賴喇嘛：但這沒有發生在宏觀世界的常規事件中？

戴維‧芬克爾斯坦：當一棵植物吸收了太陽能以後，它就變得重了一些。

皮埃特‧哈特：對，原則上是這樣，只不過是非常小的一部分。

達賴喇嘛：你怎麼會有能量而沒有一些物質基礎給這些能量呢？同樣地，你能不能解釋一下一個光子沒有靜止質量，但當它處於運動時它有質量？

皮埃特‧哈特：問題是這樣的，你可以說光子是物理學的一種物質類型。所以現代觀點把光子看成一種質量形式。一百年前人們說光是純粹能量，而這張桌子是純粹的質量（*他敲著桌子說*）。在相對論之前，人們持質量和能量二元論。但現在我們知道，它們兩個是類似的東西。

達賴喇嘛：你怎麼能讓能量自己存在而沒有物質來源呢？

戴維・芬克爾斯坦：沒有這樣的東西。能量始終是別的東西的性質。

達賴喇嘛：如果沒有獨立靠自己就能存在的能量，那麼說能量轉換成質量是什麼意思？

戴維・芬克爾斯坦：我想我們必須準確地說這個問題。尊者您發現了我們平常講述這個問題的邏輯錯漏。應該說，一直發生的是能量的一種形式轉變成另一種形式。說質量轉變成能量是非常老式的說法。將質量轉變成能量，就像將磅轉換成盎司，那是同樣的東西。在這個杯子裡有能量，但它被束縛在核裡面。它們是完全一樣的東西，它們只是衡量的單位不同。

安東・翟林格：我不同意這樣說，因為我必須操作性地定義東西。我說質量，那是什麼意思？

戴維・芬克爾斯坦：你可以用完全相同的儀器來測量質量和能量。這是愛因斯坦的發現。你可以給能量秤重，你可以用類似溫度計的儀器或卡路里儀來測量質量。它們是同樣的東西。這甚至都不是轉換，這是一種解放，是形式的改變。

安東・翟林格：沒錯，你可以給能量秤重。

戴維・芬克爾斯坦：物質和質量不是同一種東西。輻射和能量不是同一種東西。輻射是一朵光粒子雲，它有能量，就像它有顏色一樣。能量是它的一個性質。

皮埃特・哈特：這種困惑是因為我們是從一百年前對質量和能量的理解開始的，而我們繼續使用著那種理解所用的詞彙。現在我

們有了新的理解，但我們仍然使用老詞彙。

關於光子靜止質量和運動質量的困惑，原因是如果一個物體在運動，它的能量有一些是動能。它的大部分能量是其質量，鎖在物質裡面，原則上可以在核爆炸時解放出來。如果我想知道多少質量，這在物體運動時是很難知道的。我必須讓它停下來，然後小心地秤它並分析它。問題是，如果你讓光停下來，它就消失了。你不能把光停下來。在光子的情況下，它的所有能量就是它的動能。沒有別的能量鎖在它裡面。一個光子就是表現出的能量，而一個物體具有隱蔽的能量。

達賴喇嘛提出的關於物質和能量的本質問題，觸及了在場科學家的本體論觀念。一點不出意外，關於物質和能量、質量和輻射的本質，我們每個人都持有多少不同的看法。我們世界的物理學是我們都掌握的，但對相對論和量子場理論等最先進領域的理解，其哲學意義是什麼仍然充滿著異議。達賴喇嘛立即就對那些仍在爭論中的問題發生了興趣。

下面是皮埃特又回到他的科學知識結構以及經驗的作用。

經驗在科學中的作用

皮埃特·哈特：在我們的科學大廈圖像中，我們可以看出科學家通常會騙我們，只說出實情的一部分。他們通常不會告訴你他們在重建地基。另一件你經常聽說的就更為重要了，即將經驗和科學

分離開來的過濾器。對我來說這極為重要，可是它總是在學術討論之外。

達賴喇嘛：你說到過濾器，你的意思是一般經驗的某些部分被排除出去了，另外一些部分則留在裡面作為科學的一部分？

皮埃特‧哈特：是的。第一性質和第二性質就是一個例子。三百年前人們認為，一個物體的長度是物理學，而它的**觸感**和顏色是主觀的。人類可以用手**觸摸**物體，能夠看到顏色。但在物理學裡，我們只談論質量、長度和時間。物理學家對顏色不感**興趣**。現在我們對物質的理解更詳細，於是我們修改了過濾器：現在我們可以計算一種物質的顏色了。我們的過濾器變得更大，我們可以描述更多東西了。

達賴喇嘛：但即使是現在，在物理學中，當你談論顏色的時候，你是在談論光子等諸如此類的東西。就像阿瑟用他對歌德顏色理論的研究所指出的，你仍然把我們實際經驗到的顏色、聲音等排除在外。

皮埃特‧哈特：主觀經驗無法通過過濾器。美、責任、和意義等也無法通過過濾器，至少目前是這樣。

達賴喇嘛：心智能通過嗎？

皮埃特‧哈特：主觀經驗不行。當科學家從心理學和生物學立場來談論經驗時，他們注意的是身體和大腦。當這種「經驗」來自真實經驗的時候，大多被過濾在外。然後他們使用數學和物理學制訂一種抽象的圖景。他們一直用生物學，用這些來重建經驗。沒有理由相信這樣做能完全解決問題。這樣做得到的只是一種近似。

　　如果一個神經科學家告訴你，他或她知道有關經驗的這些和那些知識，如果一個生物學家聲稱擁有關於人類大腦從演化而來的有關知識，他們的專門結論很可能是對的。我們有了很多細碎的知識，但沒有理由認為我們有了完整的知識圖像。也許我們沒有完整的知識圖像是因為有太多東西被過濾在外，而知識結構在不斷變化。不過隨著過濾器的改進，我們對經驗的理解有望改進而變得更精確。

　　關於科學，我認為最有意思的是不再需要鑑定身分的概念。在這個世紀，我們看到生活其中的物體的世界舊圖像，應該被互動的相互影響所代替。每個現象都是一種互動。我們所知道關於光子的每一樣東西都是以動作的表現給出的。光子有時可以表現得更像一種波，有時候表現得更像粒子，取決於我們怎樣提問。我們不能一次性地做出鑑定，說一個電子是一種波或一種粒子。它變得更流動，有更多的可能性。利用我們對不同角色的理解，我們必須說角色只是角色，不是固定的，不是絕對的。所以，至少在物理學中，我們可以看到，我們確實需要放棄鑑定。

　　達賴喇嘛：你說的鑑定，是不是「一樣東西」的意思？

　　皮埃特·哈特：是的。鑑定任何固定的東西是一種鑑定，但也可以是鑑定任何性質。就像一頭大象。你不能以一條腿或一個尾巴或任何部分的組合來定義。從物體到動作的改變，或者從物體到現象的改變，可以看成從「是什麼」到「像是什麼」的改變。一個電子不「是」一片絕對的物質。但一個電子可以顯得「像是」一個粒子，或者「像是」一個波。它可以起一定的作用。有一種簡單的

敘述方式是說它「什麼也不是但在那兒」或者「它顯得不存在」。我真是喜歡這樣的表述。我認為在非常根本的層面上您的傳統比科學傳統發現這一真理要早得多。我不認為這是一種碰巧。我認為它在根而不是果的層面上，告訴我們關於實在的根本結構方面的一些東西。

達賴喇嘛：當我們把物理對象作為分析焦點時，科學和宗教或多或少都得出了空性本質的結論，這可以說是純粹的巧合。

皮埃特・哈特：原則上講這可以是巧合，但這只能是在物理世界與精神世界絕對不同，沒有任何轉換可能性的情況下才是巧合。但我想我們應該看到相對性和轉換之間關聯的可能性。如果它們是相關聯的，那我就不認為這是巧合。

作為一個例子，我們昨天談到物理學中的大爆炸和佛教時輪系統中的空間粒子，將兩者加以比較是非常有意思的。有些方面很相似，有些方面則不同，因為結論有部分是由研究方法決定的。可是，我認為邏輯是最根本的。如果你真的越來越理解邏輯，在某一個層面上它們必然是相似的。如果它們不是相同的，那我們就必須更深入去找到它們的聯繫。在峽谷的深處必定有聯繫著兩邊山峰的谷底。

我認為科學已經發現相當高的自由度，能夠擺脫鑑定。問題是，我們將來要往哪走？我只看到我們正從客觀性的科學走向既有客觀性但也包括主觀性的科學。下一個相對性理論或轉換理論將包括客觀和主觀之間的相對性，或者物理和精神之間的相對性。

達賴喇嘛：它將包括更大的領域，變得更為遼闊。在一個很長

的時間裡，我感覺科學直到現在還局限於物理世界，只專注於可以定量的東西。漸漸地，科學將拓展其領域，進入那些不能像物理對象一樣定量的現象分析領域。從你給我們看的東西，我覺得我們都有同樣的希望。

皮埃特·哈特：我的感覺是我正在從大峽谷的科學這一邊往下走，走得越深，我越能看到峽谷另一邊。我現在還不能跳。我有點害怕做這樣的大的跳躍，但從這裡我能看到藏文化中關於外部空間和內在空間同一的思想，兩者並不是完全不同的東西。我從另一邊認出了語言，我從中看到一些非常相似的東西，我期待這些語言也出現在以後一百年的科學語言中。尋找更廣的視野、更廣的背景、更廣的空間，這是科學將在更深層面上做的事。向佛教請教，看我們是否能從中得到幫助，這是非常有益的。一開始我們會很難互相幫助。過去我們離得太遠，各自在大峽谷兩邊的山頂上，但現在我們比較接近了。在內在邏輯和過程的層面上，我們越來越有可能互相學習。

在皮埃特討論經驗時，他和我們這組科學家都表述了一種觀點，世界的客觀化被調整為以適當方式包括主觀性在內。皮埃特提議我們來探索一種觀念，在科學中給生動的經驗一個比以前更重要的地位，用來替換內在世界與外部世界、主觀和客觀的極端分裂。或許我們甚至得出一種新的相對性理論或轉換理論，能讓我們從一種東西正確地走向另一種東西，比如從客觀走向主觀。達賴喇嘛在一個重要評論中同意皮埃特的意見。他以自己的直覺指出，未來的科學

將包容更大的領域，將包括並非純粹物質性的、不能像物理對象那樣定量的現象。

　　這個觀點很接近我自己的觀點。我相信我們可以有具體而詳細地包括更廣泛現象的知識，這些現象超出了科學的嚴格定量和唯物主義觀點允許的範圍。科學這個詞，來自於拉丁語 scientia，意思是「擁有知識」。像皮埃特和達賴喇嘛一樣，認識到我們可以擁有比傳統科學允許的更廣範圍的知識，這是越來越重要了。這包括建立在生動的人類經驗基礎上的知識，包括感官能夠接觸到的外部世界，和思辨與冥想打開的內在世界。換言之，科學的範圍確實能更包容、更廣闊，它將既不是還原論的，也不是嚴格定量的，但仍符合科學研究的核心價值。

在幻覺和實在之間

　　阿瑟・查恩茨：皮埃特，你能不能解釋一下剛才提出的動作的作用問題？你談到透過日益增多的相對性，我們把自己從鑑定和具體化客觀世界的趨勢中解脫出來，轉而專注於動作的作用。這兒有一個危險是你使用的語言不夠確定，似乎這只是外觀或動作的表現，而不是具有內容和意義的東西。在相對論中有一個類似的情況，以為空間和時間是獨立的看法其實是種錯覺。這並不是說它們只是外觀。它們仍是有深刻結構的，知識這種結構是在另一層面上。你是不是可以進一步說說客觀化和完全相對主義之間的中間立場？

雖然我向皮埃特提出了問題，尊者這時卻插話了。

　　達賴喇嘛：我要你繼續說下去，不過讓我補充幾句。中觀應成論觀點承認有一種知識形式中也可以有幻覺成分在裡面。即使外觀有幻覺的品質或成分，你也可以透過它建立正確的認知。

　　在佛教的認識論討論中，有兩種分歧的觀點。有些人認為，任何正確的知識形式在相關對象的各個方面都應該是正確的，這就意味著相信感知對象有某種內在的東西。這是一種經典的對應理論，有一個真實的世界在外面對應著正確的認知。可是，中觀應成論觀點認為，沒有必要給對象一個真實的東西，也沒必要認定知識和這種真實東西的關係應該是正確的。我們可以談論一種幻覺的知識。從另一個觀點看，討論相互影響或者外觀馬上就讓人想到幻覺。但一旦我們能夠接受正確的認知也可能有幻覺的外觀，那麼我們在談論外觀和作用時就沒有誤解的危險。

　　皮埃特・哈特：您在幾天前給過一個非常好的例子，當您看著一朵花時，如果您相信花是真實在那兒的，您可以用一種方式來欣賞它，即把它當作實質的花。但如果您意識到那朵花不是實質的存在，那麼您甚至可以更自由地欣賞花的花性而不去對花做出鑑定。我想這裡是一種類似情況，我們從鑑定中解脫出來，不必去掌握，而只是欣賞現象和現象的結構。

　　如果物理學改變遊戲規則，它就可以改變原則和過濾器，但是物理學在主觀—客觀分析面前沒有權力改變經驗。在您談論實在時，非二元論的經驗是最真實的、最確定的。美國以前有一個數學

家問他的學生，他們是否真的相信，比如說，如果改變集合論，他們就會使建立在這一理論基礎上的橋梁坍塌。

達賴喇嘛：不管物理學和其他科學將經歷怎樣的轉變，不管它們怎樣定義自己，實在仍是原來那樣。

阿瑟·查恩茨：經驗是不是依賴於觀察者，是否一定需要有一個經驗者才能獲得經驗？

皮埃特·哈特：我會說，在經驗領域裡，有一個觀察者的外觀，還有被觀察對象的外觀。有經驗的觀察者和有一個觀察者的經驗，這兩者是相輔相成的。

達賴喇嘛：在藏語裡，經驗有兩個詞。感知的或直接的經驗 *lengay* 是指你天生就有的自然的、自發的、原生的感知經驗。*Kundop* 指一種概念上有結構、或者說構造出來的東西。這並不是說它是憑空生造的，而是一種更概念性、從大量高度理論性研究中獲得的。如果沒有大量的研究、調查和概念化，後者不會在經驗領域裡出現。

皮埃特·哈特：從科學角度看，我還要加上過濾器。除了科學對經驗所安置的過濾器以外，還有一些其他的過濾器，它們在我們的教育系統裡，在我們的青少年成長過程中，在我們的文化中，在我們的內在經驗被塑形的方式中。例如，我們相信主觀—客觀的關係。主觀和客觀的分離出現於科學中之前，就深深植根於我們內心。我對阿瑟的問題答覆是：在深刻的層面上，那是非二元論的。主觀和客觀都是經驗整體的一部分。

達賴喇嘛：你是不是說，從原始的認知開始，不管是對的還是

錯的，你都可以透過訓練和研究，直到最終透過科學過程達到正確的認知？這事實上就是佛教徒在冥想訓練中要達到的。你開始的時候有很多困惑和錯誤的設想，但你經過一種訓練和修行，最後作為修行的結果，你得到了正確的認知。你的意思和這裡所說的可以相比嗎？

皮埃特・哈特：從科學的觀點看，這是非常令人困惑的。科學是在進步，但它還不能對原始的經驗說出任何東西。科學可以考察佛教對經驗所說的話，可以從佛教獲得啟發，但是科學還將按照它自己的方式繼續走下去，改善原則、加大過濾器。科學框架將變得更寬大，看上去和現在很不一樣。現在的科學看上去已經和一百年前很不一樣，再過一百年，我猜想，科學又將很不一樣。

在這一節對話裡，皮埃特和達賴喇嘛都對人類經驗的形式與轉變做了一番查究。皮埃特強調透過科學設置的過濾器，以及更根本的，透過文化對經驗進行的修正。皮埃特認為，在根的層面上，經驗是非二元的，主觀和客觀的二元論本身是由於對經驗施加了過濾器和修正。二元論是派生的，而非本質的。作為回應，達賴喇嘛相當自然地闡述了佛教的觀點，我們可以改變影響我們經驗的因素，例如我們可以透過嚴格的冥想修行來修正過濾器，於是透過適當的訓練，我們可以從原始的認知開始，走向越來越精緻規範的認知形式，最終得到正確的直接認知經驗。這些想法匯合成流，和我們這次對話的其他部分相呼應，特別合乎杜維明的評論。在下面的最後一節對話中，我們這一星期會議的幾條線索將編織在一起。

12

知和苦

真理穿了衣裳，覺得事實太拘束了。

在想像中，她轉動得很舒暢。

——泰戈爾[1]

　　我們最後一節對話開始時，請觀摩者中的一位客人池上英子[2]做個評論。池上英子當時是耶魯大學的社會學教授，現任教於紐約市的社會研究新學院。她的評論代表了參加會議的其他人的感受，他們非常關心宗教與學術研究之間的關係。但是池上英子也是以一個既瞭解美國觀念、也瞭解亞洲觀念的學者身分來發表評論。

　　池上英子：我是日本人，也是一個社會科學家，這五天的對話對我來說最令人震撼的是一種態度，是對知識的探索，而不只是獲取知識。和其他觀摩客人一樣，我深受感動。在這裡的科學家都是

1　譯注：泰戈爾的這首短詩來自《飛鳥集》，此處採用中文的流行譯本。

2　池上英子（Eiko Ikegami），1950 年生，日本社會學家。

難以對付的頑強學生，但是爭辯和批判性思考也是佛教傳統的一部分，這個非常有價值的傳統向我們證明，利用經驗知識並不一定要放棄理性思辨。這是非常有價值的學習，不僅因為它促進了宗教和科學、東方和西方之間的對話，還促進了知識的社會性。我在社會科學、政治科學、社會學、經濟學等學科的同仁們，90% 仍處於經典的 19 世紀科學觀的影響下，這種科學觀把分析的定量方面看作是最重要的。對他們來說，亞洲思想是他們的研究對象，卻非常不幸地，不是一個學習機會。

很不幸地，他們大部分人和物理學中的人們沒什麼很大的不同。事實上，很多亞洲人也同樣這樣想。從 19 世紀以來，我們向西方尋找進步之源，因為我們必須使我們的社會現代化。日本在歷史上是學習西方科學技術最早、最快的國家。我們在日本也遇到了快速現代化的負面結果。大多數亞洲人十分珍惜傳統，但傳統本身有時也對社會產生負面影響。這很不幸，因為我們珍視現代，珍視批判性討論和理性科學模式，不僅是作為技術進步之源，也是作為民主之基礎。在亞洲的現代生活中，現在要放棄批判性的實證科研模式是非常難的。這是不可能做到的。社會科學家和亞洲人有一個共同的恐懼，如果我們為了接受和利用冥想或靈性經驗的價值，而不得不放棄批判性和實證研究模式，那我們是不能那麼幹的。但在這五天對話中，我們看到，如果深入其根，科學和宗教是在接近同樣的目標，而批判性討論仍是有價值的研究模式。

達賴喇嘛：你的話對我非常鼓舞。即使在藏人當中，我們發現有很多學者，他們覺得科學和宗教相隔如此之遠，互相之間學不

到什麼東西。他們乾脆認為科學和他們毫不相干，就像在西方，有些人認為宗教和他們毫不相干一樣。我想把宗教這個詞換成「宗教性」，因為在這裡重要的不是任何特定的宗教內容，而是比任一宗教更普遍的一種經驗。

皮埃特・哈特：我覺得您說的宗教與宗教性非常有啟發性。如果你深入其根，你會發現即使是包括固定的信條結構的宗教，也有一些東西是活潑的、具經驗性的。它總是從活生生的大地上出發的。

在科學中，如果想達到一種統一的世界觀，我們其實是找不到的。人文價值在科學中找不到，至少現在還找不到。美和意義在科學中不存在。嚴格來說，科學沒有一個世界觀，只有局部的小觀點。但科學是普適的。它可以被很多國家、很多文化的人所共有，它還有增長的可能性。四百年來，科學在積累、在增長，在用自己的力量修正自己的原則。宗教有統一的世界觀。當然，世界上有不同種類的宗教，但所有宗教都要有一個關於人類、關於世界的完整觀點。但普適性和增長的問題對宗教來說更成問題，至少是更複雜。

我希望我們能一起探討，怎樣把科學的力量，它的普適性和增長的力量，和宗教的統一世界觀拿過來，讓它們互相向對方傳播。我經常看到人們把自己的視野局限起來。例如，我的很多同事認為科學就是一種世界觀，對人類生命的簡化論描述已然足夠。還有一些人是宗教的，例如在歐洲及美國的很多基督徒，他們視宗教為一種世界觀，雖然他們從科學中尋找普適而不斷增長的知識。我希望在科學和宗教的對話中，有可能發現宗教的普適元素，起碼在它的

根上找到普適性，不管宗教有多少不同的形式。我希望在普適的領域裡能看到知識的增長。我已經看到很多不同宗教有知識增長的階段。在佛教中肯定有知識增長。但我認為很多宗教中也有停滯的階段。所以，我希望這種探討能夠實現。

達賴喇嘛：為此，非常關鍵的是將物質和公正、開放、無偏見的心智結合起來。在佛教經文中說到，一個被稱為有好的根器的好學生有三個特點，即學習、靈性修行以及接受教誨。這三大特點中的第一個是要有開放的心智，要能掃除偏見。第二個是能感知，有智慧。第三個是有真正的學習熱情和渴望。

好學生的這些要求也完全適合西方的學生。現在應該看得很清楚，達賴喇嘛本人和參加對話的科學家，都在彰顯這些品質。他們在各自的研究領域中都是出類拔萃的，但他們都有開放的頭腦，都渴望從其他人處學習，儘管表達的方式和背景內容綿延多個領域、多個文化、多個世紀。保持頭腦開放，不僅對新的事實與論點開放，而且對知識的其他方式保持開放，這樣做非常重要，為此杜維明講了一個故事，那是關於邏輯論證和直接經驗之間的關係。

杜維明：一方面是分析的、批判性的思考，它植根於西方科學中，如今在某種意義上成問題了，另一方面是植根於東方的宗教意識，兩者之間互動的富有成果的中心問題，讓我想起一個掌故。一個道士和他的朋友，一位有名的邏輯學家站在橫跨大河的橋上。道士看著橋下說：「這些魚多快樂啊！」邏輯學家說：「你怎麼知

道這些魚快樂還是不快樂？」道士說：「你怎麼知道我不知道這些魚快樂還是不快樂？」邏輯學家說：「因為我不是你，我不知道你是不是知道魚快樂或不快樂。而你不是魚，你怎麼知道魚是不是快樂？」道士說：「我現在站在這兒，我就知道魚很快樂。」

這個掌故似乎告訴我們，邏輯學家只透過推理，不能理解道士欣賞魚之快樂的審美甚至神祕的體驗。以經驗為中心在這兒是個關鍵。皮埃特指出，在各種科學過濾器應用之前，科學的真正基礎是在經驗中。這些過濾器決定了人類經驗中什麼可以通過而用於描述科學檢驗和觀察得出的結論。皮埃特又指出需要尋找更廣的視野。而更廣的視野在某種方面，就是池上英子後來描繪的用分析方法設計的各種過濾器之間富有成果的互動。但它也是超越這些常規的能力，誠實對待實際上觀察到的事物，對所有創造性的潛力開放自己的心智。正是在這個意義上，我想，觀察者，知道者，我們現在也稱之為實驗者，表演者，共同創造者，成為一個關鍵。

我們怎麼想，我們怎麼知道？看來，生活於現代世界的科學家和其他人都可以學到一些東西，不僅是從宗教中學習，而且還可以從審美等其他很多人類經驗領域中學習。這兒有一個挑戰是非常根本的：我們必須去學著懂得和思考，不僅用我們的頭腦，也要用我們的心，甚至用我們的身體。一些現代學者把極大注意力放在強調個人知識上，或者放在我們可以稱之為全身心思考上，部分就是出於這個原因。我必須補充說，女性主義者對此有很大的貢獻，因為我們需要發展一種統一的、互相聯繫的動態思維，同時也是極為開放的、整體的思維和知識過程。

在中文中有一個字，體，它有身體的意思，也有具體的意思。這個字經常和其他十分普通的字一起組成詞，意思也隨之改變。比如普通的字如認識、檢查、探索、理解、驗證、甚至品嘗，如果你把這些動作和「體」結合起來，你就得到體認、體察、體悟、體會、體驗、體嘗。但如果我們改變一下英語中表現這些詞彙的詞「embody」，我們一般就會用另一個詞，「經驗的」（experiential）。所以，這就將是經驗地驗證，經驗地理解。

什麼是經驗地理解呢？中國人發展出這方面的認識論概念，但最有成果的是在藝術領域。繪畫中有一個非常簡單的例子，是反對畫家就是要描繪外面真實存在的景象。一個畫家若只能描繪外面真實的景象，中國人稱之為形似。形似不只是說畫得像，也說明畫家還很幼稚。成熟的畫家要有能力做一些超越「畫得像」的事情。他的眼光必須超過單純的相機。畫家不僅是要把外面存在的景象畫得像，還要和研究對象有一種靈性溝通，要理解它。這不是一種神祕主義觀念。熟悉對象，使得它和你自己的經驗合為一體，讓它成為你自己身體的延伸。一個學生問繪畫大師，怎樣畫一座大山。學生說他已經把所有的繪畫技藝都練得非常好，知道怎樣畫得非常非常相似。但是大師對他很不開心，因為他的作品只是形似於大山。於是大師說：「別畫了。到山裡去，在哪兒住上一段日子，在山裡走走，讓自己熟悉大山，和大山產生靈性溝通。」詩人描述大山，那山就很像我們在達蘭薩拉。你沒看到高山但你感覺到身在山中。你看不到山，因為你是其中的參與者。所以，這樣說的思路是要求藝術家培養一種趣味，一種對大山的感覺。然後當藝術家準備妥當，

它就能夠用一種創造性的方式來表達自己，表達出大山在他心中激發出的感受，以及他能做出的反應。

在 1960 年代初，美國藝術與科學學院的官方雜誌上發表了一個專題叫「走向 2000 年」。在這期專刊中，他們對 2000 年之前剩下的幾十年做出了預測。有些原始作者現在仍健在，他們對曾經做出的預言非常高興，但他們意識到他們遺漏了兩樣東西，一是生態學。那個時候，是在人類登陸月球並反過身觀看地球之前，我們對世界的認識很不同。大自然就在外面，我們則是觀察者，一直佔著上風，那時我們沒有真正的生態學意識，更別提深刻的生態學思想了。深刻的生態學思想是植根於一種對大自然的經驗理解。他們的預測中遺漏的另一樣東西，出乎他們的意料，是對最後四十年女性運動及其婦女地位改變的預測。如果我們哲學地看待這一點，可以看到女性主義運動給出了一種基於關係的不同思想方式，這種思想方式保留了感覺和同情，顧慮到前後左右，這種思想方式是一種有感情同時也是認知的方式。這種思想方式提示了地方性知識透過主觀間交流而產生全球意義的可能性。它向我們提示了一種新視野，或者如皮埃特所描述的，主觀性和客觀性之間的交互作用。

這種交互作用和深層主觀性的概念有關：這是一種理解局部事物的能力，用蘇菲派的意象來說，這種理解方式使它幾乎就像一口井。你挖一口井，挖得夠深，你不會把自己埋在那個坑裡。你挖到了共同的交流之泉。你並不是把自己從局部地位提升起來就能開始交流的，因為你沒法這樣做。這是一種抽象。你小心翼翼地描述你擁有的局部知識，包含所有的正面和負面領域。但如果你挖得夠

深，進入了深層主觀性，你將到達一個共同之泉。你挖，戴維挖，安東也挖，所有人將在某個地方相遇。這種交流是獲得主觀間肯定的，它是豐富的，是全方位的。它不能用普適性來概括，但可以從交流的意義來概括，用對話和互相理解的意義上來概括。

杜維明的話抓住了我們幾個人的希望，也就是說，我們將把經驗知識視為更大、包含達賴喇嘛所說的很多知識的本質部分。這並不是放棄科學的嚴格性，也不排斥批判性思考和分析，而是擴大知識的範圍，讓知識更多元。邏輯學家和道家哲學家都活在我們胸中。為了讓我們自己安心，為了和我們的世界和平共處，我們需要這兩個方面，我們需要線性也需要複雜性，需要邏輯學家也需要生態學家，需要雄性氣概也需要女性風格。缺一不可。

苦和知識的作用

　　一位觀摩的客人提問：尊者，在佛祖的一生中，他經常被人問到宇宙學的問題，在大多情況下他不回答這些問題，認為它和解除 *dukka*，即令人痛苦的情緒無關。為什麼現在你認為這些問題如此重要，為什麼應該在現代語境下討論和回答這些問題？

　　達賴喇嘛：對這個問題有兩個答案。首先，這兒的對話參與者不都是佛教徒，我們不要求他們服膺佛教的原則或者從佛教經典裡去看什麼該做、什麼不該做。第二個問題涉及更大的議題。當你建立一條路徑出發尋找啟蒙，你需要知道實在的本質是什麼。什麼是

真實發生的事？宇宙學是正在發生的事情的一部分。人類所擁有的最精細知識應該結合進佛教關於正在發生的事情的圖像中，由此你可以發展出通往啟蒙的路徑並有所成就。不過，我對正在深山裡閉關修行的藏人說話時，我不提量子力學。這和他們正在做的事不相關。他們閉關修行時不需要懂得量子力學。

我們不該忘記，佛祖不回答那些問題，其意義在歷史上有不同的解釋。其中一個解釋是你提到的：它們和個人尋找的路徑無關。龍樹菩薩對十四個未曾回答的問題有另一種解釋。他說，這和提出問題的語境以及提問者的動機及形而上的假設有關。例如，有個問題是人死後是不是有靈魂。如果問的人是出於希望有一個固有的真實靈魂實體，那麼一個來自佛祖的肯定回答將使他堅定這種想法。如果佛祖給他一個否定的答覆，他就會落入虛無，否定了自己的存在。所以，是否拒絕回答這些問題，取決於這些問題提出的方式和問題後面的假設。

阿瑟・查恩茨：常常有這樣的情況，如果我們不能充分思考一項研究的性質與局限，研究就會成為苦的來源。科學探索本身是非常高尚的視野，卻可能被扭曲成痛苦的來源。我們一直在努力理解科學，要使它不成為苦難之源。如果不重視這一點，不注意這個問題，如果我們允許某些力量和某些才華超群的人去統治科學，結果反而會造成苦難。開展我們這樣的對話，尋找對待科學的智慧而不是相關意識形態，我們就有了收獲科學的正面潛力的機會。

達賴喇嘛：一次學生問老師一個問題。老師不知道這問題的答案，他回答說，不知道是苦痛之源。這個答覆的言下之意是我們必

須知道。

阿底峽[3]是一個印度佛教大師，他在大約 11 世紀來到西藏，他有一個嗜好是做手工藝，製作一些物件。有一天他正在修理一個泥罐。他的一個西藏僕人走過就問，為什麼高僧做這樣的體力活？阿底峽回答說：「我們不都要爭取做到全知全覺嗎？這是知識的一部分。」

我們是我們自己的老師。事情全取決於我們，全在我們的肩上。所以，人類的未來就在人類自身手裡。我們有責任創造一個較好的世界，一個更幸福的世界，一個更和平的世界。我覺得這是我們的責任。

我想表達我對你們所有人的深深的謝意。謝謝你們。

阿瑟·查恩茨：尊者，我代表我們所有在座的人感謝您召集我們舉辦這樣涉及物理學、宇宙學和佛教哲學的最深刻問題的重要對話。謝謝您。

這次對話會到此結束，我們互贈禮物，互表感激。達賴喇嘛給了每個參加者一條漂亮的白色哈達和一本他的新書《慈悲的力量》。安東·翟林格邀請尊者訪問他在奧地利因斯布魯克的實驗室。他們立即商量了合適的日程，定在六月份的三天。這樣，對話將在那裡繼續進行下去。

---

3 譯注：阿底峽尊者（982-1054），又譯為阿提沙、阿帝夏，原名月藏，法號燃燈吉祥智。他重建藏傳佛教僧團，開創噶當派，重申戒律，重新闡明佛教根本教義，是對西藏後弘期佛教貢獻最大的印度高僧。

　　我們這次會議中提出的問題，科學家、哲學家和冥想者已經思索過上千年，無疑在未來的很長時間裡我們仍會討論這些問題。我們並不打算回答事實性的問題，而是要探討實在的本質、知識的本質，以及我們怎樣來創造一個更好的世界。正如達賴喇嘛所說的，責任是在我們自己手裡，我們需要培養一種驅除無知的方式，來消除我們自己和我們這行星上的苦難。

　　現在物理學和宇宙學幾乎是奇蹟般的成就，不該使我們盲目而看不到它們的意義。在自然科學的範圍內，我們發現了物質和能量的神祕、空間和時間的神祕、意識和世界的神祕。我們應該把 18 世紀的簡化機械論模式擱在一邊，去尋找越來越精細和難以捉摸的新模式。我們試圖在經驗的另一邊尋找穩固的獨立物質實在的努力，一次次地被物理學的事實所否定。我們是否有任何理由相信相對性量子場論或弦理論能給我們提供實在的永久的基礎？或者，我們不得不最大限度地依靠我們自己和我們的經驗？也許佛教哲學在唯實論和相對論之間尋找中間道路是對的。在西方，也有人想到同樣的思路。

　　我想起了歌德的著名的話：「事實本身就是理論。」它指出，現象被恰當地看到，這就已經是理論了，已經和理解結合一體。我們能不能學會深刻地、直接地、充分地看我們的世界和我們自己？科學定然能幫助我們精確地看，但是它精細磨製的特殊鏡頭需要多重應用，需要放大，使我們這個世界的完整本質能被顯現出來。我們的對話就是這樣的努力。六位科學家和達賴喇嘛一起，無拘無束地對話了五天。所有問題都可以提出來，所有方法都加以考查。對

於一個尋根究底的人來說，這樣的交流令人激動萬分。這是所有的
探索都應該有的方式。

致謝

心智與生命學術會議多年來得到很多個人和組織的慷慨支持。

創建者

我們的名譽主席達賴喇嘛尊者發起和支持了心智與生命研究所。達賴喇嘛尊者是世界級的宗教領袖，也是一位政治家，他對科學發現持如此開放的態度，願意將自己的時間投入在創造和引導科學與佛教之間富有意義的對話中。在過去十五年裡，尊者本人在心智與生命對話會上花費的時間，超過了與世界上任何其他非藏族團體進行的對話。對此我們深感謙卑，衷心感激，立志致力於他的願景，發掘科學和佛教在對話和科研合作中的豐富聯繫。

已故的弗朗西斯科・瓦瑞拉（Francisco J. Varela）是我們的創始科學家，我們非常想念他。他既是世界著名的科學家，又是非常嚴肅的佛教修行者。他曾全神貫注於認知科學與佛教的交叉領域，堅信科學和佛教之間深入而有意義的合作，對於這兩個領域對一切有情眾生而言都是極其有益的。他為心智與生命研究所設想的方向大膽而富有想像力，同時又尊重科學嚴謹性和佛教敏感性的要求。最重要的是，在這個飛速發展的世界裡，他花費大量時間領導研究所的工作，使之以謹慎、合乎邏輯和科學的方式發展。我們今天仍在他為我們設定的道路上前進。

亞當・英格爾（R. Adam Engle）是一位企業家，在聽說尊者對佛教與科學之間的對話感興趣後，他抓住機會為對話會提供了堅持不懈的支持，把

分散的人事組織起來、結合起來，使得研究所能蓬勃向前發展。

贊助者

好時家族基金會的班尼和康妮・賀雪（Barry & Connie Hershey）是我們從 1990 年開始以來最忠誠和堅定的贊助者。他們慷慨地支持保障了對話的連續性，使得心智與生命研究所本身得以存在。

從 1990 年開始，丹尼爾・葛雷（Daniel Goleman）為心智與生命研究慷慨付出了他的時間和心力。他無償完成了《療癒性情緒和破壞性情緒》（*Healing Emotions and Destructive Emotions*）一書，作為他對達賴喇嘛尊者和心智與生命研究所的奉獻，此書版稅都是研究所的收入。

我們感激以下個人和基金會的慷慨支持：Klaus Hebben，Tussi 和 John Kluge，Charlene Engelhard 和 Charles Engelhard 基金會，Bennett and Fredericka Foster Shapiro，以及 Sager 家族基金會。這些至關緊要的持久支持，使得心智與生命研究所得以連續而有目標地追求其使命。

心智與生命研究所還得到以下個人和基金會的慷慨財務支持：Fetzer 研究所，Nathan Cummings 基金會，Branco Weiss、Stephen Friend，Marilyn 以及已故 Don L. Gevirtz、Michele Grennon、Merck 實驗室，以及 Joe & Mary Ellyn Sensenbrenner。

心智與生命研究所的研究項目也獲得不同個人和基金會的支持。儘管這些支持是直接進入具體展開研究的大學，心智與生命研究所仍非常感謝以下捐助者的慷慨解囊：Fetzer Institute、John W. 和 Tussi Kluge、Charlene Engelhard 和 Charles Engelhard 基金會（UCSF Medical 中心），Edwin & Adrianne Joseph（威斯康星大學）。

最後，我們感謝 Sager 家族基金會慷慨支持在印度的西藏僧侶多年制科學教育計畫。

我們在此謙卑地代表達賴喇嘛尊者和多年來的對話會參與者，感謝所

有這些個人和組織，他們的慷慨深刻地影響了很多人的生命。

科學家和哲學家

我們還要感謝很多人幫助了心智與生命研究所的工作。他們當中很多人從研究所誕生之初就參與其中。首先，最重要的，我們感謝達賴喇嘛尊者，感謝參與歷屆對話會以及科研項目的科學家、哲學家和佛教學者、我們的理事會成員、我們的科學顧問委員會成員，他們是：已故的 Francisco Varela、Richard Davidson、Daniel Goleman、Anne Harrington、Jon Kabat-Zinn、Thupten Jinpa、Bennett Shapiro、Alan Wallace、Arthur Zajonc、Paul Ekman、Pier Luigi Luisi、Matthieu Ricard、Evan Thompson、已故 Robert Livingston、Newcomb Greenleaf、Jeremy Hayward、Eleanor Rosch、Patricia Churchland、Antonio Damasio、Allan Hobson、Lewis Judd、Larry Squire、Daniel Brown、Clifford Saron、Sharon Salzberg、Lee Yearley、Jerome Engel、Jayne Gackenbach、Joyce McDougall、Charles Taylor、Joan Halifax、Nancy Eisenberg、Robert Frank、Elliott Sober、Ervin Staub、David Finkelstein、George Greenstein、Piet Hut、杜維明先生、Anton Zeilinger、Owen Flanagan、Mark Greenberg、Jeanne Tsai、Ajahn Maha Somchai Kusalacitto、Michael Merzenich、Steven Chu, Ursula Goodenough、Eric Lander、Michel Bitbol、Phillip Sharp、Jonathan Cohen、John Duncan、David Meyer、Anne Treisman、Ajahn Amaro、Daniel Gilbert、Daniel Kahneman、Dacher Keltner、Georges Dreyfus、Stephen Kosslyn、Marlene Behrmann、Daniel Reisberg, Elaine Scarry、Jerome Kagan、Antoine Lutz、Gregory Simpson、Margaret Kemeny、Sogyal Rinpoche、Tsoknyi Rinpoche、Mingyur Rinpoche、和 Rabjam Rinpoche。

達賴喇嘛尊者私人辦公室和西藏支持者

我們感謝達賴喇嘛尊者私人辦公室的 Tenzin Geyche Tethong、Tenzin N. Taklha、Ven. Lhakdor 等。我們還要感謝紐約西藏辦公室的 Rinchen Dharlo、Dawa Tsering 以及 Nawang Rapgyal，以及國際支援西藏組織的 Lodi Gyari Rinpoche 等多年來的幫助。特別感謝 Tenzin Choegyal，即 Ngari Rinpoche，他是我們的理事會成員，是我們的出色嚮導，誠摯的朋友。

其他支持者

我們感謝印度的 Kashmir Cottage、Chonor House、Perna Thang Guesthouse 以及 Clenmoor Cottage，美國的 Maazda Travel、印度的 Middle Path Travel。感謝 Elaine Jackson、Zara Houshmand、Alan Kelly、Peter Jepson、Pat Rockland、Thupten Chodron、Laurel Chiten、Billie Jo Joy、Nancy Mayer、Patricia Rockwell、George Rosenfeld、Andy Neddermeyer、Kristen Glover、Maden Marvit、David Marvit、Wendy Miller、Sandra Berman、Will Shattuck、Franz Reichle、Marcel Hoehn、Geshe Sopa，以及鹿野苑佛教中心的僧尼們。感謝以下組織和個人，他們是 Dwight Kiyono、Eric Janish、Brenden Clarke、Jaclyn Wensink、Josh Dobson、Matt McNeil、Penny & Zorba Paster、Jeffrey Davis、Magnetic Image、Sincerely Yours、威斯康辛大學的健康—情緒研究所，哈佛大學的 Mind/BrainIBehavior Interfaculty Initiative、Karen Barkow、John Dowling、Catherine Whalen、Sara Roscoe、David Mayer、Jennifer Shephard、Sydney Prince、Metta McGarvey、Ken Kaiser、Gus Cervini、Marie Seamon、T&C Film、Shambhala Publications、Wisdom Publications、Oxford University Press、Bantam Books & Snow Lion Publications。

譯員

最後，我們衷心感謝我們多年來的譯員：Geshe Thupten Jinpa，他為每一

次的對話會擔任現場翻譯；Alan B. Wallace，他除了一次以外，出席了所有的對話會；Jose Cabezon，他在1995年的對話會期間代替Alan出席會議。不難想像，沒有出色的翻譯，要展開藏傳佛教和西方科學家之間的對話與合作是不可能的。我們的譯員朋友是世界上最出色的專業翻譯。

鷹之魂 6

新物理學和宇宙學：
科學家與達賴喇嘛關於現代物理學的人文意義的對話
The new physics and cosmology : dialogues with the Dalai Lama

編　　　著	阿瑟・查恩茨 Arthur Zajonc	
譯　　　者	丁一夫	
審　　　訂	蔣揚仁欽、李江琳	

總　編　輯	成怡夏
責 任 編 輯	成怡夏
行 銷 總 監	蔡慧華
封 面 設 計	莊謹銘
內 頁 排 版	宸遠彩藝

出　　　版	遠足文化事業股份有限公司 鷹出版
發　　　行	遠足文化事業股份有限公司（讀書共和國出版集團）
	231 新北市新店區民權路 108 之 2 號 9 樓
	客服信箱　gusa0601@gmail.com
	電話　02-22181417
	傳真　02-86611891
	客服專線　0800-221029

法 律 顧 問	華洋法律事務所 蘇文生律師
印　　　刷	成陽印刷股份有限公司

初 版 一 刷	2024 年 7 月
定　　　價	420 元
I　S　B　N	978-626-7255-46-9（平裝）
	978-626-7255-43-8（ePub）
	978-626-7255-42-1（PDF）

國家圖書館出版品預行編目 (CIP) 資料

新物理學和宇宙學：科學家與達賴喇嘛關於現代物理學的
人文意義的對話 / 阿瑟 . 查恩茨 (Arthur Zajonc) 撰寫；丁一
夫翻譯 . -- 初版 . -- 新北市：鷹出版：遠足文化事業股份有
限公司發行 , 2024.07
　　面；　公分 . -- (鷹之魂；6)
譯自：The new physics and cosmology : dialogues with the Dalai
　　Lama.
ISBN 978-626-7255-46-9(平裝)
1. 宇宙論　2. 藏傳佛教

220.117　　　　　　　　　　　　　　　　　113008396